Erbrec

Dr. jur. Hanns Wandrey

Erbrecht und Testament

Überarbeitet von Rechtsanwalt Hans Theo Drewes
Erbschaftsteuergesetz
erläutert von Reg.-Dir. Günter Kunz

Weitere Informationen zu diesem Thema finden Sie in den FALKEN Büchern:
»Testament und Erbschaft« (Nr. 4139)
»Mein letzter Wille« (Nr. 939)

ISBN 3 8068 0046 4

Umschlaggestaltung: Zembsch' Werkstatt, München
Titelfoto: Peter Udo Pinzer, Idstein

Satz: LibroSatz, Kriftel
Druck: Dresdner Druck- und Verlagshaus GmbH

08004679X403 938 37

Inhaltsverzeichnis

Vorwort 8

Was gehört zur Erbschaft? 9

Die gesetzliche Erbfolge 11
Wer sind die gesetzlichen Erben? 11
Das Erbrecht der Verwandten 12
Das Erbrecht des nichtehelichen Kindes 14
Das Erbrecht des überlebenden Ehegatten 16
Erbrecht des überlebenden Ehegatten bei Gütertrennung und Gütergemeinschaft 22
Der Voraus 22
Das Erbrecht des Staates 23

Die Erbfolge durch Testament 24
Wer kann kein Testament errichten? 25
Wer kann durch Testament als Erbe eingesetzt werden? 25
Wie errichtet man ein Testament? 27
Welche Testamentsform ist vorzuziehen? 34
Wo verwahrt man sein Testament? 35
Wie kann man ein Testament aufheben oder ändern? 36
Die Testamentseröffnung 38
Wann kann man ein Testament anfechten? 40

Was muß man sich auf seinen Erbteil anrechnen lassen? 42

Wenn man nicht Erbe werden will 46

Einstweilige Verwaltung und Sicherung des Nachlasses 50

Rechte und Pflichten der Erben nach dem Erbfall 51
Verwaltungs- und Verfügungsrechte des Alleinerben 51
Verwaltungs- und Verfügungsrechte der Miterben 52

Haftung der Erben für die Nachlaßverbindlichkeiten 54
Umfang der Haftung der Erben 54
Wie beschränken die Erben ihre Haftung auf den Nachlaß? 56
Erbenhaftung bei Übernahme eines Handelsgeschäfts 57

Müssen Erben ein Inventar errichten? 59

Wenn der Erbe wegen einer Nachlaßschuld verklagt wird 61

Vorerbschaft und Nacherbschaft 63
Der gewöhnliche Vorerbe 63
Der befreite Vorerbe 64

Vermächtnis und Auflage 66
Zuwendung eines Vermächtnisses 66
Letztwillige Auflagen 67

Rechte und Pflichten eines Testamentsvollstreckers 68
Wozu wird ein Testamentsvollstrecker eingesetzt? 68
Wie wird ein Testamentsvollstrecker ernannt? 69
Der Wirkungskreis des Testamentsvollstreckers 69

Auseinandersetzung unter mehreren Miterben 71
Erbauseinandersetzung durch gütliche Einigung 71
Auseinandersetzung beim Vorhandensein von Grundbesitz 72
Erbauseinandersetzung beim Vorhandensein eines Testamentsvollstreckers 73
Auseinandersetzung durch Vermittlung des Nachlaßgerichts 74
Auseinandersetzung durch Klageerhebung 75

Anspruch auf den Pflichtteil 76
Wer ist pflichtteilsberechtigt? 76
Wie hoch ist der Pflichtteilsanspruch? 76
Kann der Pflichtteil entzogen werden? 78
Wie erfolgt die Pflichtteilsentziehung? 79

Erbeinsetzung durch Erbvertrag 80

Erbverzicht 81

Erbunwürdigkeit 82

Der Erbschein 83

Das Wichtigste über die Erbschaftsteuer (Schenkungsteuer) 85
Wer wird besteuert? 86
Wie wird besteuert? 86
Was wird besteuert? 88
Sonstige wichtige Regelungen 91
Das Besteuerungsverfahren 92

Muster für eigenhändige Testamente 93
Testament eines Junggesellen oder Witwers mit Vermächtnissen und Auflagen 93
Testament bei mehreren Erben (Erbengemeinschaft) 94
Ehegatten-Testament in einfacher Form 96
Ehegatten-Testament; sogenanntes »Berliner Testament« 97
Gemeinschaftliches Testament 98

Das Erbrecht in der DDR 100
Eigentumsbegriff in der DDR 101
Das Ehegatten-Erbrecht in der DDR 102
Die gesetzliche Erbfolge endet bei der dritten Ordnung 103
Einschränkung der Pflichtteilsansprüche 105

Muster einer Erbschaftsteuererklärung 106

Register 111

Vorwort

Um Testament und Erbschaft werden jahrein jahraus zahlreiche Prozesse geführt. Viele davon wären sicher zu vermeiden, wenn sich jeder einige Kenntnis, wenigstens der grundsätzlichen Fragen, aneignen würde. Das ist an sich gar nicht so schwer und erfordert keine juristische Vorbildung.

In diesem Buch wird der Leser alles das finden, was er über die Errichtung eines Testaments und über Erbfolge, Erbschaft und alle damit zusammenhängenden gesetzlichen Regelungen wissen muß. Eine große Zahl von Mustern und praktischen Beispielen, die in den Text eingefügt sind, sollen der Anleitung und dem besseren Verständnis dienen.

Der Verfasser

Was gehört zur Erbschaft?

Mit dem Tode einer Person, dem Erbfall, wird ihr Vermögen nicht herrenlos, sondern geht als Ganzes ohne weiteres auf die Erben über. Einer ausdrücklichen »Annahme« bedarf es nicht, sofern man überhaupt Erbe werden will.

Zu dem Vermögen, der Erbschaft, gehören daher zunächst alle beweglichen Sachen – so nennt man alle gegenständlichen Sachen im Gegensatz zu Grundstücken, Grundstücksrechten und Forderungen – vor allem zum Beispiel Möbel, Hausrat, Wertsachen und was sonst dem Verstorbenen in dieser Hinsicht gehörte. Alle diese Sachen werden mit seinem Tode ohne weiteres Eigentum der Erben.

Das gleiche gilt für Grundbesitz und Grundstücksrechte, etwa eine Hypothek oder eine Grundschuld. Auch sie stehen nunmehr von selbst den Erben zu, obwohl im Grundbuch noch der Erblasser als Eigentümer beziehungsweise als Berechtigter eingetragen ist. Das Grundbuch ist daher durch den Tod des Erblassers unrichtig geworden. Es muß über kurz oder lang berichtigt und auf diese Weise mit der wahren Rechtslage wieder in Einklang gebracht werden. Zu derartigen vererblichen Rechten gehören zum Beispiel auch Rechte aus Wohnungseigentum.

War der Erblasser Inhaber eines Handelsgeschäftes oder eines Handwerksbetriebes, so gehen auch diese auf die Erben über, die Firma des Handelsgeschäftes zusammen mit dem Unternehmen selbst. Eine Prokura bleibt bestehen, es sei denn, sie fällt mit dem Erben, der selbst nun Inhaber wird, zusammen. Bei einem Gesellschaftsanteil des Erblassers als persönlich haftenden Gesellschafters einer Personalgesellschaft (Offene Handelsgesellschaft, Kommanditgesellschaft), die durch einen oder mehrere Erben weitergeführt wird, gelten Besonderheiten. Ob und inwieweit nämlich die Erben schon auf Grund des Erbfalles selbst in die Funktionen des Erblassers eintreten, hängt vom Inhalt des Gesellschaftsvertrages ab. Gibt dieser darüber keinen Aufschluß, dann treten die Erben nicht ohne weiteres an die Stelle des Verstorbenen. Mitgliedschaftsrechte an Kapitalgesellschaften (GmbH, Aktiengesellschaft, Kommanditgesellschaft auf Aktien) sind dagegen vererblich wie andere Vermögenswerte des Erblassers.

War der Erblasser Inhaber von Urheber- oder sonstigen Schutzrechten (zum Beispiel Literatur-, Kunst-Urheberrechten, Verlagsrechten, Gebrauchs- und Geschmacksmusterrechten oder von Patent- oder Warenzeichenrechten), so gehen diese mit seinem Tode auf die Erben über. (Das Urheberrecht erlischt aber 70 Jahre nach dem Tod des Urhebers.)

Zum Vermögen des Erblassers gehören schließlich Forderungen aller Art. Er hatte vielleicht noch Lohn- oder Gehaltsansprüche. Er hatte Geld verliehen und noch nicht wieder zurückerhalten. Er hatte Ansprüche aus dem Verkauf von Sachen, als Hauswirt aus der Vermietung einer Wohnung. Er hatte Sachen verliehen und konnte sie von dem Entleiher zurückfordern. Er hatte Pfandbriefe, Wechsel, Aktien oder sonstige Wertpapiere in Besitz, er hatte ein Sparkassenguthaben. Alle diese Forderungen gehen mit dem Erbfall ohne weiteres auf die Erben als nunmehrige Berechtigte über.

Zu dem Vermögen im juristischen Sinne und damit der Erbschaft gehören aber auch die Schulden und sonstigen Verpflichtungen, die der Erblasser hatte, kurz Nachlaßverbindlichkeiten genannt. Hatte daher der Erblasser bei seinem Tode noch etwas zu bezahlen, hatte er etwa Gegenstände auf Abzahlung erworben, hatte er ein Darlehen oder eine Hypothek aufgenommen, war er Wechselverbindlichkeiten eingegangen, hatte er noch Mietschulden oder war er aus sonstigen Verträgen verpflichtet, so treten auch insoweit die Erben an seine Stelle. Man sieht schon daran, daß Erbe zu werden nicht immer vorteilhaft ist. Denn es gibt Leute, die mehr Schulden als Vermögenswerte haben oder die ungünstige und unangenehme Verpflichtungen eingegangen sind. Alle diese Verpflichtungen müssen grundsätzlich die Erben erfüllen.

Nicht vererblich sind lediglich die sogenannten höchstpersönlichen Rechte und Pflichten des Verstorbenen. Dazu gehören Mitgliedsrechte in Vereinen, zum Beispiel Turnverein, Verpflichtungen aus einem Dienst- oder Arbeitsvertrag, Altenteilsansprüche, Ansprüche auf die Zuerkennung eines Schmerzensgeldes wegen einer Körperverletzung, etwa auf Grund eines Verkehrsunfalles, es sei denn, der Schmerzensgeldanspruch ist bereits vertraglich anerkannt oder im Klagewege geltend gemacht. Auch die familienrechtlichen Befugnisse fallen darunter, etwa die elterliche Gewalt über minderjährige Kinder, Rechte und Pflichten aus privaten Amtsbefugnissen, zum Beispiel einer Vormundschaft oder dem Amt als Testamentsvollstrecker, Nachlaßpfleger, Nachlaßverwalter, Konkursverwalter. Bereits erworbene Ansprüche des Erblassers aus einem solchen Amt, etwa auf Entgelt, gehören wiederum zum Nachlaß.

Nicht zum Nachlaß gehört vor allem auch ein Anspruch aus einer Lebensversicherung, Witwen- und Waisengeld, Sterbegeld, Pensionsansprüche und dergleichen. Denn diese Verträge und Vereinbarungen hat der Erblasser in der Regel nicht für sich, sondern zugunsten einer bestimmten Person abgeschlossen. Der Mann ist beispielsweise eine Lebensversicherung zugunsten seiner Ehefrau eingegangen. Eine solche Lebensversicherungssumme fällt mit dem Tode des Versicherungsnehmers unmittelbar dem Bezugsberechtigten zu. Es ist dabei gleichgültig, ob dieser auch Erbe des Verstorbenen geworden ist oder nicht und in welchem Umfange dies etwa geschehen ist. Eine auf diese Weise begünstigte Ehefrau braucht daher namentlich eine ihr zugefallene Lebensversicherungssumme mit anderen Erben nicht zu teilen. Die Lebensversicherung hat mit dem Nachlaß nichts zu tun.

Das Recht, jemanden als Zeugen von seiner Verschwiegenheit zu entbinden, zum Beispiel den behandelnden Arzt, geht nicht auf die Erben, sondern auf die nächsten Angehörigen über, auch wenn diese nicht Erben sind.

Die gesetzliche Erbfolge

Wer wird nun nach dem Tode einer Person ihr Erbe? Das Gesetz unterscheidet dabei, ob der Verstorbene bei Lebzeiten ein Testament oder einen Erbvertrag errichtet hat und durch eine solche Verfügung von Todes wegen die Rechtsnachfolge nach seinem Tode bestimmt hat, oder ob eine solche Verfügung von Todes wegen von ihm nicht errichtet worden ist. In diesem Falle tritt die sogenannte gesetzliche Erbfolge ein. Die gesetzliche Erbfolge kommt also nur dann in Betracht, wenn kein Testament oder Erbvertrag vorhanden ist.

Wer sind die gesetzlichen Erben?

Die gesetzlichen Erben sind die Verwandten des Erblassers, sein überlebender Ehegatte und, wenn weder Verwandte noch ein Ehegatte vorhanden sind, der Staat. Unser bürgerliches Recht teilt die Verwandten als gesetzliche Erben in Ordnungen ein. Daneben ist das Erbrecht des Ehegatten besonders geregelt.

Zunächst kommen als Erben nur diejenigen in Betracht, die der ersten Ordnung angehören. Erst wenn kein einziger Verwandter vorhanden ist, der dieser Ordnung angehört, kommen die Verwandten der zweiten Ordnung an die Reihe. Ist auch kein einziger Verwandter der zweiten Ordnung vorhanden, so kommen die Verwandten in Betracht, die der dritten Ordnung angehören, und so fort. Theoretisch gibt es ungezählt viele Ordnungen. Das Bürgerliche Gesetzbuch erörtert sie bis zur fünften Ordnung. Praktisch wird die Verwandtschaft schon von der dritten oder vierten Ordnung an so weitläufig und auch so verwickelt, daß sie für die gesetzliche Erbfolge kaum noch von Bedeutung ist.

Als Erbe kommt in allen Ordnungen nur in Betracht, wer zur Zeit des Erbfalles lebt. Wer daher zu diesem Zeitpunkt schon verstorben war und damit als vorverstorben gilt, scheidet für eine Erbfolge aus. Auch wer, etwa bei einem Verkehrsunfall, gleichzeitig mit dem Erblasser stirbt, kann nicht dessen Erbe werden. Als schon zur Zeit des Erbfalles geboren gilt kraft ausdrücklicher gesetzlicher Bestimmungen auch, wer beim Tode des Erblassers zwar noch nicht geboren, aber schon gezeugt war.

Die Ordnungen des Erbrechts sind nicht identisch mit den am Ende dieses Buches behandelten Steuerklassen des Erbschaftsteuerrechts und dürfen daher nicht mit diesen verwechselt werden.

Das Erbrecht der Verwandten

Gesetzliche Erben der ersten Ordnung

Gesetzliche Erben erster Ordnung sind die **Abkömmlinge des Erblassers,** also in erster Linie seine Kinder und sodann seine Enkelkinder. Mehrere erbberechtigte Kinder oder Enkelkinder erben zu gleichen Teilen, etwa je zur Hälfte, zu einem Drittel oder Viertel. Enkelkinder sind jedoch nur gesetzliche Erben, wenn Kinder des Erblassers nicht mehr leben. Sie treten an die Stelle des verstorbenen Elternteils und erben insgesamt den Teil, der diesem Elternteil zugefallen wäre, wenn er zur Zeit des Erbfalles noch gelebt hätte. Diesen Erbteil müssen sie unter sich teilen, so daß auf den einzelnen um so weniger fällt, je mehr Geschwister er hat. Entsprechend gilt diese Regelung für Urenkel. Das Gesetz nennt das eine Erbfolge nach Stämmen. Jedes Kind des Verstorbenen begründet mit seinen Abkömmlingen einen Stamm, zum Beispiel also drei Kinder drei Stämme.

Beispiel: Ein Witwer hinterläßt neben Geschwistern einen Sohn Ernst. Dieser Sohn Ernst ist dann als alleiniger Verwandter erster Ordnung sein gesetzlicher Alleinerbe, mag er verheiratet sein, Kinder haben oder nicht. Denn die Geschwister des Erblassers sind keine Abkömmlinge des Erblassers und gehören daher nicht in die erste Ordnung, und etwaige Kinder des Sohnes Ernst werden durch ihren noch lebenden Vater von der gesetzlichen Erbfolge ausgeschlossen. Lebte zur Zeit des Todes des Witwers neben dem Sohn Ernst noch eine Tochter Lotte, so würden sie beide zu gleichen Teilen erben. Jeder würde daher zur Hälfte Miterbe. War eines dieser beiden Kinder zur Zeit des Todes seines Vaters schon gestorben, so würde wieder das andere Kind Alleinerbe sein. Denn wer den Erbfall nicht mehr erlebt hat, scheidet als gesetzlicher Erbe aus. Hatte dieses verstorbene Kind dagegen seinerseits Abkömmlinge hinterlassen, war etwa der Sohn Ernst bei einem Verkehrsunfall unter Hinterlassung von drei Kindern tödlich verunglückt, so würden diese drei Kinder an die Stelle ihres Vaters als Erben treten und sich dessen Erbteil untereinander zu teilen haben. Die Tochter Lotte würde dann die Hälfte erben, die drei Enkelkinder des Verstorbenen, die Kinder des verunglückten Sohnes Ernst, die andere Hälfte, jedes also ein Sechstel, so daß auf diese Weise auf jeden Stamm die Hälfte der Erbschaft fiele.

Ein **Adoptionskind** hat gegenüber seinen Adoptionseltern die gleiche rechtliche Stellung wie ein eheliches Kind und damit auch das gleiche Erbrecht.
Nach dem Adoptionsgesetz vom 2. 7. 1976 ist die soziale Bedeutung der Adoption mit dem Ziele geändert worden, dem Kinde ein völlig neues Zuhause in einer Familie zu bieten. Dazu wird das minderjährige Kind in jeder Beziehung wie ein leibliches Kind

des oder der Annehmenden voll in dessen (deren) Familie aufgenommen; die alten Verwandtschaftsverhältnisse erlöschen (Volladoption). Folgerichtig heißt es jetzt »Annahme als Kind«, nicht mehr »Annahme an Kindes Statt«.
Das Kind erwirbt Erb- und Pflichtteilsrechte gegenüber seinen neuen Eltern und deren Verwandten; es verliert diese Rechte gegenüber seinen leiblichen Eltern und deren Verwandten. – Einschränkungen gelten nur bei der Adoption Volljähriger. Hier erstrecken sich die Wirkungen grundsätzlich nicht auf die Verwandtschaft.
Stiefkinder stammen nicht von ihren Stiefeltern ab. Sie sind daher auch nicht deren Abkömmlinge und haben aus diesem Grunde auch nicht deren gesetzliches Erbrecht. Dasselbe gilt für Schwiegersöhne und Schwiegertöchter. Auch sie sind mit ihren Schwiegereltern nicht verwandt, sondern verschwägert. Zwischen Verschwägerten besteht aber kein gesetzliches Erbrecht.

Gesetzliche Erben der zweiten und dritten Ordnung

Gesetzliche Erben der **zweiten Ordnung** sind die Eltern des Erblassers und deren Abkömmlinge. Sie kommen als gesetzliche Erben nur dann in Betracht, wenn Abkömmlinge als Erben erster Ordnung nicht vorhanden sind. Auch bei ihnen gilt die Erbfolge nach Stämmen. Sowohl der Vater als auch die Mutter des Erblassers bilden mit ihren Abkömmlingen je einen Stamm. Leben daher zur Zeit des Todes des Erblassers noch seine beiden Eltern, so erben diese allein, und zwar je zur Hälfte. Lebt nur noch die Mutter, so erhält diese die eine Hälfte, die andere fällt an die Abkömmlinge des Vaters. Diese müssen die Hälfte unter sich teilen. Die »Abkömmlinge des Vaters« sind in der Regel die Geschwister des Erblassers.

Beispiel: Ein Junggeselle ist gestorben. Während seine Mutter schon vor ihm gestorben war, lebt sein Vater noch. Außerdem hat er vier Brüder, die alle noch am Leben sind. Hier erbt der Vater die Hälfte des Nachlasses, die vier Geschwister müssen sich die andere Hälfte des Nachlasses, die auf ihre Mutter gefallen wäre, wenn diese zur Zeit des Erbfalles noch gelebt hätte, unter sich teilen. Sie erben daher jeder ein Achtel des gesamten Nachlasses. Wären in diesem Falle beide Eltern schon tot, so würde sowohl die Hälfte des Vaters als auch die der Mutter an die vier Geschwister fallen. Denn sie gehören als gemeinsame Abkömmlinge ihrer Eltern sowohl dem Stamme des Vaters als auch dem der Mutter an. Wer aber in der ersten, der zweiten und der dritten Ordnung verschiedenen Stämmen gleichzeitig angehört, erhält den in jedem dieser Stämme ihm zufallenden Anteil. Jedes der vier Geschwister würde daher zweimal je ein Achtel des Nachlasses erben, nämlich ein Achtel vom Stamm des Vaters und ein Achtel vom Stamm der Mutter. Jeder von ihnen würde also insgesamt in diesem Falle zu einem Viertel Miterbe sein. Wären Geschwister nicht vorhanden, so würde ein überlebender Elternteil die ganze Erbschaft erhalten, natürlich, wie in diesem Abschnitt überhaupt vorausgesetzt, daß Erben erster Ordnung fehlen. Wären keine Geschwister vorhanden, auch keine Abkömmlinge von Geschwistern (Neffen und Nichten des Erblassers) und wären auch die Eltern des Erblassers schon tot, so wären gesetzliche Erben der zweiten Ordnung nicht mehr vorhanden. Es wäre dann zu prüfen, ob gesetzliche Erben der dritten oder einer weiteren Ordnung noch vorhanden sind.

Gesetzliche Erben der **dritten Ordnung** sind die Großeltern des Erblassers und deren Abkömmlinge. Jeder Großelternteil stellt für sich die Spitze eines Stammes dar, so daß insgesamt vier Stämme vorhanden sind. Lebte ein Großelternteil nicht mehr, wie es im allgemeinen wohl der Fall sein wird, so erben an seiner Stelle seine Abkömmlinge, wobei wieder vorhandene Kinder des vorverstorbenen Großelternteils, soweit sie Abkömmlinge haben, diese von der Erbfolge ausschließen. Wenn eine größere Anzahl von Abkömmlingen der Großeltern des Erblassers vorhanden ist, wird also die Größe der einzelnen Erbteile recht klein sein. Sind Abkömmlinge eines verstorbenen Großelternteils nicht vorhanden, so fällt dessen Anteil an den anderen Großelternteil und, wenn dieser und seine Abkömmlinge nicht mehr leben, den anderen Großelternteilen und deren Abkömmlingen zu.

Gesetzliche Erben der ferneren Ordnungen

Gesetzliche Erben der vierten Ordnung sind die Urgroßeltern des Erblassers und deren Abkömmlinge. Gesetzliche Erben der fünften Ordnung und der ferneren Ordnungen sind die entfernteren Voreltern des Erblassers und deren Abkömmlinge.

Von der **vierten** Ordnung an gilt außerdem nicht mehr die Erbfolge nach Stämmen. Es erbt jetzt vielmehr derjenige, welcher mit dem Erblasser dem Grade nach am nächsten verwandt ist. Der Grad der Verwandtschaft bestimmt sich nach der Zahl der sie vermittelnden Geburten. Kinder sind daher mit ihren Eltern im ersten Grade verwandt. Denn bei einem Kind ist zur Herstellung der Verwandtschaft mit seinen Eltern nur eine Geburt erforderlich. Großeltern sind mit ihren Enkeln im zweiten Grade verwandt. Denn es müssen erst Vater und Mutter und dann das Enkelkind geboren werden.

Das Erbrecht des nichtehelichen Kindes

Bis zum 1. 7. 1970 galten nichteheliche Kinder nur mit ihrer Mutter und deren Verwandten, vor allem also auch mit den Großeltern mütterlicherseits als verwandt, nicht dagegen mit ihrem Vater und dessen Angehörigen. Eine Ausnahme galt natürlich dann, wenn Vater und Mutter geheiratet hatten. Denn dadurch wurden die nichtehelichen Kinder zu ehelichen Kindern.

Beispiele: Ein Witwer hatte drei eheliche Kinder und ein nichteheliches Kind. Gesetzliche Erben waren nur die drei ehelichen Kinder zu je einem Drittel, das nichteheliche Kind ging leer aus.
Eine ledige Mutter hatte zwei nichteheliche Kinder. Diese beiden nichtehelichen Kinder beerbten sie je zur Hälfte. Hatte die Mutter jedoch einen anderen Mann geheiratet, aus dieser Ehe noch drei Kinder bekommen und starb sie dann als Witwe, so wurde sie von ihren ehelichen und nichtehelichen Kindern zu gleichen Teilen beerbt, jedes Kind erhielt also ein Fünftel des Nachlasses.
Mit Wirkung vom 1. 7. 1970 ist das Erbrecht der nichtehelichen Kinder neu geregelt. Die neuen Bestimmungen gelten jedoch nur für solche nichtehelichen Kinder, die nach dem 30. 6. 1949 geboren sind. Ferner darf der Erblasser nicht bereits vor dem 1. 7. 1970 verstorben sein. Für die älteren nichtehelichen Kinder und bei Tod des Erblassers vor dem 1. 7. 1970 verbleibt es bei der früheren Regelung.
Nach den neuen erbrechtlichen Bestimmungen haben grundsätzlich nichteheliche Kinder und ihre Abkömmlinge gegenüber dem Vater und dessen Verwandtschaft die gleiche erbrechtliche Stellung wie eheliche Kinder und deren Abkömmlinge. Sie gehören zu den Erben der ersten Ordnung. Somit beerbt ein nichteheliches Kind den Vater allein, wenn dieser bei seinem Tode keine ehelichen Kinder und keine Ehefrau hinterläßt. Andererseits steht auch dem Vater ein Erbrecht gegenüber dem nichtehelichen Kinde zu. Er gehört zu den Erben der zweiten Ordnung und beerbt das Kind, wenn es keine Erben der ersten Ordnung oder keinen Ehegatten hinterläßt.
Sind beim Tode des Vaters oder beim Tode von väterlichen Verwandten eheliche Abkömmlinge oder die Ehefrau des Vaters vorhanden, so wird das nichteheliche Kind nicht gesetzlicher Erbe des Vaters oder väterlichen Verwandten. Dem nichtehelichen Kinde steht an Stelle des gesetzlichen Erbteils ein Erbersatzanspruch gegen den oder die Erben zu in Höhe des Werts des Erbteils. Es handelt sich dabei um einen Geldanspruch, dessen Höhe wie der Pflichtteil berechnet wird (der Pflichtteil beträgt aber nur die Hälfte).
Voraussetzung für das gesetzliche Erbrecht oder den Erbersatzanspruch eines nichtehelichen Kindes ist, daß beim Tode des Vaters die Vaterschaft anerkannt oder rechtskräftig festgestellt ist oder zumindest das gerichtliche Verfahren zur Vaterschaftsfeststellung bereits anhängig ist. Ist der Vater gestorben, bevor das Kind geboren oder 6 Monate alt war, so genügt es, wenn der Antrag auf Feststellung der Vaterschaft binnen 6 Monaten ab Erbfall oder ab Geburt des nichtehelichen Kindes gestellt wird.
Nicht zu verwechseln mit dem Erbersatzanspruch ist der Anspruch des nichtehelichen Kindes auf vorzeitigen Erbausgleich. Ein nichteheliches Kind kann nach Vollendung des 21. Lebensjahres, aber vor Vollendung des 27. Lebensjahres von seinem Vater einen vorzeitigen Erbausgleich in Geld verlangen. Die Höhe dieses Ausgleiches beträgt grundsätzlich das Dreifache des Jahresunterhaltsbetrages, den der Vater in

den letzten 5 Jahren zu zahlen hatte, in denen das Kind voll unterhaltsbedürftig war. Es kommt also nicht darauf an, was der Vater tatsächlich als Unterhalt gezahlt hat, sondern was er hätte zahlen müssen. Auch kann der Zeitraum von 5 Jahren schon länger zurückliegen.

Beispiel: Ein 22jähriger nichtehelicher Sohn, der seit seinem 18. Lebensjahr ein eigenes Einkommen hat, verlangt Erbausgleich. Der Vater hatte, obwohl er durch Urteil zur Zahlung von monatlich 300,– DM verurteilt war, nur unregelmäßig und nicht in voller Höhe den Unterhalt gezahlt. Auszugehen ist dennoch von dem Jahresunterhalt von 3 600,– DM, den der Vater bis zum 18. Lebensjahr des Kindes hätte zahlen müssen. Der Ausgleichsanspruch des Sohnes beträgt daher 10 800,– DM.
Ist der so berechnete Ausgleichsbetrag nach den Erwerbs- oder Vermögensverhältnissen des Vaters unzumutbar hoch oder unangemessen gering, so kann der Ausgleichsbetrag bis auf einen Jahresunterhaltsbetrag herabgesetzt oder bis zu 12 Jahresbeträgen heraufgesetzt werden. Haben Vater und nichteheliches Kind über den Erbausgleich eine wirksame Vereinbarung getroffen, die dann der notariellen Beurkundung bedarf, oder ist der Ausgleichsanspruch durch rechtskräftiges Gerichtsurteil zuerkannt worden, so bestehen beim Tod des Vaters oder des nichtehelichen Kindes keinerlei erbrechtliche Ansprüche mehr zwischen Vater und nichtehelichem Kind.
Durch die Neuregelung des Erbrechts der nichtehelichen Kinder wird die Freiheit des Vaters, die Erbfolge durch Testament oder Erbvertrag zu regeln, nicht berührt. Die Entziehung des Erbersatzanspruchs begründet aber wie die Entziehung des Erbteils einen Pflichtteilsanspruch des nichtehelichen Kindes.
Der Erbersatzanspruch verjährt in drei Jahren von dem Zeitpunkt an, an dem der Berechtigte von dem Eintritt des Erbfalles Kenntnis erlangt, spätestens in 30 Jahren nach dem Erbfall.

Das Erbrecht des überlebenden Ehegatten

Die erwähnte gesetzliche Erbfolge der Verwandten wird durchbrochen, wenn der Erblasser einen Ehegatten hinterläßt. Der Ehegatte erbt auch neben den nächsten Blutsverwandten. Vor entfernteren Verwandten hat er den Vorzug, das heißt, entferntere Verwandte werden durch den Ehegatten des Erblassers von der Erbfolge gänzlich ausgeschlossen.
Das gesetzliche Erbrecht des Ehegatten besteht nur, wenn der überlebende Ehegatte mit dem Erblasser bis zu dessen Tode in gültiger Ehe gelebt hat. Gleichgültig ist es, wie lange die Ehe bestanden hat. Das Ehegatten-Erbrecht besteht nicht bei der sogenannten Nichtehe und entfällt bei rechtskräftig für nichtig erklärter, aufgehobener oder

geschiedener Ehe. – Die Ungültigkeit der Ehe kann nach ihrer Auflösung nur noch durch den Staatsanwalt, nach dem Tod beider Ehegatten überhaupt nicht mehr geltend gemacht werden.
Durch den Tod eines Ehegatten erledigen sich die noch nicht rechtskräftig durchgeführten Verfahren auf Scheidung und Aufhebung. Sie beeinträchtigen das Erbrecht des überlebenden Ehegatten nicht, soweit nicht die Vorschrift des § 1933 BGB eingreift: »Das Erbrecht des überlebenden Ehegatten sowie das Recht auf den Voraus ist ausgeschlossen, wenn zur Zeit des Todes des Erblassers die Voraussetzungen für die Scheidung gegeben waren und der Erblasser die Scheidung beantragt oder ihr zugestimmt hatte. Das gleiche gilt, wenn der Erblasser auf Aufhebung der Ehe zu klagen berechtigt war und die Klage erhoben hatte.« – In diesen Fällen ist aber der überlebende Ehegatte unter bestimmten Voraussetzungen unterhaltsberechtigt.
Ein bloßes Getrenntleben der Eheleute beseitigt dagegen ihr gesetzliches Erbrecht nicht.
Gehört der überlebende Ehegatte zugleich zu den erbberechtigten Verwandten, wenn also Onkel und Nichte, Vetter und Kusine geheiratet hatten, so erbt er außerdem auch noch als Verwandter, genauso, wie mehrfache Verwandtschaft auch mehrfaches Erbrecht gibt.
Wie hoch der Erbteil eines Ehegatten ist, richtet sich seit dem 1. Juli 1958 danach, ob die Ehegatten bis zum Tode des Erstversterbenden im gesetzlichen Güterstand der **Zugewinngemeinschaft** lebten oder nicht. Wie lange sie in dieser Gütergemeinschaft lebten, ist dabei gleichgültig, maßgebend ist allein, daß die Zugewinngemeinschaft beim Tode des Erblassers bestand. War die Zugewinngemeinschaft vor dem Tode des Erblassers aus irgendeinem Grunde beendet worden, so gilt dies für den Überlebenden bezüglich seines Erbrechtes, als wenn die Zugewinngemeinschaft niemals bestanden hätte. Die Zugewinngemeinschaft besteht seit dem 1. Juli 1958 automatisch für alle Eheleute, wenn sie nicht ausdrücklich einen anderen Güterstand vertraglich vereinbart haben. Für Eheleute, die zwischen dem 1. April 1953 und dem 21. Juni 1957 geheiratet haben, genügte bis zum 30. 6. 1958 die einseitige Erklärung eines Ehegatten vor dem für den Wohnsitz des Mannes zuständigen Amtsgericht, er wolle die Gütertrennung beibehalten.

Erbfolge für Ehegatten in Zugewinngemeinschaft

Während des Bestehens der Zugewinngemeinschaft bleiben die beiden Vermögen der Ehegatten als solche rechtlich getrennt, jeder kann über sein Vermögen frei und selbständig verfügen und braucht sich von dem anderen darin keine Vorschriften machen zu lassen. Erst bei Beendigung der Zugewinngemeinschaft kommt das Gemeinschaftliche zur Wirkung.

Leben Eheleute im gesetzlichen Güterstand der Zugewinngemeinschaft, so endet diese mit dem Tode eines Ehegatten. Das wirkt sich dahin aus, daß der überlebende Ehegatte außer dem, was er ohnehin erbt, ein Viertel des Nachlasses zusätzlich als Erbteil bekommt. Dieses Viertel stellt eine Art Ersatz für den Anspruch auf »Ausgleich des Zugewinns« dar. Unter dem »Ausgleich des Zugewinns« ist folgendes zu verstehen: Während des Bestehens der Zugewinngemeinschaft – was nicht mit dem Bestehen der Ehe zusammenzufallen braucht – verändert sich in der Regel sowohl das Vermögen des Mannes als auch das der Frau, soweit ein Vermögen überhaupt vorhanden ist. Es kann sich vergrößern, es kann auch weniger werden. Der Betrag, um den sich das Vermögen vermehrt, ist der Zugewinn. Ist der Zugewinn des einen Ehegatten am Ende der Zugewinngemeinschaft größer als der des anderen, so besteht der Ausgleich des Zugewinns aus der Hälfte der Differenz zwischen den beiden Zugewinnen. Bei der Berechnung des Zugewinns sind Zuwendungen des einen Ehegatten an den anderen Ehegatten, die, je nach der wirtschaftlichen Stellung, über das normalerweise Übliche hinausgehen, (Grundstücke, Wertpapiere, Kraftfahrzeug und dergleichen) zu berücksichtigen, das heißt, sie werden von der Berechnung dem Vermögen des Erblassers wieder hinzugerechnet und dem sich danach ergebenden Ausgleichsanspruch wieder abgezogen. Der Anspruch auf Ausgleich des Zugewinns ist eine Geldforderung.

Um nun beim Tode eines Ehegatten die oft sehr mühsame und unerfreuliche Arbeit des Berechnens und der Beweisführung zwecks Feststellung der Zugewinne und des sich daraus ergebenden Ausgleichsanspruchs des überlebenden Ehegatten zu ersparen, soll der Überlebende statt des Ausgleichs des Zugewinns, sofern er überhaupt Erbe oder wenigstens Vermächtnisnehmer geworden ist, in jedem Falle ein Viertel des Nachlasses zusätzlich als Erbteil bekommen, ohne Rücksicht darauf, wie lange die Ehe oder die Zugewinngemeinschaft bestanden hat, ohne Rücksicht darauf, ob ein Zugewinn überhaupt entstanden ist, ja sogar dann, wenn der Überlebende selbst während der Ehe und Zugewinngemeinschaft nachweislich ein weit größeres Vermögen erworben hat als der verstorbene Ehegatte. Diesen Anspruch auf ein Viertel des Nachlasses hat der überlebende Ehegatte auch dann, wenn er, ohne Erbe geworden zu sein, mit einem Vermächtnis bedacht worden ist. Er hat ihn nicht, wenn er durch Testament Erbe geworden ist. Der um ein Viertel erhöhte Erbteil, der sogenannte »große Erbteil«, ist naturgemäß kein Geldanspruch gegen die oder den Miterben, sondern nur ein Anspruch auf Auseinandersetzung über die Nachlaßgegenstände. Dabei werden wiederum die dem überlebenden Ehegatten vom Erblasser zu dessen Lebzeiten gemachten Zuwendungen, und mögen sie noch so erheblich sein, nicht mitberücksichtigt. Der Nachlaß wird so aufgeteilt, wie er beim Tode des Erblassers vorhanden ist.

Erbberechtigte Abkömmlinge aus einer früheren Ehe des Erblassers und erbersatzberechtigte Abkömmlinge (nichteheliche Kinder) des Erblassers können bei Bedürftigkeit von dem überlebenden Ehegatten verlangen, daß er ihnen aus den Mitteln dieses

zusätzlich geerbten Viertels eine angemessene Ausbildung gewährt oder wenigstens einen Zuschuß zur angestrebten Ausbildung leistet.
Ist allerdings der überlebende Ehegatte nicht gesetzlicher Erbe geworden, sondern nur Testamentserbe oder Vermächtnisnehmer, so haben die Stiefkinder diesen Anspruch auf eine Ausbildungsbeihilfe nicht.
Naturgemäß liegt in dieser Regelung des zusätzlichen Viertels in vielen Fällen eine Ungerechtigkeit, insbesondere den Kindern und sonstigen nahen Verwandten gegenüber. Hier bietet sich für den Erblasser die Gelegenheit, rechtzeitig bei Lebzeiten durch letztwillige Verfügung Vorsorge für eine spätere, in seinem Sinne gerechte Verteilung zu treffen. Dies zumal deswegen, weil die Zugewinngemeinschaft kraft Gesetzes, also automatisch seit dem 1. Juli 1958, überall dort eingetreten ist, wo ausdrückliche güterrechtliche Abmachungen unter den Ehegatten fehlen.
Der überlebende Ehegatte der Zugewinngemeinschaft erhält also als Erbe, falls Abkömmlinge (Kinder und Enkel) miterben:

1. **den Voraus (siehe hierzu den besonderen Abschnitt über den Voraus), falls dieser zur Fortführung des angemessenen Haushaltes erforderlich ist.**
2. **den gesetzlichen Erbteil: ein Viertel des Nachlasses,**
3. **als Ausgleich des Zugewinns ein weiteres Viertel,**

zusammen also die Hälfte des Nachlasses und eventuell den Voraus.
Sind keine erbberechtigten Kinder, wohl aber erbberechtigte Eltern, Geschwister oder Großeltern vorhanden, so erhält der Überlebende:

1. **den Voraus,**
2. **den gesetzlichen Erbteil: die Hälfte des Nachlasses,**
3. **statt Ausgleich des Zugewinns ein Viertel des Nachlasses,**

zusammen also den Voraus und drei Viertel des Nachlasses.

Beispiel: Ein Ehemann stirbt und hinterläßt seine Ehefrau und zwei Kinder, mit denen er bis zuletzt im gemeinsamen Haushalt gelebt hat. Ein Testament hat er nicht gemacht. Dann bekommt die Ehefrau zunächst den Voraus, soweit sie diesen zur Fortführung eines angemessenen Haushalts benötigt, ein Viertel des Nachlasses als gesetzlichen Erbteil und als Ausgleich des Zugewinns ein weiteres Viertel als Erbteil, insgesamt also die Hälfte des Nachlasses neben dem Voraus. Die Kinder teilen sich in die verbliebene Hälfte, bekommen also je ein Viertel des Nachlasses.

Oder: Ein Ehemann stirbt und hinterläßt seine Ehefrau und zwei Schwestern. Kinder hat er nicht, die Eltern sind gestorben. Seine Ehefrau hatte sich schon vor Jahrzehnten von ihm getrennt und lebt, ohne sich um ihren Ehemann in den letzten Jahren gekümmert zu haben, bei ihren Eltern. Dann bekommt sie nicht die Haushaltsgegenstände als Voraus, denn es wurde ja kein gemeinsamer ehelicher Haushalt geführt. Sie bekommt aber von dem gesamten Nachlaß nicht nur die Hälfte, die ihr als gesetzlicher Erbteil zusteht, sondern als Ausgleich des Zugewinns ein weiteres Viertel des gesamten Nachlasses zu ihrem Erbteil zugeschlagen, insgesamt also drei Viertel des Nachlasses. Die Schwestern des Erblassers teilen sich in das restliche Viertel, erben also je ein Achtel. Sind die übrigen Erben mit dieser Verteilung nicht einverstanden, wie man sich bei dem letzten Beispiel leicht vorstellen kann, so können sie – notfalls im Wege der Klage – erreichen, daß dem überlebenden Ehegatten der Anspruch auf Ausgleich des Zugewinns wegen grober Unbilligkeit abgesprochen wird. Grobe Unbilligkeit liegt insbesondere dann vor, wenn der Überlebende seine wirtschaftlichen Verpflichtungen während der Ehe schuldhaft längere Zeit vernachlässigt hatte, wenn zum Beispiel der Mann längere Zeit keinen Unterhalt mehr gezahlt oder nicht gearbeitet hat, obwohl er dazu in der Lage gewesen wäre, oder wenn die Frau längere Zeit den gemeinsamen Haushalt vernachlässigt hat.

Ist der überlebende Ehegatte mit dieser gesetzlichen Regelung nicht zufrieden, etwa weil er sich einen besonders großen Ausgleich des Zugewinns ausrechnet, so kann er die Erbschaft ausschlagen. Dies ist die einzige Möglichkeit, die ihm bleibt. Er wird dann nicht Erbe mit allen damit zusammenhängenden Rechten; beispielsweise wird er nicht automatisch mit den anderen Erben Eigentümer von Grundstücken oder Rechtsnachfolger, etwa an Gesellschaftsrechten. Er hat dann nur Anspruch auf den sogenannten »kleinen Pflichtteil«, der nach dem nicht um ein Viertel erhöhten Erbteil berechnet wird, und den Ausgleich des Zugewinns, der aber nicht kraft Gesetzes auf ein Viertel des Nachlasses festgesetzt ist, sondern, ebenso wie der Pflichtteil, ein Geldanspruch ist und nach dem Anfangs- und Endvermögen der beiden Ehegatten zu berechnen und von dem überlebenden Ehegatten nachzuweisen ist. Sind erbberechtigte Abkömmlinge vorhanden, so erhält er ein Achtel des Nachlasses (in Geld) und den Ausgleich des Zugewinns (in Geld); sind keine Abkömmlinge vorhanden, aber noch die erbberechtigten Eltern, Geschwister oder Großeltern des Erblassers am Leben, so erhält er ein Viertel des Nachlasses (in Geld) und den Ausgleich des Zugewinns (in Geld).

Wer die Erbschaft ausschlägt und statt dessen seinen Pflichtteil und Ausgleich des Zugewinns verlangt, muß, wie bereits erwähnt, die Höhe der Ausgleichsforderung beweisen. Das bedeutet, daß er die Größe beider Vermögen am Anfang und am Ende der Zugewinngemeinschaft, die Höhe der beiden Zugewinne und schließlich die Höhe der Ausgleichsforderung zahlenmäßig belegen muß. Dies sind lauter Beweise, die in der Regel, wenn überhaupt, nur mit großen Schwierigkeiten und unter erheblichem Kostenaufwand zu führen sind. Es empfiehlt sich daher grundsätzlich, die um ein Viertel erhöhte Erbschaft anzunehmen.

Wird der überlebende Ehegatte nicht Erbe oder Vermächtnisnehmer, weil der Erblasser ihn auf den Pflichtteil gesetzt oder weil er anderweitig über den Nachlaß verfügt hat, so steht auch ihm neben dem Pflichtteil der Ausgleich des Zugewinns zu.

Ist der überlebende Ehegatte deswegen von der Erbfolge ausgeschlossen, weil der Erblasser die Scheidung der Ehe beantragt hatte und noch bei seinem Tode die Voraussetzungen für die Scheidung gegeben waren, oder wenn der Überlebende Erbverzicht erklärt hätte, wenn ihm der Pflichtteil entzogen oder die Erbunwürdigkeit festgestellt wird: in allen diesen Fällen steht dem überlebenden Ehegatten der Zugewinngemeinschaft grundsätzlich der Ausgleich des Zugewinns zu. In vielen dieser Fälle wird es sich allerdings ergeben, daß der Ausgleichsanspruch deswegen entfällt, weil seine Geltendmachung grob unbillig wäre. Denn auch hier, wie in dem zuletzt genannten Beispiel, ist der Grundgedanke beim Ausgleich des Zugewinns der, daß der während der Zugewinngemeinschaft gemeinsam erarbeitete Gewinn beiden Ehegatten in gleicher Weise zugute kommen soll. Dabei wird die Arbeit im Haushalt der Arbeit im Beruf durchaus gleichgestellt.

Beispiel: Eheleute Müller haben im Jahre 1950 geheiratet, ohne etwas über ihren Güterstand zu vereinbaren, so daß am 1. Juli 1958 für sie der gesetzliche Güterstand der Zugewinngemeinschaft anfing. Am 31. Oktober 1978 stirbt Herr Müller und hinterläßt seine Ehefrau und zwei Kinder. Er hatte schon über ein Jahr von seiner Frau getrennt gelebt und beim Familiengericht die Scheidung beantragt; seine Frau hatte der Scheidung zugestimmt. Frau Müller wird daher nicht Erbin ihres Mannes und verlangt lediglich den Ausgleich des Zugewinns. Gründe für die Annahme grober Unbilligkeit dieses Verlangens liegen nicht vor. Ihr Vermögen hat sich während der Zeit vom 1. Juli 1958 bis 31. Oktober 1978 nur um 1 000,– DM vermehrt, während das Vermögen ihres Mannes sich während dieser Zeit um 5 000,– DM vermehrt hatte, also um 4 000,– DM mehr als das ihrige. Die Hälfte dieser Differenz von 4 000,– DM zwischen den beiden Zugewinnen ist der Ausgleich des Zugewinns, also 2 000,– DM. Diese kann Frau Müller verlangen. Dieser Ausgleichsanspruch geht auch etwaigen Pflichtteilsansprüchen oder einem Vermächtnis vor.

Oder: Hätte Herr Müller seine Frau durch letztwillige Verfügung auf den Pflichtteil gesetzt, dann sähe die Berechnung der verschiedenen Ansprüche wie folgt aus, wenn der Nachlaß insgesamt 10 000,– DM beträgt: 2 000,– DM sind zunächst als Ausgleich des Zugewinns abzuziehen, verbleiben 8 000,– DM. Davon beträgt der Pflichtteil ein Achtel, also 1 000,– DM. Frau Müller bekommt also zusammen 3 000,– DM. Die Kinder teilen sich die verbleibenden 7 000,– DM. Hätte Frau Müller vor dem Tode ihres Mannes den Haushalt längere Zeit vernachlässigt, so daß die Auszahlung der Ausgleichsforderung als grob unbillig anzusehen wäre, bekäme sie nur ihren Pflichtteil. Dieser wäre dann aber nicht von 8 000,– DM – nach Abzug des Ausgleichs des Zugewinns – zu berechnen, sondern von dem gesamten Nachlaß von 10 000,– DM und betrüge 1 250,– DM. Auf die Kinder entfielen dann je 4 375,– DM.

Erbrecht des überlebenden Ehegatten bei Gütertrennung und Gütergemeinschaft

Ist in einer Ehe **Gütertrennung** vereinbart, dann gilt eine wenig bekannte Sonderregelung. Bei der Gütertrennung gibt es keinen Zugewinn, sondern jeder Ehegatte erwirbt nur für sich, ohne – im Falle der Scheidung – mit dem anderen Ehegatten vermögensmäßig teilen zu müssen. Im Erbfall gilt dann die Regelung des §1931 Abs. 4 BGB. »Bestand beim Erbfall Gütertrennung und sind als gesetzliche Erben neben dem überlebenden Ehegatten ein oder zwei Kinder des Erblassers berufen, so erben der überlebende Ehegatte und jedes Kind zu gleichen Teilen ...« An die Stelle vorverstorbener Kinder treten deren Abkömmlinge.

Nach dieser Regelung erhält also der überlebende Ehegatte neben einem Kind die Hälfte, neben zwei Kindern ein Drittel. Neben drei Kindern erhält er ein Viertel. Dieses Viertel verbleibt ihm immer als Mindestanteil, eine weitere Teilung seines Erbteils gibt es nicht.

Neben dem gesetzlichen Güterstand der Zugewinngemeinschaft und neben der Gütertrennung gibt es noch den vereinbarten Güterstand der **Gütergemeinschaft.** Dieser Güterstand ist allerdings heute so selten geworden, daß er in diesem Buch keiner ausführlichen Erörterung bedarf. Die grundsätzliche Regelung ist folgendermaßen: Nach §1483 BGB können die Ehegatten durch Ehevertrag vereinbaren, daß die Gütergemeinschaft nach dem Tode eines Ehegatten zwischen dem überlebenden Ehegatten und den gemeinschaftlichen Kindern fortgesetzt wird. Treffen die Ehegatten eine solche Vereinbarung, so wird die Gütergemeinschaft mit den gemeinschaftlichen Abkömmlingen fortgesetzt, die bei gesetzlicher Erbfolge als Erben berufen sind. Der Anteil des verstorbenen Ehegatten gehört nicht zum Nachlaß; im übrigen wird der Ehegatte nach den allgemeinen Vorschriften beerbt.

Sind neben den gemeinschaftlichen Abkömmlingen andere Abkömmlinge vorhanden, so bestimmen sich ihr Erbrecht und ihre Erbteile so, wie wenn fortgesetzte Gütergemeinschaft nicht eingetreten wäre.

Der Voraus

Ohne Rücksicht auf den Güterstand erhält der Ehegatte, neben und unabhängig von seinem Erbteil, den sogenannten Voraus als gesetzliches Vermächtnis. Diesen Voraus erhält er als gesetzlicher Erbe stets neben den Verwandten der zweiten Ordnung (Eltern und Geschwister) und neben Großeltern. Neben den Verwandten der ersten Ordnung (Kinder und Enkel) gehört ihm der Voraus, soweit er die Gegenstände zur

Führung eines angemessenen Haushalts benötigt. Zum Voraus gehören die zum ehelichen Haushalt gehörenden Gegenstände, soweit sie nicht Zubehör eines Grundstücks sind, sowie die Hochzeitsgeschenke, vorausgesetzt, daß sie Eigentum des Verstorbenen waren. Denn andernfalls gehören sie überhaupt nicht zum Nachlaß. Gegenstände, die zum Voraus gehören, werden aus der zur Verteilung gelangenden Nachlaßmasse abgesondert. Dadurch soll erreicht werden, daß insbesondere die Wohnungseinrichtung und die Haushaltsgegenstände unbeschränkt dem überlebenden Ehegatten zur Fortführung des Haushaltes verbleiben und ihm nicht etwa von den Erben die Wohnung ausgeräumt werden kann. Ist, was häufig vorkommen wird, außer den Haushaltsgegenständen eine Nachlaßmasse nicht vorhanden, so erhält der überlebende Ehegatte also schon dann alles, wenn Abkömmlinge nicht vorhanden sind. Beim Vorhandensein von Erben erster Ordnung, also von Kindern oder Enkelkindern, besteht ein solches Recht des überlebenden Ehegatten auf den Voraus, aber eingeschränkt auf die Bedürfnisse des überlebenden Ehegatten.
Hat der Erblasser dem überlebenden Ehegatten zu seinen Lebzeiten Zuwendungen gemacht, und mögen diese auch erheblich gewesen sein, so werden Sie bei der Erbteilung nicht berücksichtigt, der Nachlaß wird so geteilt, wie er zur Zeit des Erbfalles vorhanden ist.

Beispiel: Ein Ehemann stirbt und hinterläßt seine Ehefrau und drei Geschwister. Kinder hat er nicht. Seine Eltern sind bereits vor ihm verstorben. Seine Ehefrau erbt hier die Hälfte und außerdem den Voraus. Die drei Geschwister, die der zweiten Ordnung angehören, erhalten die andere Hälfte nach Abzug des Voraus, also jeder ein Sechstel des Nachlasses.

Das Erbrecht des Staates

Ist ein Ehegatte des Erblassers oder ein Verwandter irgendeiner Ordnung nicht vorhanden, was verhältnismäßig selten vorkommt, so wird der Staat Erbe. Sein Erbrecht muß aber erst vom Nachlaßgericht durch einen formellen Beschluß festgestellt werden, nachdem etwaige Verwandte zuvor zur Anmeldung ihrer Ansprüche in einem Aufgebotsverfahren aufgefordert worden sind.
Der Staat erbt auch dann, wenn sämtliche gesetzlichen oder testamentarischen Erben die Erbschaft ausschlagen. Es erbt dann der Fiskus des Landes, dem der Erblasser zur Zeit seines Todes angehört hat. Der Staat kann die Erbschaft nicht ausschlagen.

Die Erbfolge durch Testament

In den meisten Fällen wird die gesetzliche Erbfolge auch den Wünschen des Erblassers entsprechen. Denn bei ihr werden ja in erster Linie die nächsten Angehörigen berücksichtigt. Das gilt insbesondere bei Eheleuten, wenn sie Kinder haben. Hier fällt der ganze Nachlaß an Frau und Kinder. Demgegenüber ist es im allgemeinen unerheblich, wie groß die Erbteile jedes einzelnen Familienmitgliedes sind, denn sie bilden ja regelmäßig eine Gemeinschaft. Trotzdem kann es vorkommen, daß die gesetzliche Erbfolge nicht eintreten soll, der Erblasser vielmehr für den Fall seines Todes seinen Nachlaß anderen Personen zukommen lassen oder ihn anders als nach der gesetzlichen Erbfolge verteilt wissen will. Das wird vor allem dann der Fall sein, wenn Verwandte der ersten und der zweiten Ordnung nicht vorhanden sind. Denn zu den Verwandten dritter und fernerer Ordnungen hat man im allgemeinen schon recht wenig Beziehungen. Zum mindesten sind die Beziehungen zu allen so entfernten Verwandten nicht alle gleichmäßig eng. Man steht wohl mit dem einen in näherem Verkehr, mit anderen dagegen nicht. Zu einigen besteht vielleicht sogar aus irgendwelchen Gründen ein ausgesprochen gespanntes Verhältnis. Es ist daher verständlich, wenn man als Erben ausschließlich Personen bedenken will, die einem wirklich nahegestanden haben. Die gesetzliche Erbfolge wird weiter bei Eheleuten, die keine Kinder haben, ihren Wünschen oft nicht entsprechen. Hier wird das Bestreben jedes Ehegatten dahin gehen, dem anderen überlebenden Ehegatten alles zuzuwenden, zumal ja in der Ehe im allgemeinen jeder Ehegatte an Ersparnissen, Anschaffungen und dergleichen mehr oder weniger seinen Anteil hat.

Andererseits kann die gesetzliche Erbfolge für den überlebenden Ehegatten aus der Zugewinngemeinschaft zu einer Ungerechtigkeit gegenüber den anderen nahestehenden gesetzlichen Erben – Kindern, Eltern usw. – werden. Denn der überlebende Ehegatte bekommt kraft Gesetzes außer seinem gesetzlichen Erbteil von einem Viertel beziehungsweise der Hälfte des Nachlasses als Erbteil ein weiteres Viertel des Nachlasses als Ausgleich des Zugewinns, und zwar auch dann, wenn ein Zugewinn überhaupt nicht entstanden ist.

Auch alleinstehende Personen, unverheiratet gebliebene Tanten oder Junggesellen, werden oft das Bedürfnis haben, bestimmte Personen, die nicht zu ihren gesetzlichen Erben gehören, zu ihren Erben einzusetzen, etwa einen Neffen oder eine Nichte oder wer ihnen sonst lieb und wert geworden ist. Man spricht ja hier schon von der reichen Erbtante oder dem reichen Erbonkel, mit denen man sich gut stellen soll. Das Bedürfnis einer Änderung der gesetzlichen Erbfolge besteht schließlich auch oft bei Eheleuten, die sich voneinander getrennt haben, weil sie sich nicht vertragen, sich vielleicht

Scheidungsgründe gegeben haben, ohne daß einer von ihnen den Scheidungsantrag gestellt hätte. In allen diesen Fällen besteht die Möglichkeit, durch Testament den Erben zu bestimmen. Ist nämlich ein gültiges Testament errichtet worden, so ist die darin angeordnete Erbfolge allein maßgebend. Die gesetzliche Erbfolge tritt dann nicht ein.

Wer kann kein Testament errichten?

Kein Testament kann errichten, wer wegen krankhafter Störung der Geistestätigkeit, wegen Geistesschwäche oder wegen Bewußtseinsstörung nicht in der Lage ist, die Bedeutung einer von ihm abgegebenen Willenserklärung einzusehen und nach dieser Einsicht zu handeln. Kein Testament errichten kann ferner, wer wegen Geisteskrankheit, Geistesschwäche, Verschwendung oder Trunksucht entmündigt ist. Die Unfähigkeit tritt schon mit der Stellung des Antrages ein, aufgrund dessen die Entmündigung ausgesprochen wird.

Auch Minderjährige unter sechzehn Jahren können ein Testament nicht errichten. Bei ihnen tritt daher immer die gesetzliche Erbfolge ein. Es ist auch nicht zulässig, daß der gesetzliche Vertreter, Vater, Mutter oder Vormund für ihr Mündel ein Testament errichten. Ein solches Testament ist ungültig, es tritt die gesetzliche Erbfolge ein. Über sechzehn Jahre alt bis zur Volljährigkeit sind Minderjährige in der Form der Testamentserrichtung beschränkt. Sie können nur ein öffentliches, nicht auch ein eigenhändiges Testament errichten.

Wer kann durch Testament als Erbe eingesetzt werden?

Durch Testament kann man grundsätzlich in jedem beliebigen Umfange jede natürliche und jede juristische Person, zum Beispiel einen eingetragenen Verein, als Erben einsetzen. Man kann sein Vermögen dabei einer einzelnen Person oder mehreren zu bestimmten Erbteilen zuwenden. Dennoch soll mit dieser sogenannten Testierfreiheit kein Mißbrauch getrieben werden. Denn jede Freiheit muß dort ihre Grenzen haben, wo sie den geschriebenen und ungeschriebenen Gesetzen von Sitte und Anstand zuwiderläuft. Eine letztwillige Verfügung, durch die der Erblasser seinen Ehegatten bedacht hat, ist unwirksam, wenn die Ehe nichtig oder wenn sie vor dem Tode des Erblassers aufgelöst worden ist. Dem steht es gleich, wenn zur Zeit des Todes des Erblassers die Voraussetzungen für die Scheidung gegeben und der Erblasser die Scheidung beantragt hat. Eine letztwillige Verfügung, durch die der Verlobte bedacht ist, wird unwirksam, wenn das Verlöbnis aufgelöst worden ist. – Die Verfügung ist nicht unwirksam, wenn anzunehmen ist, daß der Erblasser sie auch für einen solchen Fall getroffen haben würde.

Der Erblasser kann aber auch, wie in der gesetzlichen Erbfolge, jemanden als Erben einsetzen, der noch nicht geboren, aber erzeugt ist, also die Frucht im Mutterleib. Ja, darüber hinaus sogar einen noch nicht erzeugten, zum Beispiel den erhofften Sohn der noch nicht verheirateten Tochter, als Stammhalter. In diesem letzteren Falle ist es aber dann so, daß die Tochter zunächst Vorerbin und der Sohn, wenn er geboren wird, Nacherbe ist.

Der Erblasser darf auch nur selbst testieren. Er darf die Entscheidung darüber, ob jemand Erbe werden soll, nicht jemand anderem überlassen oder von der Zustimmung eines anderen abhängig machen. »Mein Sohn Fritz soll das Grundstück Sandweg 6 bekommen, wenn meine Frau damit einverstanden ist.« Ein Testament mit einer solchen Bestimmung wäre unwirksam, die gesetzliche Erbfolge träte ein.

Wohl aber kann der Erblasser den Erbfall an eine Bedingung knüpfen, zum Beispiel daran, daß das Erbe verwirkt sein soll, wenn der Erbe sich scheiden läßt. Die Bedingung selbst darf natürlich nicht sittenwidrig sein, wenn etwa der Erblasser bestimmte, das Erbe sei verwirkt, wenn der Erbe sich nicht scheiden lasse. Denn das widerspricht dem grundsätzlichen Interesse von Staat und Allgemeinheit am Bestand der Ehe. Wegen der sogenannten Verwirklichungsklausel kann es sehr viel Streit unter den Erben geben. Es wird deshalb für zulässig angesehen, daß der Erblasser in sein Testament mit der Verwirkungsklausel noch eine Schiedsklausel einbaut für den Fall, daß unter den Erben Streit über die Auslegung oder Gültigkeit einzelner Bestimmungen herrscht. Das Schiedsgericht kann nicht den Willen des Erblassers ersetzen, sondern nur den Streit über die Wirksamkeit dieses Willens beenden.

Nun könnte es allerdings sein, daß der Erblasser die letztwillige Zuwendung an eine Bedingung knüpft, die der Erbe sein Leben lang einzuhalten hätte, wenn er zum Beispiel bestimmte: »Mein Sohn Fritz soll die Hälfte meines Vermögens erben, wenn er sich von seiner jetzigen Frau Helene, geb. Jung, nicht scheiden läßt.« Die Bedingung wäre dann, wenn man das Testament wörtlich nähme, unter Umständen erst beim Tode des Sohnes Fritz erfüllt, so daß dieser niemals in den Genuß des ihm zugedachten Vermögens käme. In einem solchen Fall ist es aber so, daß der Erbe die Erbschaft sofort antreten darf unter der Bedingung, daß er das Erlangte an die Erben oder Ersatzerben herauszugeben hat, wenn er der Bedingung zuwiderhandelt, im vorliegenden Falle also, wenn er sich gegen die testamentarische Bestimmung scheiden ließe.

Wie errichtet man ein Testament?

Das Gesetz kennt zwei ordentliche, das heißt im Normalfall anzuwendende Testamentsformen, nämlich das eigenhändige oder privatschriftliche Testament und das öffentliche Testament. Daneben bestehen in den Nottestamenten noch außerordentliche Testamentsformen.

Das eigenhändige Testament

Um seinen Willen in einem eigenhändigen oder privatschriftlichen Testament rechtswirksam festzulegen, muß der Erblasser ihn eigenhändig niederschreiben und mit seiner Unterschrift versehen. Ein Schreiben mit der Schreibmaschine reicht nicht aus. Denn dann könnte nicht durch Schriftvergleichung nachgeprüft werden, ob der Erblasser das Testament wirklich selbst geschrieben hat. Man darf das Testament auch nicht durch einen anderen schreiben lassen und es bloß unterzeichnen, wie es manchmal vorkommt. Solche Testamente wären nichtig. Sie können daher eine Änderung der gesetzlichen Erbfolge nicht herbeiführen. Auch der auf Band gesprochene letzte Wille ist kein rechtswirksames Testament. Es ist auch nicht zulässig, auf Schriftstücke, Listen und ähnliches im Testament Bezug zu nehmen, wenn diese Anlagen nicht vom Erblasser eigenhändig geschrieben und unterschrieben sind. Ein in Blindenschrift und Kurzschrift abgefaßtes Testament ist zulässig. Ob das Testament mit Tinte, Tintenstift, einem sogenannten Tintenkuli, einem Kugelschreiber oder gar mit Bleistift geschrieben ist, ist unwesentlich. Sorgfalt empfiehlt sich jedoch, einmal schon wegen der Wichtigkeit eines solchen Schriftstückes, dann aber auch, damit das Testament nicht etwa den Anschein erwecken kann, als wenn es sich nur um einen Entwurf handele, was dann leicht zu Streitigkeiten führt, wenn jemand mit dem Testament nicht zufrieden ist und es anzuzweifeln sucht. Aus diesem Grunde vermeidet man besser auch Durchstreichungen, Radierungen, Zusätze und dergleichen und schreibt besser das ganze Testament noch einmal, wenn man sich verschrieben oder geirrt hat. Das ist eine geringe Mühe, mit der man spätere Streitigkeiten vermeiden kann.
Der Erblasser soll ferner sein Testament mit Ort und Datum der Errichtung versehen. Die Weglassung dieser Angaben macht zwar das Testament nicht unwirksam. Sie kann aber unter Umständen zu Schwierigkeiten führen, wenn es auf die Feststellung des Ortes und des Zeitpunktes der Errichtung und damit für den Nachweis der Eigenhändigkeit – also Gültigkeit – einmal ankommen sollte.
Unterschriften nur mit der Familienbezeichnung wie »Euer treuer Vater«, »Dein lieber Gatte«, »Eure Tante Erna«, »Deine Großmutter« sind ausreichend, wenn sich aus ihnen die Person des Erblassers einwandfrei ergibt. Ein Unterschreiben mit Vor- und Familiennamen ist aber vorzuziehen.

An zwei Beispielen sei die Fassung eines eigenhändigen Testaments dargestellt: Eine unverheiratet gebliebene Dame will ihre beiden Nichten zu Erben einsetzen. Ihr Neffe soll nichts erhalten, weil sie bereits die Kosten für seine Berufsausbildung getragen hat. Sie will das aber, obwohl es an sich nicht nötig ist, in ihr Testament hineinschreiben, damit ihr Neffe sieht, warum er nicht noch besonders berücksichtigt worden ist. Ein solches Testament würde etwa folgenden Wortlaut haben:

Mein Testament
Zu meinen Erben setze ich meine beiden Nichten Else und Herta Müller in Berlin-Charlottenburg, Bismarckstraße 20, ein, und zwar je zur Hälfte meines Nachlasses. Mein Neffe Hans Müller ist schon zu meinen Lebzeiten dadurch in reichlichem Maße von mir bedacht worden, daß ich die Kosten für seine Berufsausbildung im wesentlichen getragen habe.
Berlin, den 10. Januar 19..

Hildegard Behrens

Das Testament eines Junggesellen würde etwa lauten:

Mein Testament
Für den Fall meines Todes setze ich meine Jugendfreundin Ilse Martens in Kiel, Mathildenstraße 11, zu meiner Alleinerbin ein.
Hamburg, den 30. Dezember 19..

Dr. Hans Werner

Das öffentliche Testament

Ein öffentliches Testament kann nur vor einem Notar errichtet werden. Im Ausland ist für Deutsche das deutsche Konsulat zuständig. Der Erblasser muß sich daher dorthin begeben. Daß er sich über seine Person ausweisen muß, ist selbstverständlich, soweit ihn der beurkundende Beamte nicht persönlich kennt.
Der Notar nimmt dann den letzten Willen des Erschienenen, wie er ihm mündlich erklärt wird, zu Protokoll. Das ist die häufigste und übliche Form bei der Errichtung eines öffentlichen Testaments. Der Erblasser wird dabei gleichzeitig beraten, wie sein letzter Wille am besten zum Ausdruck und in die richtige Form gebracht werden kann. Der Erblasser kann statt dessen auch seinen letzten Willen in einem Schriftstück selbst aufsetzen und dieses Schriftstück, das er zu Hause in aller Ruhe entworfen hat, dann offen oder in einem verschlossenen Umschlag dem Notar überreichen. Das Schrift-

stück braucht in diesem Fall nicht eigenhändig geschrieben zu sein. Es kann auch mit Schreibmaschine verfaßt sein. Der Notar nimmt dann nur ein Rahmenprotokoll auf, während der eigentliche letzte Wille des Erblassers in dem überreichten Schriftstück enthalten ist. Hat der Erblasser eine offene Schrift als seinen letzten Willen überreicht, so soll der Notar von ihrem Inhalt Kenntnis nehmen und den Erblasser auf etwaige Bedenken in der Fassung, der Zweckmäßigkeit und insbesondere der rechtlichen Wirksamkeit und Möglichkeit hinweisen. Bei der Überreichung des letzten Willens in verschlossener Form ist eine solche Beratung des Erblassers naturgemäß nicht möglich. Diese Art der Testamentserrichtung ist daher unzweckmäßig, zumal der Notar durch sein Amtsgeheimnis verpflichtet ist, über das, was er beurkundet hat oder was anläßlich der Beurkundung zu seiner Kenntnis gelangt ist, gegenüber jedermann Stillschweigen zu bewahren.

Ein Minderjähriger zwischen sechzehn und achtzehn Jahren kann nur ein öffentliches Testament und dieses nur durch mündliche Erklärung zu Protokoll errichten. Der Notar kann zu der Testamentserrichtung zwei Zeugen hinzuziehen. Auf Verlangen des Erblassers muß er es tun oder unterlassen. Der Wille des Erblassers ist daher in dieser Hinsicht für ihn bindend.

Im übrigen ist es Sache des Notars, das Testament in die gesetzlich vorgeschriebene Form zu bringen. Nach Beendigung der Beurkundung wird dem Erblasser das Testament vorgelesen. Er muß das Protokoll sodann genehmigen und, ebenso wie der Notar, mit seinem Namen unterzeichnen.

Die Kosten für die Errichtung eines solchen öffentlichen Testaments richten sich nach dem Wert des Nachlasses, über den auf diese Weise letztwillig verfügt wird. Der Notar rechnet eine Gebühr nach der Kostenordnung zuzüglich Schreibauslagen, Post- und Fernsprechgebühren und Mehrwertsteuer.

Eine Gebühr nach der Kostenordnung beträgt bei einem Wert bis zu:

1 000 DM einschl.	18,– DM	100 000 DM einschl.	260,– DM
2 000 DM einschl.	24,– DM	500 000 DM einschl.	860,– DM
6 000 DM einschl.	52,– DM	1 000 000 DM einschl.	1 610,– DM
10 000 DM einschl.	80,– DM	2 000 000 DM einschl.	3 110,– DM
20 000 DM einschl.	100,– DM	5 000 000 DM einschl.	3 610,– DM
50 000 DM einschl.	160,– DM		

Nottestamente

Es kann Fälle geben, in denen weder die Errichtung eines eigenhändigen Testaments möglich ist, weil der Erblasser aus irgendwelchen Gründen nicht oder nicht mehr schreiben kann, noch die Errichtung eines öffentlichen Testaments, weil ein Notar nicht mehr rechtzeitig erreichbar ist. Für solche Fälle sieht das Gesetz sogenannte Nottestamente vor. Wie schon ihr Name sagt, sind sie ein Notbehelf. Das Gesetz bestimmt in dieser Hinsicht, daß der Erblasser ein Testament vor dem Bürgermeister der Gemeinde, in der er sich aufhält, errichten kann, wenn zu befürchten ist, daß er früher sterben würde, als die Errichtung eines Testaments vor einem Notar möglich ist. (In der früheren Britischen Zone der Hauptgemeindebeamte [Oberstadtdirektor] und dessen Vertreter; in Hamburg der Standesbeamte.) Es ist daher lediglich auf die Unmöglichkeit der Errichtung eines öffentlichen Testaments abgestellt, so daß ein solches Testament auch vor einem Bürgermeister errichtet werden könnte, wenn der Erblasser an und für sich in der Lage wäre, ein eigenhändiges Testament zu errichten. Ein solches Nottestament verliert aber seine Gültigkeit, wenn seit der Errichtung drei Monate vergangen sind und der Erblasser noch lebt und nicht gehindert ist, ein Testament vor einem Notar zu errichten. Der Erblasser muß dann also ein neues Testament in einer der ordentlichen Testamentsformen errichten. Zur Testamentserrichtung muß der Bürgermeister zwei Zeugen hinzuziehen und ein Protokoll aufnehmen. Als Zeuge kann nicht hinzugezogen werden, wer in dem Testament bedacht oder als Testamentsvollstrecker ernannt wird.

Ein solches Nottestament vor dem Bürgermeister würde daher etwa folgendermaßen zu lauten haben:

Ruppertshain, den 10. März 19..
17 Uhr

Gegenwärtig:

1. *Bürgermeister Hermann Schulze*
2. *Lehrer Walter Block* } *als Zeugen*
3. *Bauer Willi Lehmann* }

Auf Antrag des hier wohnhaften Schlossermeisters Friedrich Hoffmann hatte sich der unterzeichnete Bürgermeister Hermann Schulze unter Zuziehung der ihm bekannten Zeugen Lehrer Walter Block und Bauer Willi Lehmann, beide von hier, heute in die Hoffmannsche Wohnung begeben. Sie fanden dort den Schlossermeister Friedrich Hoffmann, welcher dem Bürgermeister bekannt ist, krank und im Bette liegend, aber bei vollem Bewußtsein vor. Nach dem Zustand des Hoffmann erschien die Besorgnis begründet, daß ihm die Errichtung eines Testamentes vor einem Notar nicht mehr möglich sein werde. Friedrich Hoffmann wiederholte sein Gesuch um Aufnahme seines Testaments und erklärte hierauf seinen letzten Willen wie folgt:

Ich setze als meine Erben ein:

1. *meine Ehefrau Marie Hoffmann, geborene Leinitz, hier,*
2. *meine Tochter Luise, Ehefrau des Kaufmanns Heinrich Wolter, hier,*

3. meinen Sohn Karl Hoffmann, Schloßborn,
und zwar zu gleichen Teilen.
Die Niederschrift ist dem Erblasser vorgelesen, auch zur Durchsicht vorgelegt und wie folgt von ihm eigenhändig unterschrieben worden:

Friedrich Hoffmann

Hermann Schulze *Walter Block* *Willi Lehmann*

Dreizeugen-Testament

Ist selbst die Errichtung eines solchen Nottestaments vor dem Bürgermeister einer Gemeinde nicht mehr möglich – man denke an einen Verkehrsunfall auf offener Landstraße, an einen Unglücksfall in den Bergen oder an Bord eines Schiffes auf hoher See –, so kann, wenn eine Testamentserrichtung notwendig wird, ein solches Testament durch mündliche Erklärung vor drei Zeugen errichtet werden. Auch hier ist über die Testamentserrichtung eine Niederschrift aufzunehmen. Sie würde ähnlich lauten wie die Testamentserrichtung vor dem Bürgermeister. Auch ein solches Nottestament verliert nach drei Monaten seine Kraft, wenn der Erblasser dann noch lebt. Zu beachten ist, daß auch bei diesem Dreizeugen-Testament als Zeuge nicht hinzugezogen werden darf, der durch dieses Testament bedacht wird.

Das gemeinschaftliche Testament unter Eheleuten

Unser Erbrecht kennt noch eine besondere Testamentsform für Eheleute. Sie können ihren beiderseitigen letzten Willen in einem einzigen Testament, einem gemeinschaftlichen Testament, festsetzen. Auch das gemeinschaftliche Testament setzt aber die Einhaltung bestimmter Formvorschriften voraus. Sind diese nicht beachtet, so kann das Testament seinem ganzen Inhalt nach unwirksam werden.
Die Ehegatten können auch ein gemeinsames Nottestament errichten, wenn in der Person eines Ehegatten die Voraussetzungen für die Errichtung eines Nottestaments vorliegen; wenn zum Beispiel ein Ehegatte lebensgefährlich verunglückt und ein Notar nicht zu erreichen ist.
Ein gemeinschaftliches Testament wird in der Weise errichtet, daß ein Ehegatte den letzten Willen von beiden Eheleuten auf einem Schriftstück niederschreibt, dieses Testament dann mit der Orts- und Zeitangabe versieht und es unterzeichnet. Der andere Ehegatte braucht dann unter dieses Schriftstück nur noch ebenfalls seinen Namen zu setzen. Er soll dabei auch angeben, zu welcher Zeit und an welchem Ort das geschehen ist. Irgendwelche Zusätze, wie sie früher vorgeschrieben waren, sind

nach den geltenden gesetzlichen Bestimmungen nicht mehr erforderlich. Ein Zusatz des mitunterzeichnenden Ehegatten, daß das Testament auch als sein Testament gelten solle, schadet aber natürlich auch nichts. Die Niederschrift kann sowohl durch den Ehemann als auch durch die Ehefrau vorgenommen werden. Das gemeinschaftliche Testament muß auf einem gemeinschaftlichen Entschluß beruhen.
Ist die Ehefrau minderjährig, so können die Eheleute ein gemeinschaftliches Testament nicht errichten.
Ein eigenhändiges gemeinschaftliches Testament eines kinderlosen Ehepaares sähe danach im Normalfall etwa so aus:

> *Unser Testament*
> *Für den Fall unseres Todes setzen wir, der Lehrer Paul Winkler und seine Ehefrau Hermine, geborene Schönicke, uns gegenseitig als Alleinerben ein.*
> *Berlin, den 20. Dezember 19..*
>
> *Paul Winkler*
> *Hermine Winkler, geborene Schönicke*

In diesem Falle wäre, falls Herr Winkler stirbt, seine überlebende Ehefrau seine alleinige Erbin; falls Frau Winkler zuerst stirbt, wird ihr Ehemann ihr Alleinerbe.
Sind Kinder vorhanden, dann kann das Testament – man nennt es das »Berliner Testament« – lauten:

> *Unser Testament*
> *1. Für den Fall unseres Todes setzen wir, der Lehrer Paul Winkler und seine Ehefrau Hermine, geborene Schönicke, uns gegenseitig als Alleinerben ein.*
> *2. Nach dem Tode des Überlebenden von uns sollen unsere Kinder*
> *a) Frau Magda Schrodt, geborene Winkler,*
> *b) Herr Rechtsanwalt Ernst Winkler*
> *unsere Erben sein. Ersatzerben für unsere Kinder sollen deren Kinder nach den Regeln der gesetzlichen Erbfolge sein.*
> *Berlin, den 21. Januar 19..*
>
> *Paul Winkler*
> *Hermine Winkler, geborene Schönicke*

Das bedeutet, daß, falls Herr Winkler stirbt, seine Frau ihn in vollem Umfange beerbt und über den Nachlaß frei verfügen kann, ihn unter Umständen auch ganz verbrauchen darf, so daß für die als Erben eingesetzten Kinder nichts mehr übrigbleibt, denn sie beerben nicht den Vater (Erstverstorbenen), sondern die Mutter (Überlebende). Allerdings kommt dieser Fall kaum vor, denn ein solches Testament wird in aller Regel nur von solchen Eheleuten errichtet, die einander voll vertrauen und wissen, daß der Überlebende dieses Vertrauen nicht mißbrauchen wird zum Schaden der gemeinsamen Kinder. Falls ein Kind trotzdem in dieser Richtung Befürchtungen hat, kann es sein Pflichtteil schon beim Tode des Erstverstorbenen fordern.

Für diesen Fall kann in dem gemeinschaftlichen Testament schon bestimmt werden: »Fordert bei Tode des Erstverstorbenen eines unserer Kinder seinen gesetzlichen Pflichtteil, so soll es beim Tode des Überlebenden ebenfalls auf den Pflichtteil beschränkt sein.«

Eine andere, weniger häufig gewählte Form des gemeinschaftlichen Testaments könnte folgendermaßen lauten:

Unser Testament

Für den Fall unseres Todes setzen wir, der Lehrer Paul Winkler und seine Ehefrau Hermine, geborene Schönicke, uns gegenseitig als Erben ein, und zwar soll der Überlebende von uns Vorerbe des Erstverstorbenen sein und unsere Kinder

a) Frau Magda Schrodt, geborene Winkler,

b) Herr Rechtsanwalt Ernst Winkler

sollen Nacherben sein.

Berlin, den 12. November 19..

Paul Winkler

Hermine Winkler, geborene Schönicke

Das würde bedeuten, daß, falls Herr Winkler zuerst stirbt, seine Frau Vorerbin würde und infolgedessen nicht wie eine unbeschränkte Erbin frei über den Nachlaß verfügen könnte. Sie wäre allen Beschränkungen eines Vorerben ausgesetzt, da die »eigentlichen« Erben die Nacherben sind, denen sie den Nachlaß ihres Ehemannes bei ihrem Tode hinterlassen muß. (Siehe hierzu den Abschnitt »Vorerbschaft und Nacherbschaft«.)

Deutlich wird der Unterschied zwischen den beiden soeben behandelten Testamentsformen, wenn man sich vorstellt, daß im ersten Falle der Nachlaß mit dem Vermögen des Überlebenden zu einem einzigen Vermögen verschmilzt, mit dem der Überlebende dann nach Belieben schalten und walten kann, während im zweiten Fall der Überlebende zwei Vermögensmassen hat: den Nachlaß, den er zu verwalten und auf den der Nacherbe eine Anwartschaft hat, und sein eigenes Vermögen, über das er beliebig verfügen kann.

Wollen Eheleute ein gemeinschaftliches öffentliches Testament errichten, so müssen sie sich beide zu einem Notar begeben. Im übrigen gilt hier dasselbe wie bei der Errichtung eines einfachen öffentlichen Testaments. Die Eheleute können daher ihren letzten Willen mündlich zu Protokoll erklären oder ihn dem Notar in einer offenen oder

verschlossenen Schrift überreichen. Die Gebühr für die Beurkundung eines gemeinschaftlichen Testaments ist doppelt so hoch wie die Gebühr bei einem Testament einer Einzelperson.
Ein gemeinschaftliches Testament wird ohne weiteres unwirksam, wenn die Ehe später geschieden werden sollte. Die Unwirksamkeit betrifft dann grundsätzlich das ganze Testament, nicht nur, soweit die Eheleute einander bedacht haben. Nur wenn anzunehmen ist, daß Verfügungen, die das Testament enthält, auch trotz der Scheidung getroffen worden wären, bleiben sie wirksam.
Geschwister, Verlobte und sonstige Personen, die nicht miteinander verheiratet sind, können ein gemeinschaftliches Testament nicht errichten.

Welche Testamentsform ist vorzuziehen?

Wenn jemand ein Testament errichten will und daher vor der Wahl steht, ob er ein eigenhändiges oder ein öffentliches Testament errichten will, so muß er dabei folgendes erwägen:
Ein eigenhändiges Testament ist bequem und kostenlos zu errichten. Man setzt sich dazu zu geeigneter Stunde hin, nimmt einen Bogen Papier und schreibt seinen letzten Willen auf. Formfehler können nach dem heute geltenden Testamentsrecht kaum noch vorkommen. Man darf seinen letzten Willen nur nicht durch einen anderen schreiben lassen. Im übrigen sind die gesetzlichen Formvorschriften nur Sollvorschriften. So soll das Testament mit Ort und Datum versehen sein. Fehlen diese Angaben, so ist es aber grundsätzlich trotzdem gültig. Es soll die volle Unterschrift des Erblassers, also seinen Vor- und Zunamen tragen. Andere Bezeichnungen machen es aber nicht ungültig, wenn man nur einwandfrei feststellen kann, wer das Testament errichtet hat. Das wird aber fast immer möglich sein. Wer also auch nur einigermaßen schriftgewandt ist und das, was er will, auch richtig zum Ausdruck bringen kann, kann daher unbedenklich ein eigenhändiges Testament errichten. Das gilt insbesondere auch, wenn es sich um einfach liegende Verhältnisse handelt und auch nicht besonders große Vermögenswerte vererbt werden.
Das öffentliche Testament macht demgegenüber Kosten und auch insofern Umstände, als man sich dazu zu einem Notar bemühen muß. Andererseits erhält man hier eine rechtliche Beratung und Unterstützung, die manchmal, wenn die Sach- oder Rechtslage nicht ganz einfach ist, von Nutzen sein kann. Weiter können Verstöße gegen Formvorschriften hier kaum vorkommen. Denn das Testament wird ja von rechtskundigen Notaren aufgenommen.
Vorzuziehen ist ein öffentliches Testament aber immer dann, wenn zu dem Nachlaß Grundbesitz oder Grundstücksrechte gehören. Hier müssen sich die Erben dem

Grundbuchamt gegenüber, wenn sie über solche ihnen zugefallenen Vermögenswerte einmal verfügen oder sich auch nur über sie auseinandersetzen wollen, über kurz oder lang über ihr Erbrecht ausweisen. Das ist aber nur möglich entweder durch einen Erbschein oder durch die Vorlegung einer Ausfertigung eines öffentlichen Testaments in Verbindung mit dem gerichtlichen Eröffnungsprotokoll. Die Erben sparen daher hier, wenn ein öffentliches Testament vorhanden ist, die Umstände und auch die Kosten, die mit der Beschaffung eines Erbscheins verbunden sind. Sie vermeiden ferner die mit der Beschaffung des Erbscheins notwendig verbundene Verzögerung. Das sind so erhebliche Vorteile des öffentlichen Testaments, daß der Erblasser die damit verbundenen Mühen und Kosten nicht scheuen sollte, zumal ein Erbschein annähernd die gleichen Kosten verursacht, nur daß diese dann die Erben zu tragen haben.

Wo verwahrt man sein Testament?

Wegen der weittragenden Bedeutung eines Testaments ist es naturgemäß wichtig, daß es sorgfältig aufbewahrt wird. Die Aufbewahrung muß andererseits so erfolgen, daß es nach dem Tode des Erblassers auch gefunden und damit zur Kenntnis der Berechtigten und Beteiligten und zur Ausführung gelangt. Denn das ganze Testament nützt nichts, wenn es verlorengeht oder wenn von seinem Vorhandensein niemand etwas weiß und es auch nicht gefunden wird, weil es zwischen zwei Blättern der Bibel steckt; oder wenn es jemand findet, der sich benachteiligt fühlt und es deswegen still und heimlich verschwinden läßt. Denn solche lieben Verwandten gibt es. Es tritt dann einfach die gesetzliche Erbfolge ein, wie immer, wenn ein Testament nicht errichtet worden ist. Wird es dann später durch irgendeinen Zufall doch noch ermittelt, dann sind im allgemeinen die unangenehmsten Erbstreitigkeiten die Folge.

Man kann nun sein Testament einfach im Schreibtisch, im Bücherschrank, in einer Urkundenmappe oder sonst an geeigneter Stelle aufbewahren, wo man wichtige Schriftstücke und Urkunden aufzubewahren pflegt. Man kann es auch in Verwahrung geben, etwa bei einer Bank.

Das sicherste ist es jedoch, wenn der Erblasser sein Testament in gerichtliche Verwahrung gibt. Zuständig dafür ist jedes Amtsgericht. Am besten wählt man dazu das Amtsgericht seines Wohnsitzes, weil dieses gleichzeitig auch die Aufgaben des Nachlaßgerichtes versieht. Man kann dabei sein Testament gelegentlich selbst hintragen. Man kann es aber auch einsenden mit dem einfachen Antrag, es in amtliche Verwahrung zu nehmen. Das Gericht schließt dann das Testament sorgfältig in einen feuerfesten Schrank ein, so daß kein Unberechtigter heran kann. Nach menschlichem Ermessen kann es jetzt auch nicht mehr verlorengehen oder beschädigt werden. Auch gegen Fälschungen ist es hier geschützt. Über die erfolgte Annahme seines Testaments erhält der Erblasser einen Hinterlegungsschein. Diesen bewahrt er dann statt des Testaments auf. Er braucht damit nicht so ängstlich zu sein, da ein Unberechtigter mit dem Hinterlegungsschein allein ja kaum etwas anfangen kann. Von der amtlichen Verwahrung eines Testaments wird das Standesamt benachrichtigt, das seinerseits beim Tode des Erblassers das Gericht oder den Notar verständigt, so daß das Testament auf jeden Fall gefunden wird, auch wenn die Angehörigen nichts davon wissen. Ein öffentliches Testament, das also vor einem Notar errichtet worden ist, wird immer von Amts wegen in amtliche Verwahrung genommen. Ein solches Testament bekommt der Erblasser gar nicht erst ausgehändigt. Hier muß er daher von Anfang an den Hinterlegungsschein an Stelle des Testaments sorgfältig aufbewahren. Für die amtliche Verwahrung eines öffentlichen oder privaten Testaments wird ein Viertel der Gebühr berechnet, die die Beurkundung des Testaments kostet oder kosten würde, nämlich bei einem Wert bis

4 000 DM	15,– DM	500 000 DM	215,– DM
10 000 DM	20,– DM	1 000 000 DM	402,50 DM
20 000 DM	25,– DM	2 000 000 DM	777,50 DM
50 000 DM	40,– DM	5 000 000 DM	1 902,50 DM
100 000 DM	65,– DM		

Wie kann man ein Testament aufheben oder ändern?

Ein Testament stellt den letzten Willen des Erblassers dar, wie schon aus dem Wort »letztwillige Verfügung« für »Testament« hervorgeht. Der Erblasser ist daher in der Lage, es jederzeit wieder aufzuheben oder zu ändern, wenn sich die Verhältnisse, die ihn zur Testamentserrichtung veranlaßt hatten, geändert haben, oder wenn er aus irgendwelchen Gründen anderen Sinnes geworden ist. Seine bisher glückliche Ehe ist vielleicht gestört worden, so daß er es bei der Einsetzung seiner Ehefrau als Alleinerbin nicht mehr belassen will. Der Erblasser hatte ein Testament zugunsten seiner Geschwister oder seiner Ehefrau errichtet, später werden ihm Kinder geboren. Ein Junggeselle heiratet wider Erwarten und will nun ein schon errichtetes Testament nicht mehr aufrechterhalten und was dergleichen Möglichkeiten mehr eintreten können.
Soll ein Testament in vollem Umfange aufgehoben werden, so daß also wieder die gesetzliche Erbfolge eintritt, so vernichtet man am besten ein eigenhändiges Testament, indem man es zerreißt oder verbrennt, ausstreicht oder sonst unkenntlich macht. Hatte man es in gerichtliche Verwahrung gegeben, so muß man es naturgemäß zuerst zurückfordern. Man erhält es jederzeit wieder ausgehändigt.
Ein öffentliches Testament, das sich ja immer und von Amts wegen in gerichtlicher Verwahrung befindet, wird schon dadurch seinem ganzen Inhalt nach aufgehoben, wenn

es aus dieser amtlichen Verwahrung zurückgenommen wird. Eine solche Rücknahme muß man sich daher überlegen. Denn man kann die Wirkungen der Rücknahme nicht dadurch beseitigen, daß man das Testament später wieder hinbringt. Man muß dann vielmehr ein neues Testament errichten und damit auch die Kosten dafür neu aufbringen. Das alte wird nicht wieder in amtliche Verwahrung zurückgenommen, auch nicht, wenn es nur geändert worden ist. An die Folgen der Rücknahme wird der Erblasser bei der Aushändigung eines öffentlichen Testaments vom Gericht ausdrücklich hingewiesen.

Statt dieses üblichen Weges der Testamentsaufhebung kann man auch ein neues Testament errichten, in welchem man erklärt, daß man sein bisheriges Testament aufhebe. Es sind dann also zwei Testamente vorhanden. In einem solchen zweiten Testament kann man ein früheres Testament auch teilweise aufheben. Es gilt dann immer beim Vorhandensein von zwei Testamenten der »letzte« Wille des Erblassers, also das letzte Testament. Hier sieht man schon, daß es manchmal wichtig sein kann, beim eigenhändigen Testament ein Datum anzugeben. Denn sonst weiß nachher niemand, welches Testament früher und welches später errichtet worden ist. Überhaupt empfiehlt es sich nicht, zwei Testamente nebeneinander bestehen zu lassen. Es gibt leicht Unklarheiten, so daß man besser tut, wenn man schon ein Testament aufheben will, das erste Testament zu vernichten und ein völlig neues zu errichten. Liegen allerdings zwei Testamente vor, die sich nicht widersprechen, so gelten beide Testamente nebeneinander. Ein öffentliches Testament kann auch durch ein privates Testament, ein privates Testament durch ein öffentliches Testament abgeändert oder aufgehoben werden.

Was für eine Aufhebung eines Testaments gilt, gilt auch für eine Änderung seines Inhalts. Der Erblasser will jetzt vielleicht auch einen dritten Neffen als Erben einsetzen, er will die Erbteile anders bestimmen, er will nicht mehr, daß einer der eingesetzten Erben Miterbe wird. Auch hier kann eine solche Änderung durch ein zweites Testament ohne Vernichtung des ersten erfolgen, so daß dann beide Testamente nebeneinander betrachtet werden müssen. Besser und sicherer ist auch für eine solche nur geringfügige Änderung die Errichtung eines neuen Testaments und die Vernichtung des bisherigen. Aus diesen Gründen sind auch bloße Nachträge, die praktisch ja eine Testamentsänderung darstellen, nicht besonders empfehlenswert. Macht man sie trotzdem, so müssen sie, wie im eigenhändigen Testament, eigenhändig geschrieben und unterschrieben werden. Ort und Datum sind zweckmäßigerweise hinzuzufügen. Bloße Streichungen von Teilen des Testaments werden am besten dadurch ausdrücklich bestätigt, daß man etwa hinzufügt: »Zeile 12 drei Worte, Zeile 15 fünf Worte gestrichen. Berlin, den 15. März 19.., Emil Müller«.

Beim gemeinschaftlichen Testament ist die Aufhebung und Änderung erschwert. Grundsätzlich kann sie nur von beiden Eheleuten gemeinsam vorgenommen werden,

genauso, wie sie das gemeinschaftliche Testament errichtet haben. Einseitig – also nicht im Einverständnis und zusammen mit dem anderen Ehegatten – kann ein gemeinschaftliches Testament, durch das sich ja die Eheleute regelmäßig gegenseitig, oft auch noch ihre beiderseitigen Verwandten zu Erben eingesetzt haben, nur durch Widerruf aufgehoben werden. Ein solcher Widerruf muß notariell beurkundet und dem anderen Ehegatten mitgeteilt werden. Durch einen solchen Widerruf werden dann auch gleichzeitig die Verfügungen unwirksam, die der andere Ehegatte zugunsten des widerrufenden Ehegatten und seiner Verwandten getroffen hat. Denn es geht natürlich nicht an, daß der eine Teil seine Verfügungen widerruft, die des anderen, die er zugunsten des widerrufenden Teils getroffen hat, aber bestehen bleiben. Nach dem Tode eines Ehegatten erlischt ein Widerrufsrecht überhaupt. Jetzt kommt der Überlebende einseitig von seinem letzten Willen nur dadurch frei, daß er die ihm zugefallene Erbschaft ausschlägt.
Nottestamente werden nach Ablauf ihrer gesetzlichen Geltungsdauer unwirksam.

Die Testamentseröffnung

Jedes Testament muß nach dem Tode des Erblassers vom Nachlaßgericht in einem öffentlichen Verfahren »eröffnet« werden. »Eröffnen« heißt in diesem Zusammenhang, daß der Inhalt des Testaments denen, die am Inhalt interessiert sind und die der Inhalt angeht, amtlich verkündet wird. Die Testamentseröffnung ist ein wichtiger Akt, aus dem sich, wie sich im folgenden zeigen wird, verschiedene Wirkungen ergeben.
Die Testamentseröffnung erfolgt grundsätzlich durch das Nachlaßgericht. Das ist dasjenige Amtsgericht, in dessen Bezirk der Verstorbene seinen letzten Wohnsitz hatte.
Damit das Gericht einen Termin zur Testamentseröffnung bestimmen kann, ist jeder, der ein Testament im Nachlaß des Verstorbenen vorfindet, gesetzlich verpflichtet, es unverzüglich an das Nachlaßgericht einzusenden. Eine Sterbeurkunde ist beizufügen. Weiter sind darin die Anschriften der gesetzlichen Erben, also der nächsten Angehörigen, anzugeben. Findet sich im Nachlaß lediglich ein Hinterlegungsschein, so ist statt des Testaments der Hinterlegungsschein einzusenden. Auch diese Ablieferungspflicht erstreckt sich auf jedes Testament, auch auf ein solches, dessen Inhalt die Angehörigen schon kennen. Die Ablieferung kann vom Nachlaßgericht durch Zwangsgelder erzwungen werden. Hat das Nachlaßgericht von dem Vorhandensein eines Testaments Kenntnis, so hat es von Amts wegen seine Ablieferung zum Zwecke der Eröffnung zu veranlassen. Hat es Grund zu der Annahme, daß ein Testament verheimlicht wird, etwa durch die Anzeige eines Verwandten des Verstorbenen, so kann es den vermeintlichen Besitzer des Testaments auf Antrag auch zur Leistung der eidesstattlichen

Versicherung zwingen. Der angebliche Testamentsinhaber muß dann, wenn er den Besitz des Testaments in Abrede stellt, vor Gericht versichern, daß er ein Testament des Verstorbenen nicht besitze und auch nicht wisse, wo es sich befindet.
Eine Anordnung des Erblassers, durch die er die Eröffnung seines Testaments für eine bestimmte Zeit verbietet, ist ohne rechtliche Wirkung.
Zu dem Termin über die Testamentseröffnung lädt das Gericht die ihm bekannten gesetzlichen Erben. Sodann wird das Testament bei Gericht vorgelesen. Ein Zwang, zu diesem Termin zu erscheinen, besteht für die Angehörigen nicht. Sie werden ja oft weit entfernt wohnen. Jeder, der in einem Testament bedacht worden ist, erhält ohne weiteres eine Abschrift der ihn betreffenden letztwilligen Verfügung vom Nachlaßgericht zugesandt. Ob das Testament gültig ist oder nicht, prüft das Nachlaßgericht bei der Eröffnung in keiner Weise nach. Auch ein ungültiges Testament, das der Erblasser nicht selbst geschrieben, sondern nur unterschrieben hat, würde dann eröffnet werden. Zur Austragung etwaiger Streitigkeiten über die Gültigkeit des Testaments ist das Erbscheins- oder das Prozeßverfahren bestimmt.
Bei der Eröffnung eines gemeinschaftlichen Testaments von Eheleuten sind nur die Verfügungen des verstorbenen Ehegatten zu verkünden. Die Verfügungen des überlebenden Ehegatten sind nicht zur Kenntnis der Beteiligten zu bringen. Das ist allerdings nicht immer möglich. Lautet etwa das Testament nur dahin, daß sich die Ehegatten gegenseitig als Erben einsetzen, so lassen sich die Verfügungen des einen Ehegatten von denen des anderen nicht trennen. Das Testament muß dann in vollem Umfang eröffnet werden.
Ein eröffnetes Testament bleibt bei den Gerichtsakten. Die Beteiligten erhalten es daher in keinem Falle zurück. Das gilt auch dann, wenn sich später die Ungültigkeit des Testaments herausstellen sollte. Dafür ist jeder, der ein berechtigtes Interesse an dem Testament glaubhaft macht, namentlich also derjenige, der im Testament bedacht worden ist, der in ihm übergangen worden ist oder seine Ungültigkeit aus irgendwelchen Gründen geltend machen will, berechtigt, das Testament beim Nachlaßgericht einzusehen oder eine einfache oder beglaubigte Abschrift von ihm zu verlangen.
Die Eröffnung eines Testaments kostet die Hälfte der Gebühr, die für die Beurkundung eines Testaments berechnet wird.

Einige Zahlenbeispiele:
Die bei der Eröffnung entstehende Gebühr beträgt bei einem Nachlaßwert bis

1 000 DM	15,– DM	100 000 DM	130,– DM
6 000 DM	26,– DM	500 000 DM	430,– DM
10 000 DM	40,– DM	1 000 000 DM	805,– DM
25 000 DM	52,50 DM	2 000 000 DM	1 555,– DM
50 000 DM	80,– DM	5 000 000 DM	3 805,– DM

Wann kann man ein Testament anfechten?

Da nach unserem Erbrecht jeder durch die Errichtung eines Testaments die Nachfolge in seinem Nachlaß beliebig regeln kann, namentlich auch durch die Einsetzung von Erben, die nicht die gesetzlichen Erben sein würden, die nächsten Angehörigen als gesetzliche Erben ausgeschaltet werden können, ohne daß es dazu noch der Angabe besonderer Gründe bedürfte, kommt es häufig vor, daß die übergangenen Angehörigen des Verstorbenen, die ohne Errichtung des Testaments seine Erben geworden wären, mit dem Testament nicht zufrieden sind und seine Gültigkeit bestreiten. Das hat aber nur ganz selten Erfolg, wenn das Testament formgerecht errichtet worden ist und der Erblasser zur Zeit der Testamentserrichtung sich auch im vollen Besitz seiner Geisteskräfte befand, so daß er wußte, was er tat. Nach dem Gesetz ist eine Anfechtung des Testaments möglich, wenn der Erblasser über den Inhalt seiner Erklärung im Irrtum war oder eine Erklärung, so, wie er sie im Testament abgegeben hatte, überhaupt nicht hatte abgeben wollen. Die Anfechtung ist auch möglich, wenn Notar oder Bürgermeister den Erblasser etwa mißverstanden hatten und etwas anderes protokolliert haben, als der Erblasser erklärt hat. Das muß derjenige, der das Testament anfechten will, nachweisen.

Eine Anfechtung ist weiter möglich, wenn der Erblasser zu der getroffenen letztwilligen Verfügung durch die irrige Annahme oder Erwartung des Eintritts oder Nichteintritts eines Umstandes oder durch Drohung bestimmt worden ist. Er setzt beispielsweise seinen zukünftigen Schwiegersohn als Erben ein, die Verlobung seiner Tochter geht dann aber auseinander.

Eine Anfechtungsmöglichkeit besteht schließlich auch dann noch, wenn der Verstorbene einen zur Zeit seines Todes vorhandenen Pflichtteilsberechtigten übergangen hat, weil ihm sein Vorhandensein bei der Errichtung seines Testaments nicht bekannt war, meistens auch nicht bekannt sein konnte. Es ist zum Beispiel der Fall vorgekommen, daß ein Junggeselle ein Testament zugunsten seiner Geschwister errichtete, er dann aber doch noch heiratete, ohne eine neue letztwillige Verfügung zu treffen. Bei seinem Tode hinterläßt er seine pflichtteilsberechtigte Ehefrau, an die er bei der Errichtung des immer noch vorhandenen – überholten – Testaments noch nicht gedacht hatte. Die Ehefrau ist daher berechtigt, das Testament anzufechten.

Ähnlich ist die Rechtslage, wenn ein geschiedener Mann wieder heiratet, nachdem er ein Testament zugunsten seiner Kinder errichtet hatte, und ihm nun aus der neuen Ehe Kinder geboren werden. Hier waren die pflichtteilsberechtigte zweite Frau und auch die später geborenen pflichtteilsberechtigten Kinder zur Zeit der Testamentserrichtung nicht vorhanden und können das inzwischen überholte Testament anfechten.

Im allgemeinen wird ein Erblasser, wenn sich die tatsächlichen Verhältnisse auf diese Weise ändern, auch sein Testament schleunigst aufheben oder ändern. Manchmal beschließt man eine solche Maßnahme, verschiebt sie aber immer wieder, bis es eines Tages plötzlich zu spät ist. Dann kann ein solches Testament angefochten werden. Hat dagegen der Erblasser es absichtlich bei seinem früheren Testament belassen, wollte der heiratende Junggeselle etwa seine Frau nicht als Erbin einsetzen, wollte der geschiedene Ehemann es bei der Erbeinsetzung seiner Kinder aus der ersten Ehe belassen, ohne seine zweite Frau nachträglich auch zu bedenken, so ist eine Anfechtung seines Testaments nicht möglich. Denn nach dem Gesetz ist die Anfechtung eines Testaments in allen Fällen ausgeschlossen, soweit anzunehmen ist, daß der Verstorbene auch bei Kenntnis der Sachlage oder Nichtbeeinflussung seines Willens ein anderes Testament nicht errichtet hätte. Ist daher schon eine gewisse Zeit vergangen, ohne daß eine Aufhebung oder Änderung des Testaments erfolgte, so bietet im allgemeinen eine Anfechtung keine Aussicht auf Erfolg, wenn nicht irgendwie nachgewiesen werden kann, daß eine Testamentsänderung vom Erblasser ernstlich beabsichtigt war. Denn die Unterlassung der jederzeit möglichen Änderung spricht dafür, daß der Erblasser es bei den getroffenen Maßnahmen belassen wollte. Zur Anfechtung eines Testaments sind stets diejenigen Personen berechtigt, denen die Aufhebung der angefochtenen letztwilligen Verfügung unmittelbar zustatten kommen würde, im Falle der Übergehung pflichtteilsberechtigter Angehöriger diese Personen.

Die Anfechtung hat gegenüber dem Nachlaßgericht zu erfolgen. Sie ist nur binnen eines Jahres möglich, nachdem der Anfechtungsberechtigte von dem Anfechtungsgrund Kenntnis erhalten hat. Die Frist beginnt aber nicht vor dem Erbfall. Ist die Anfechtung begründet, so hat dies die Nichtigkeit der angefochtenen letztwilligen Verfügung zur Folge. Es tritt dann die gesetzliche Erbfolge ein, sofern das gesamte Testament nichtig ist. Nicht angefochtene Verfügungen des Testaments bleiben grundsätzlich wirksam.

Nichtig ist nach dem geltenden Testamentsrecht ein Testament, das heißt, es bedarf nicht einmal einer Anfechtung, wenn ein anderer den Erblasser durch Ausnutzung der Todesnot zu seiner Errichtung bestimmt hat. Eine Pflegerin erklärt beispielsweise dem schwerkranken und auf sie angewiesenen Erblasser, sie werde ihn verlassen, wenn er nicht sein Testament zu ihren Gunsten errichten werde.

Auch eine letztwillige Verfügung zugunsten des Ehegatten oder des Verlobten ist nichtig, wenn die Ehe oder das Verlöbnis vor dem Tode des Erblassers aufgelöst worden ist oder wenn der Erblasser Scheidungsantrag bei Gericht eingereicht hatte und die Voraussetzungen für die Scheidung im Zeitpunkt seines Todes gegeben waren. Es sind dies also dieselben Gründe, aus denen der Ehegatte auch sein gesetzliches Erbrecht verlieren würde.

Was muß man sich auf seinen Erbteil anrechnen lassen?

Wenn Kinder oder Enkel Erbe werden, kommt es häufig vor, daß eines oder mehrere von ihnen schon zu Lebzeiten von dem verstorbenen Eltern- beziehungsweise Großelternteil etwas als Ausstattung erhalten hatten. Insbesondere gilt das für eine Tochter, die sich verheiratet hat. Sie hatte gegen ihre Eltern sogar bis zum 30. Juni 1958 einen gesetzlichen Anspruch auf die Gewährung einer Aussteuer. Aber auch bei Söhnen und Enkelkindern kommt es vor, daß sie einen größeren Betrag für ihr Studium oder zur Gründung einer selbständigen Existenz erhalten. Ein solches Kind wäre ungerechtfertigt bevorzugt, wenn es beim Tode des Vaters, der Mutter, der Großeltern trotzdem ebensoviel erhalten würde wie die übrigen Geschwister. Das Gesetz bestimmt daher, daß eine solche zu Lebzeiten des verstorbenen Eltern- oder Großelternteils von diesem erfolgte Zuwendung bei der Berechnung des Erbteils unter mehreren Abkömmlingen als gesetzlichen Erben berücksichtigt werden muß und ausgleichspflichtig ist, auch wenn der Erblasser dies nicht ausdrücklich bestimmt hat. Eine solche Zuwendung einer Ausstattung gilt daher gleichsam als Abschlagzahlung auf den späteren Erbteil.

Zuschüsse zum Lebensunterhalt – mag es sich um ein verheiratetes oder unverheiratetes Kind handeln – und Aufwendungen für die Ausbildung für einen Beruf sind keine Ausstattungen. Trotzdem sind sie nach ausdrücklicher gesetzlicher Vorschrift insoweit zur Ausgleichung zu bringen, als sie das den Vermögensverhältnissen des Erblassers entsprechende Maß überstiegen haben. Sind daher die Eltern wirtschaftlich in der Lage, ihre Kinder in die höhere Schule zu schicken und sie auch studieren zu lassen, so sind die dafür gemachten Aufwendungen nicht anrechnungspflichtig, insbesondere auch nicht gegenüber einem Kinde, das für ein Studium nicht die genügende Eignung oder nicht die ausreichenden Fähigkeiten besessen hatte.

Jede beliebige Aufwendung, die der Erblasser zu seinen Lebzeiten für seine Abkömmlinge gemacht hatte, kann jedoch dadurch ausgleichspflichtig werden, daß der Erblasser bei der Zuwendung bestimmt hatte, daß sie auf den späteren Erbteil angerechnet werden sollte. Der Zuwendende hat daher in dieser Hinsicht völlig freie Hand, ob er die spätere Anrechnung auf den Erbteil wünscht oder nicht. Er muß das nur bei der Zuwendung zum Ausdruck bringen.

Eine Ausgleichspflicht besteht nur für Abkömmlinge, praktisch also nur für Kinder und Enkelkinder des Verstorbenen, soweit sie gesetzliche Erben werden. Andere Verwandte sind niemals ausgleichspflichtig oder ausgleichsberechtigt.

Bei der Berechnung des Erbteils von ausgleichspflichtigen Abkömmlingen ist zunächst von der Erbschaft der Anteil etwa nicht ausgleichspflichtiger Miterben in Abzug zu bringen, vor allem der des überlebenden Ehegatten. Denn die Ausgleichung berührt die sonstigen Miterben nicht. Sie äußert vielmehr ihre Wirkung nur im Verhältnis der Abkömmlinge untereinander.

Hat also beispielsweise der ohne Testament verstorbene Ehemann seine Frau und drei Kinder, Herta, Hilde und Rosemarie, hinterlassen und beträgt der Wert seines Nachlasses 24 000,– DM, so erhält zunächst seine Ehefrau als gesetzliche Erbin ein Viertel hiervon mit 6 000,– DM. (Die besondere Nachlaßverteilung bei der Zugewinngemeinschaft soll hier unberücksichtigt bleiben.) Zu dem Restbetrag von 18 000,– DM, der unter die drei Kinder als ausgleichspflichtige Abkömmlinge zu verteilen wäre, ist der Wert der ausgleichspflichtigen Zuwendungen hinzuzurechnen. Hat daher die Tochter Herta bei ihrer Verheiratung eine Aussteuer im Werte von 3 000,– DM erhalten und die beiden anderen Töchter bisher nichts, so wären unter die drei Schwestern insgesamt noch 21 000,– DM zu verteilen. Jede Tochter hätte ein Drittel hiervon mit 7 000,– DM zu bekommen. Da die Tochter Herta bei ihrer Eheschließung bereits 3 000,– DM vorweg erhalten hatte, bekommt sie jetzt nur 4 000,– DM und ihre beiden Schwestern den Rest mit je 7 000,– DM. Von dem Nachlaß würden daher die Witwe 6 000,– DM, die Tochter Herta 4 000,– DM und die Töchter Hilde und Rosemarie je 7 000,– DM bekommen.

Ein weiteres **Beispiel:** Ein Witwer hat drei Kinder, Hans, Fritz und Hildegard. Hans ist unter Hinterlassung von drei Söhnen, Werner, Georg und Wilhelm, vor dem Erblasser gestorben. Hans hatte zur Begründung seines Geschäftes von seinem Vater 5 000,– DM erhalten, Hildegard zu ihrer Verheiratung eine Ausstattung im Werte von 8 000,– DM. Der Nachlaß beträgt 20 000,– DM. Da hier nur Abkömmlinge vorhanden sind, die untereinander ausgleichspflichtig sind, sind zur Berechnung der Erbteile die ausgleichspflichtigen Zuwendungen dem Nachlaß hinzuzurechnen. Man kommt dann zu einem Nachlaß von 33 000,– DM. Auf jedes von den drei Kindern des Erblassers würden somit von dem auf diese Weise erhöhten Nachlaß 11 000,– DM fallen. An die Stelle des verstorbenen Sohnes Hans treten seine drei Söhne Werner, Georg und Wilhelm. Sie müssen sich die ihrem Vater seinerzeit gewährte Ausstattung von 5 000,– DM auf ihren Erbteil anrechnen lassen. Es kommen daher auf sie zusammen 6 000,– DM oder auf jeden von ihnen 2 000,– DM. Der Sohn Fritz hat sich nichts anrechnen zu lassen, er erhält daher volle 11 000,– DM. Die Tochter Hildegard dagegen muß sich ihre Aussteuer mit 8 000,– DM anrechnen lassen. Sie bekommt daher nur noch 3 000,– DM. Das ergibt zusammen wieder den Nachlaß von 20 000,– DM, wie er zur Verteilung vorhanden war.

Die Ausgleichspflicht kann jedoch niemals dazu führen, daß ein ausgleichspflichtiger Abkömmling, statt etwas zu erben, noch etwas in die Nachlaßmasse zur Verteilung an die übrigen Miterben beizusteuern hätte. Dazu ist er in keinem Fall verpflichtet, selbst wenn er ganz erhebliche Zuwendungen zu Lebzeiten des Verstorbenen erhalten hätte; würde dieser Fall rein rechnungsmäßig eintreten, so würde ein solcher ausgleichspflichtiger Abkömmling überhaupt unberücksichtigt bleiben. Der Nachlaß würde dann allein unter die übrigen Miterben verteilt.

Hatte daher in dem eben erwähnten Beispiel die Tochter Hildegard neben ihrer Aussteuer von 8 000,– DM noch 9 000,– DM bei der Eheschließung geschenkt erhalten, damit sich ihr Ehemann selbständig machen konnte, mit der ausdrücklichen Bestimmung, daß sie sich diesen Betrag auf ihren späteren Erbteil anrechnen lassen müsse, so würde der Nachlaß unter Hinzurechnung der ausgleichspflichtigen Zuwendungen 42 000,– DM betragen. Hiervon würden auf die Tochter Hildegard 14 000,– DM entfallen. Da sie bereits 17 000,– DM erhalten hat, bekommt sie nichts mehr, braucht aber auch an die übrigen Erben nichts hinzuzuzahlen. Die Tochter Hildegard bleibt daher jetzt bei der Berechnung der Erbteile der übrigen Miterben, nämlich des Sohnes Fritz und der drei Söhne von Hans, ganz außer Betracht. Der Nachlaß beträgt daher, unter Hinzurechnung der ausgleichspflichtigen Ausstattung von Hans 25 000,– DM. Davon erhält die Tochter Hildegard nichts. Fritz erhält die Hälfte mit 12 500,– DM, da er ausgleichspflichtige Zuwendungen nicht erhalten hatte. Die drei Söhne von Hans bekommen den Rest von insgesamt 7 500,– DM, jeder von ihnen also 2 500,– DM.

Eine Ausgleichung von den anderen Abkömmlingen kann nach der seit 1. 7. 1970 geltenden Regelung ferner derjenige verlangen, der als Abkömmling durch Mitarbeit im Haushalt oder Geschäft des Erblassers, durch Geldleistungen oder auf andere Weise über eine längere Zeit dazu in besonderem Maße beigetragen hat, daß das Vermögen des Erblassers vergrößert oder erhalten wurde. Zu denken ist auch an das Kind oder Enkelkind, das unter völligem oder teilweisem Verzicht auf berufliches Einkommen den Erblasser während einer längeren Zeit gepflegt hat, es sei denn, für diese Tätigkeit oder für die anderen Leistungen im Betrieb oder Haushalt des Erblassers ist ein angemessenes Entgelt gewährt oder vereinbart worden.

Um eine Ausgleichung durchführen zu können, ist jeder Abkömmling den übrigen Abkömmlingen gegenüber verpflichtet, auf Verlangen Auskunft über solche Zuwendungen zu erteilen, die er möglicherweise zur Ausgleichung zu bringen hat. Weigert er sich, so kann gegen ihn auf Auskunftserteilung geklagt werden. Besteht der begründete Verdacht, daß seine Angaben unrichtig sind, dann können die Miterben von ihm die Abgabe der eidesstattlichen Versicherung verlangen. Ist die Ausgleichung bei der Verteilung des Nachlasses unberücksichtigt geblieben, vielleicht, weil den Abkömmlingen eine Verpflichtung dazu unbekannt war, oder ist der Erbteil unrichtig berechnet worden, was ja hier leicht vorkommen kann, so muß der ausgleichspflichtige Miterbe an die übrigen Abkömmlinge das als ungerechtfertigte Bereicherung herausgeben, was er auf diese Weise irrtümlich zu viel erhalten hat.

Nur ausnahmsweise besteht eine Ausgleichspflicht unter Abkömmlingen auch bei der testamentarischen Erbfolge, nämlich dann, wenn der Verstorbene zwar ein Testament errichtet hat, seine Kinder oder Enkelkinder aber nur auf dasjenige als Erben eingesetzt hat, was sie auch als gesetzliche Erben erhalten hätten. Denn dann war die Errichtung eines Testaments nur eine überflüssige Formalität, wenigstens hinsichtlich der Erbeinsetzung, die an der gesetzlichen Erbfolge, wie sie auch ohne Testamentserrichtung eingetreten wäre, nichts geändert hat. Sind Abkömmlinge in einem Testament dagegen abweichend von der gesetzlichen Erbfolge bedacht worden, so kommt eine Ausgleichspflicht nicht in Betracht. Denn damit hat der Erblasser zu erkennen gegeben, daß er seine Kinder oder Enkelkinder aus irgendwelchen Gründen nicht gleich behandelt wissen wollte.

Um bei einer Testamentserrichtung etwaige spätere Zweifel zu beseitigen, ob eine zu Lebzeiten an Abkömmlinge gemachte Zuwendung ausgleichspflichtig sein soll oder nicht, ist es empfehlenswert und üblich, darüber im Testament eine entsprechende Bestimmung zu treffen. Denn da man im Testament seine Erben in beliebigem Umfange bedenken kann, kann man auch bestimmen, daß sie sich irgendwelche Zuwendungen, die sie schon erhalten haben, auf den Erbteil anrechnen lassen müssen. Ebenso kann durch Testament auch bestimmt werden, daß eine an und für sich ausgleichspflichtige Zuwendung auf den Erbteil nicht in Anrechnung gebracht werden soll.

Eine solche Testamentsbestimmung könnte etwa wie folgt gefaßt werden:

»Bei der Auseinandersetzung soll meine Tochter Ilse Hennig, geb. Schmitt, in Stuttgart, Fürther Str. 12, verpflichtet sein, die ihr gegebene Aussteuer im Werte von 5000,– DM sich auf ihren Erbteil anrechnen zu lassen.«

Wenn man nicht Erbe werden will

Da nicht nur das Vermögen, sondern auch die Schulden des Erblassers auf seine Erben übergehen, ist Erbe zu werden nicht immer ein erfreuliches Ereignis. Denn wenn auch die Erben die Möglichkeit haben, ihre Haftung auf den Nachlaß zu beschränken, so bleibt ihnen doch in dem Fall, daß mehr Schulden vorhanden sind als Vermögen, nur eine Fülle von Mühen und Umständen, denen sie vielleicht lieber aus dem Wege gehen und es für besser halten, wenn sie mit der ganzen Erbschaftsangelegenheit nichts zu tun haben. Mitunter können auch andere Gründe mitspielen, die dem Erben Veranlassung geben können, die Erbschaft abzulehnen. Zu denken ist vor allem daran, daß im Falle der Zugewinngemeinschaft der überlebende Ehegatte glaubt, der ihm zustehende Ausgleichsanspruch des Zugewinns werde größer sein, als der um ein Viertel vergrößerte Erbteil oder als das, was ihm der Erblasser testamentarisch zugedacht hat.

Denn der überlebende Ehegatte als Testamentserbe hat ja keinen Anspruch auf Ausgleich des Zugewinns, solange er Erbe ist. Dem trägt das Gesetz Rechnung, indem es jedem Erben das Recht gibt, die Erbschaft auszuschlagen.

Die Ausschlagung der Erbschaft geschieht durch Abgabe einer Erklärung gegenüber dem Nachlaßgericht. Die Erklärung ist zur Niederschrift des Nachlaßgerichts oder in öffentlich beglaubigter Form abzugeben. Nachlaßgericht ist, wie bereits erwähnt, dasjenige Amtsgericht, in dessen Bezirk der Verstorbene seinen letzten Wohnsitz gehabt hat. Das ist hier besonders von Wichtigkeit, weil die Ausschlagung der Erbschaft bei einem unzuständigen Amtsgericht ohne Wirkung ist. (Diese strenge Auffassung hat die Rechtsprechung zum Teil aufgegeben.) Wohnte der Erblasser zuletzt im Ausland, so ist Nachlaßgericht das Amtsgericht, in dessen Bezirk er zuletzt seinen inländischen Wohnsitz hatte.

Die Ausschlagung einer Erbschaft ist nur innerhalb von sechs Wochen zulässig, nachdem der Erbe von dem Anfall der Erbschaft an ihn Kenntnis erlangt hat. Die Frist beginnt jedoch nicht, ehe ein etwa vorhandenes Testament gerichtlich eröffnet worden ist. Im übrigen kann man eine Erbschaft sowohl dann ausschlagen, wenn man auf Grund gesetzlicher Erbfolge Erbe geworden ist, als auch dann, wenn man auf Grund eines Testaments zum Erben eingesetzt worden ist. Hatte der Erblasser seinen letzten Wohnsitz im Ausland oder hielt sich der Erbe zu Beginn der Ausschlagungsfrist im Ausland auf, so kann die Erbschaft innerhalb von sechs Monaten ausgeschlagen werden. Denn hier ist es für den Erben schwieriger und zeitraubender, sich einen Überblick über die Verhältnisse und insbesondere über den Umfang des Nachlasses und der vorhandenen Nachlaßverbindlichkeiten zu verschaffen.

Für den Minderjährigen bedarf der gesetzliche Vertreter zur Ausschlagung der Erbschaft der Genehmigung des Vormundschaftsgerichts. Dieses prüft, ob die Ausschlagung auch den Interessen des Minderjährigen entspricht. Auch die vormundschaftsgerichtliche Genehmigung muß innerhalb der Ausschlagungsfrist beigebracht werden, wenn die Ausschlagung wirksam sein soll. Nur dann ist die vormundschaftsgerichtliche Genehmigung nicht erforderlich, wenn zunächst der Vater die Erbschaft für sich selbst ausschlägt und es sodann auch für seine minderjährigen Kinder tut. Hier ist ohne weiteres anzunehmen, daß die Erbschaft wertlos ist, wenn sie schon der Vater nicht haben will, so daß es zur Wahrung der Rechte der Kinder der Mitwirkung des Vormundschaftsgerichts nicht bedarf.

Die Ehefrau hat selbstverständlich bei allen Güterständen ein selbständiges Recht zur Ausschlagung einer ihr angefallenen Erbschaft. Der Mitwirkung oder Zustimmung des Mannes bedarf es nicht. Wer als überlebender Ehegatte aus der Zugewinngemeinschaft erbt, kann, wenn er die Erbschaft nicht annehmen will, nur die ganze Erbschaft ausschlagen. Er kann zum Beispiel nicht das Viertel annehmen und die Erbschaft im übrigen ausschlagen oder die Erbschaft, ohne das Viertel, annehmen und statt des Viertels den Ausgleich des Zugewinns verlangen. Wer den Ausgleich des Zugewinns herbeiführen will, muß eben die ganze Erbschaft erst ausschlagen.

Die Ausschlagung der Erbschaft ist nicht mehr möglich, wenn der Erbe die Erbschaft angenommen hat. Das kann durch ausdrückliche Erklärung gegenüber beliebigen Dritten geschehen, aber auch durch entsprechende Handlungen. Der Erbe zieht beispielsweise in ein ererbtes Haus, er verbraucht ihm zugefallenes Geld, verfügt über Vermögensgegenstände oder zieht Außenstände des Verstorbenen ein. Hier ergibt sich aus seiner Handlungsweise, daß er die Erbschaft behalten will. Nach Ablauf der Ausschlagungsfrist gilt die Erbschaft ohne weiteres als angenommen.

Die Ausschlagung der Erbschaft hat zur Folge, daß sie gar nicht als angefallen gilt. Sie fällt daher jetzt rückwirkend demjenigen an, der Erbe wäre, wenn der Ausschlagende zur Zeit des Erbfalles nicht gelebt hätte. Schlägt daher der Vater die Erbschaft aus, so fällt sie an seine Kinder. Sind Kinder oder Enkelkinder nicht vorhanden, so fällt die Erbschaft an die Eltern des Erblassers oder, wenn diese nicht mehr leben, an etwaige Geschwister als die gesetzlichen Erben zweiter Ordnung. Schlägt seine Ehefrau die Erbschaft aus und sind Kinder vorhanden, so erhalten diese jetzt die ganze Erbschaft. Wer als Pflichtteilberechtigter die Erbschaft ausschlägt, kann nicht statt dessen seinen Pflichtteil verlangen. Folgende besondere Fälle, die vorkommen können, sind aber zu beachten:

1. Erhält ein Pflichtteilberechtigter einen Erbteil, der kleiner ist als sein Pflichtteil – es kann sich hier natürlich nur um eine Verfügung von Todes wegen handeln –, so kann er von den Miterben Auffüllung seines Erbteils bis zur Höhe seines Pflichtteils beanspruchen. Dieser Ergänzungsanspruch ist ein Geldanspruch. Der Pflichtteil des Ehe-

gatten der Zugewinngemeinschaft berechnet sich dann nach dem um ein Viertel des Nachlasses erhöhten Erbteil, dem sogenannten »großen Pflichtteil«. Schlägt der Erbe sein Erbteil aus, so geht er zwar dieses Erbteils verlustig, behält aber seinen Ergänzungsanspruch. Eine gewisse Ausnahme macht der Ehegatte der Zugewinngemeinschaft: dieser erhält den sogenannten »kleinen Pflichtteil« und hat außerdem Anspruch auf Auszahlung des Ausgleichs des Zugewinns, falls ein solcher entstanden ist und er ihn nachweisen kann.
Beschränkungen und Belastungen des Erbteils, der kleiner als der Pflichtteil ist, fallen für diesen Erben fort und brauchen von ihm nicht beachtet zu werden.
2. Erhält ein Erbe, der pflichtteilsberechtigt ist, zwar einen Erbteil, der größer ist als sein gesetzlicher Pflichtteil – bei Ehegatten der Zugewinngemeinschaft ist auch hier der »große Pflichtteil« zugrunde zu legen –, aber mit Auflagen und Beschränkungen belastet ist, dann hat er die Wahl: entweder er nimmt den gesamten Erbteil mit allen Belastungen und Beschränkungen an oder er schlägt aus und erhält dann den – lastenfreien – Pflichtteil. Der Ehegatte der Zugewinngemeinschaft hat aber nur den Anspruch auf den »kleinen Pflichtteil« und den Ausgleich des Zugewinns, den er als vorhanden nachweisen muß. Das Ermessen des Erben, ob er annehmen oder ausschlagen soll, wird sich also weitgehend danach richten, wie er die Belastungen und Beschränkungen empfindet im Vergleich zu dem, was er durch die Ausschlagung verliert.
Die Ausschlagung der Erbschaft zugunsten einer bestimmten Person ist nicht statthaft, sie wäre als eine bedingte Erbausschlagung regelmäßig unwirksam. Die Erbausschlagung kann auch nicht auf einen Teil der Erbschaft oder auf bestimmte Erbschaftsgegenstände beschränkt werden. Auch eine solche Ausschlagung wäre ohne jede rechtliche Auswirkung.
Sind mehrere Erben vorhanden, so hat jeder von ihnen ein selbständiges Ausschlagungsrecht hinsichtlich des ihm zugefallenen Erbteiles. Schlägt von mehreren Geschwistern eines die Erbschaft aus, so erhöht sich dementsprechend der Erbteil der übrigen Geschwister.
Schlägt ein Erbe die Erbschaft aus, so teilt das Nachlaßgericht das denjenigen Personen mit, die nunmehr als Erben in Frage kommen. Auch diese haben dann das Recht, die Erbschaft binnen sechs Wochen seit Zugang der Mitteilung gegenüber dem Nachlaßgericht auszuschlagen. So schlagen dann regelmäßig alle Erben die Erbschaft aus, bis das Nachlaßgericht weitere als Erben in Frage kommenden Personen nicht mehr ermitteln kann. Als letzter Erbe bleibt dann schließlich der Fiskus. Dieser allein hat keine Möglichkeit, die Erbschaft auszuschlagen. Dafür haftet er aber immer nur beschränkt mit dem ihm angefallenen Nachlaß.
Die Versäumung der Ausschlagungsfrist kann angefochten werden. Diese Vorschrift ist aber kaum von praktischer Bedeutung. Denn ein Irrtum über den Wert des Nachlas-

ses berechtigt als bloßer sogenannter Irrtum im Beweggrund – Motivirrtum – zur Anfechtung der Ausschlagung nicht. Auch Unkenntnis des Gesetzes, namentlich der Anfechtungsfrist, oder die Annahme, statt dessen den Pflichtteil verlangen zu können, genügt nicht. Die Anfechtung kann außerdem auch nur binnen sechs Wochen erfolgen und muß ebenfalls durch Erklärung in öffentlich beglaubigter Form vor dem Nachlaßgericht erfolgen.

Stirbt der Erbe vor dem Ablauf der Ausschlagungsfrist, so geht sein Ausschlagungsrecht auf seine Erben über. Für diese Erben endigt jedoch die Ausschlagungsfrist nicht vor dem Ablauf der für die Erbschaft des Erben vorgeschriebenen Ausschlagungsfrist. Der Erbeserbe kann in dieser Zeit beide Erbschaften annehmen oder beide ablehnen, er kann auch die eine Erbschaft annehmen und die andere ausschlagen.

Einstweilige Verwaltung und Sicherung des Nachlasses

Beim Tode eines Menschen sind oft die nächsten Angehörigen nicht gleich zur Stelle. Oft steht auch nicht sofort fest, wer die Erben sind. Man denke nur daran, daß der Erblasser ein Testament errichtet hat, dessen Inhalt unbekannt ist. Und selbst wenn die Erben feststehen, haben sie noch die Möglichkeit, die Erbschaft auszuschlagen. Erst nach Ablauf der Ausschlagungsfrist oder nachdem sich die Erben entschlossen haben, die ihnen angefallene Erbschaft anzunehmen, ist endgültig geklärt, wer Erbe geworden ist.

Um die Erben während dieser Schwebezeit zu schützen, ist einmal bestimmt, daß Ansprüche, die sich gegen den Nachlaß richten, vor allem also die Schulden, die der Erblasser gemacht hat, oder aus Verbindlichkeiten, die er eingegangen ist, vor der Annahme der Erbschaft, praktisch also im allgemeinen vor Ablauf der Ausschlagungsfrist, gegen die Erben nicht gerichtlich geltend gemacht werden können.

Will ein Nachlaßgläubiger trotzdem Ansprüche gegen den Nachlaß schon während dieses Schwebezustandes geltend machen, weil die Sache vielleicht eilig ist, insbesondere eine Verjährungsfrist abzulaufen droht, so muß er beim Nachlaßgericht die Bestellung eines Nachlaßpflegers beantragen und die Klage gegen diesen Nachlaßpfleger erheben. Der Nachlaßpfleger vertritt dann diejenigen Personen, die sich später als endgültige Erben herausstellen, ganz gleich wer es wird, und vertritt bis dahin ihre Interessen. Ein solches Vorgehen eines Gläubigers ist namentlich auch dann möglich, wenn die Erben überhaupt unbekannt sind.

Soweit ein Bedürfnis besteht, ist das Nachlaßgericht weiter von Amts wegen verpflichtet, sich des Nachlasses anzunehmen. Es ist zum Beispiel jemand verstorben, ohne daß zunächst Angehörige von ihm zu ermitteln sind, die für den Nachlaß sorgen können, seine Wohnung muß geräumt, seine Sachen sichergestellt werden. Hier kann das Nachlaßgericht als Sicherungsmaßnahme unter Aufnahme eines Nachlaßverzeichnisses die Siegelung des Nachlasses vornehmen. Es kann weiter Geld, Wertpapiere und Kostbarkeiten hinterlegen. Reichen diese Maßnahmen nicht aus, so kann das Nachlaßgericht auch eine Nachlaßpflegschaft einleiten. Aufgabe des Nachlaßpflegers ist es dann, den Nachlaß bis zum Eintritt der endgültigen Erben zu erhalten und zu verwalten. Er hat weiter die Aufgabe, mit Unterstützung des Nachlaßgerichts etwaige unbekannte Erben zu ermitteln. Ein solcher Nachlaßpfleger übt dann sein Amt aus, bis er die Erbschaft den Erben übergeben kann.

Rechte und Pflichten der Erben nach dem Erbfall

Verwaltungs- und Verfügungsrechte der Alleinerben

Ist, was verhältnismäßig selten vorkommt, nur eine Person Erbe geworden, so ist die Rechtslage einfach. Ein solcher Alleinerbe ist dann in jeder Hinsicht in die Rechte und Pflichten des Erblassers getreten. Er ist danach Eigentümer der beweglichen und unbeweglichen Nachlaßwerte und Inhaber vorhandener Rechte und ausstehender Forderungen geworden. Er kann daher auch, wie der Erblasser, über alle Nachlaßwerte verfügen. Er kann Sachen aus dem Nachlaß verkaufen, er kann ausstehende Forderungen einziehen oder einklagen. Er kann ein ererbtes Grundstück verkaufen, vermieten oder mit einer Hypothek, einer Grundschuld oder einem sonstigen Recht belasten. Hat jemand die Erbschaft oder einzelne Erbschaftsgegenstände in Besitz genommen, weil er sich selbst für den Erben oder für miterbberechtigt hält – man denke daran, daß die Angehörigen eines Verstorbenen sich über die Erbfolge oder die Gültigkeit eines aufgefundenen Testaments streiten –, so kann er von einem solchen Erbschaftsbesitzer die Herausgabe der Erbschaft oder der Nachlaßgegenstände verlangen. In einem solchen Prozeß würde dann vom Gericht auch die Gültigkeit des Testaments geprüft werden, wenn die Beteiligten sich darüber streiten, da das Nachlaßgericht bei der Testamentseröffnung ja dazu keine Stellung nimmt. Dieser Erbschaftsanspruch richtet sich auch gegen einen Miterben, wenn dieser rechtswidrig den ganzen Nachlaß in Besitz genommen hat. Denn ein solcher Miterbe maßt sich damit eine Erbberechtigung an, die ihm in diesem Umfang nicht zusteht. Der Erbe hat dabei ein Recht auf Auskunfterteilung gegen jeden, der aus der Erbschaft etwas erlangt hat, damit er erfährt, welche Gegenstände noch zum Nachlaß gehören und wo sie verblieben sind. Auskunftspflichtig ist insbesondere auch, wer zur Zeit des Erbfalles mit dem Erblasser in häuslicher Gemeinschaft gelebt hat, etwa Familienangehörige, aber auch eine Hausdame, eine Wirtschafterin. Solche Personen müssen Auskunft erteilen darüber, welche erbschaftlichen Geschäfte sie geführt haben und was ihnen über den Verbleib der Nachlaßgegenstände bekannt ist. Besteht Grund zu der Annahme, daß die von ihnen erteilte Auskunft nicht mit der genügenden Sorgfalt gegeben ist, so können sie von dem Erben zur Abgabe eines eidesstattlichen Versicherung gezwungen werden, dahingehend, daß sie ihre Angaben nach bestem Wissen so vollständig gemacht haben, wie sie dazu imstande sind.

Verwaltungs- und Verfügungsrechte der Miterben

Häufiger fällt der Nachlaß mehreren Erben als Miterben zu. Es sind beispielsweise mehrere gesetzliche Erben vorhanden, oder der Erblasser hat in einem Testament mehrere Personen zu seinen Erben eingesetzt. Hier geht der Nachlaß mit dem Erbfall als Ganzes auf sämtliche Miterben über. Die einzelnen Nachlaßwerte stehen ihnen nicht nach Bruchteilen je nach der Größe ihres Erbteils zu, sondern gehören ihnen je zur gesamten Hand. Der einzelne Erbe hat bei einer solchen Gemeinschaftsart keinen Anteil an den einzelnen Nachlaßgegenständen, sondern nur an dem Nachlaß als Ganzem. Alle Nachlaßgegenstände sind vielmehr gemeinsames Eigentum aller Miterben. Miterben werden daher im Grundbuch auch nicht als Eigentümer zu bestimmten Bruchteilen eingetragen, wie sie Erben geworden sind, sondern als Miterben in ungeteilter Erbengemeinschaft. Rechte an den einzelnen Nachlaßgegenständen erwerben sie erst, wenn sie sich über den Nachlaß auseinandergesetzt, ihn unter sich verteilt haben.

Bis zu einer solchen Auseinandersetzung müssen die Erben den Nachlaß gemeinschaftlich verwalten. Grundsätzlich ist zu jeder Verwaltungsmaßnahme die Übereinstimmung aller Miterben erforderlich. Durch Stimmenmehrheit können sie jedoch eine der Beschaffenheit des gemeinschaftlichen Gegenstandes entsprechende Verwaltung in der Benutzung beschließen. Haben beispielsweise drei Brüder ein Mietgrundstück geerbt und sind sie zu je einem Drittel Erben ihres Vaters geworden, so muß eine freigewordene Wohnung vermietet und kann nicht einem von ihnen zur Verfügung gestellt werden, wenn zwei von ihnen eine solche Vermietung wünschen. Jeder einzelne Miterbe ist jedoch den anderen gegenüber verpflichtet, zu allen für eine ordnungsgemäße Verwaltung erforderlichen Maßregeln mitzuwirken, zum Beispiel zur Vornahme notwendiger Instandsetzungsarbeiten an einem Hause, zur Einsetzung eines Verwalters, zum Abschluß eines Mietvertrages über eine freigewordene Wohnung, zur Verwahrung von Geld und Wertsachen und dergleichen.

Die Nutzungen aus solchen Verwaltungsmaßnahmen wachsen zunächst dem Nachlaß zu, ebenso wie etwaige Kosten ihm zur Last fallen. Die endgültige Abrechnung unter den Miterben erfolgt regelmäßig erst bei der Endauseinandersetzung.

Der einzelne Miterbe kann für sich allein, also auch ohne Mitwirkung der übrigen, alle zur Erhaltung des Nachlasses notwendigen Maßnahmen treffen. Er kann namentlich auch Außenstände selbständig einziehen. Er kann sie auch einklagen, wenn sie der Schuldner nicht freiwillig leistet. Er muß aber immer Leistung an alle Miterben gemeinsam verlangen und bei einer Klageerhebung auch so klagen. Nur alle Miterben gemeinsam können daher auch die Leistung annehmen. In dieser Hinsicht muß sich der Schuldner unter Umständen vorsehen. Denn wenn er nur an einen Miterben leistet, wird er von seiner Verpflichtung den übrigen Miterben gegenüber nicht befreit, wenn seine Leistung nicht in den Nachlaß gelangt. Will der Schuldner daher sichergehen, so muß er eine Geldzahlung bei der Hinterlegungsstelle des Amtsgerichts hinterlegen. Dasselbe gilt für geschuldete Wertpapiere und Kostbarkeiten. Auch sie sind hinterlegungsfähig. Eine andere geschuldete Leistung kann er an einen von dem Nachlaßgericht zu bestellenden Verwahrer abliefern. Über einzelne Nachlaßgegenstände kann der einzelne Miterbe nicht verfügen. Auch dazu müssen alle Miterben zusammenwirken. Wollen die Erben zum Beispiel ein Nachlaßgrundstück verkaufen, so müssen sie sich alle zu einem Notar begeben und dort den Vertrag beurkunden lassen. Das gilt selbst dann, wenn bei der Erbauseinandersetzung ein Nachlaßgrundstück an einen Miterben übereignet oder für einen der Miterben eine Erbgeldhypothek eingetragen werden soll. Dann muß die Erbengemeinschaft, bestehend aus sämtlichen Miterben, das Grundstück an einen von ihnen auflassen, beziehungsweise es für einen von ihnen belasten. Die Erbengemeinschaft stellt dann den einen Vertragspartner dar, der einzelne beteiligte Miterbe den anderen. Natürlich kann die Erbengemeinschaft auch einem von ihnen oder einer fremden Person, etwa einem Anwalt, Vollmacht erteilen, etwa Nachlaßwerte zu verkaufen, den Nachlaß bis zur Auseinandersetzung zu verwalten. Eine solche Vollmachterteilung wird oft unentbehrlich sein, wenn nicht sämtliche Erben an demselben Ort wohnen. Bei Verfügungen über ein Grundstück bedarf eine solche Vollmacht der öffentlich beglaubigten Form.

Daneben kann jeder Miterbe über seinen ganzen Erbteil verfügen, so wie er ihm zugefallen ist. Damit scheidet er aber zugunsten des Erwerbers aus der Erbengemeinschaft überhaupt aus. Er ist jetzt nicht mehr Miterbe. Eine solche Veräußerung muß notariell beurkundet werden, sonst ist sie nicht gültig. Da eine Veräußerung des Erbteils auch an dritte, mit dem Erben nicht verwandte Personen erfolgen kann, hat das Gesetz den übrigen Miterben ein gesetzliches Vorkaufsrecht gegeben. Dadurch können sie es vermeiden, daß eine ihnen fremde Person Mitglied der Erbengemeinschaft wird und dann bei der Verwaltung des Nachlasses und bei der Verfügung über Nachlaßwerte mitredet. Mit der Ausübung des Vorkaufsrechtes, die durch Erklärung gegenüber dem seinen Erbteil veräußernden Miterben geschieht, treten die Miterben in den Kaufvertrag des Dritten mit allen Rechten und Pflichten ein.

Da der Erbteil veräußerlich ist, kann er statt dessen von dem Miterben auch verpfändet werden, wenn er vielleicht Schulden hat und Geld braucht. Ebenso können die persönlichen Gläubiger eines Miterben seinen Erbteil pfänden, während sie an die einzelnen Nachlaßwerte im Wege der Zwangsvollstreckung nicht herankönnen.

Der Erbschaftsanspruch und der Anspruch auf Auskunftserteilung gegen Hausangehörige des Erblassers über den Verbleib von Nachlaßwerten kann ebenso wie von einem Alleinerben auch von einem Miterben geltend gemacht werden.

Haftung der Erben für die Nachlaßverbindlichkeiten

Umfang der Haftung der Erben

Grundsätzlich haftet der Erbe für die Nachlaßverbindlichkeiten nicht nur mit dem ererbten Vermögen, sondern auch mit seinem Privatvermögen. Mehrere Erben haften in dieser Weise als Gesamtschuldner, das heißt, jeder Erbe haftet für die ganze Verbindlichkeit. Zu den Nachlaßverbindlichkeiten gehören sowohl die Schulden, die der Erblasser hinterlassen hat, als auch gewisse Schulden, die erst durch den Erbfall entstanden sind, wie Pflichtteilsrechte, Vermächtnisse, Auflagen und vor allem auch die Kosten für die standesgemäße Beisetzung des Erblassers. Auch die Beisetzungskosten fallen also den Erben zur Last, auch wenn sie nicht die nächsten Angehörigen des Verstorbenen sind. Was ihren Umfang anbetrifft, so kommt es darauf an, was unter Berücksichtigung der Lebensstellung des Verstorbenen und den Sitten und Gebräuchen des Wohnortes in ähnlichen Fällen üblich ist. Auch die Anschaffung notwendiger Trauerkleidung, die Bewirtung der Trauergäste und die Setzung eines angemessenen Grabsteines werden regelmäßig zu den Beisetzungskosten gerechnet. Haben Angehörige des Verstorbenen diese Kosten zunächst aufgewendet, so können sie von den Erben Ersatz ihrer Auslagen verlangen.

Erste Pflicht der Erben muß es sein, aus dem Nachlaß sämtliche Nachlaßverbindlichkeiten zu berichtigen. Erst dann können sie daran gehen, den Nachlaß unter sich zu verteilen, soweit ein Überschuß vorhanden ist. Sonst laufen sie Gefahr, auch mit ihrem Eigenvermögen herangezogen zu werden. Denn nur wenn ein einzelner Miterbe vor der Teilung des Nachlasses auf Erfüllung einer Nachlaßverbindlichkeit von einem Nachlaßgläubiger in Anspruch genommen wird, kann er ihn auf die gemeinschaftlichen Nachlaßwerte verweisen. Nach der Teilung hat er diese Einrede nicht mehr. Jetzt wirkt sich nämlich die gesamtschuldnerische Haftung aller Miterben zu seinen Ungunsten aus. Die Nachlaßgläubiger können jetzt jeden beliebigen Miterben herausgreifen und ihn wegen ihrer ganzen Forderung in Anspruch nehmen. Pflichtteilsansprüche und Vermächtnisse werden zweckmäßig erst zuletzt erfüllt, falls nicht einwandfrei feststeht, daß auch sämtliche anderen Nachlaßverbindlichkeiten ohne weiteres erfüllt werden können. Für sie haften die Erben auch immer nur mit dem Nachlaß, nicht persönlich.

Reicht der auf die Erben übergegangene Nachlaß zur Erfüllung sämtlicher Nachlaßverbindlichkeiten aus oder wollen die Erben, was auch häufig vorkommt, aus Pietäts-

oder sonstigen Gründen die Schulden des Verstorbenen auf jeden Fall bezahlen, mag der Nachlaß dazu ausreichen oder nicht, so brauchen die Erben keinerlei Maßnahmen zu treffen, um die gesetzlich mögliche Beschränkung ihrer Haftung auf den Nachlaß herbeizuführen. Reicht er bestimmt nicht aus und wollen die Erben die Schulden auch nicht aus eigener Tasche bezahlen, so schlagen sie die Erbschaft am besten aus. Sie können statt dessen ihre Haftung auch auf den Nachlaß beschränken. Das müssen sie tun, wenn sie die Frist zur Ausschlagung der Erbschaft versäumt haben und nicht selbst in Anspruch genommen werden wollen.

Wollen die Erben vor Ergreifung von Mitteln zur Herbeiführung der Haftungsbeschränkung, die mit nicht unerheblichen Kosten verbunden sind, genau den Umfang der Nachlaßmasse und der Nachlaßschulden feststellen, so brauchen sie dazu zunächst Zeit. Das Gesetz gibt ihnen daher bis zum Ablauf von drei Monaten nach der Annahme der Erbschaft in Gestalt der sogenannten Dreimonatseinrede das Recht, die Erfüllung von Nachlaßverbindlichkeiten zu verweigern. In dieser Zeit können sie also die vorhandenen Nachlaßwerte ermitteln. Zur Ermittlung der Nachlaßschulden, die oft besonders schwer sein wird, wenn den Erben Unterlagen in dieser Hinsicht nicht zur Verfügung stehen, dient ein besonderes Aufgebotsverfahren, das die Erben bei dem Nachlaßgericht beantragen können. Dadurch schützen sie gleichzeitig ihr Eigenvermögen gegen Gläubiger, die sich nicht melden und sich dadurch verschweigen. Die Aufgebotsfrist beträgt sechs Wochen bis sechs Monate und wird öffentlich bekanntgemacht. Dem Aufgebotsantrag haben die Erben ein Verzeichnis derjenigen Nachlaßgläubiger beizufügen, die ihnen bereits bekannt sind. Ein solcher Aufgebotsantrag kann erst nach Annahme der Erbschaft beziehungsweise nach Ablauf der Frist für die Erbausschlagung gestellt werden. Alle Nachlaßgläubiger müssen dann ihre Forderungen innerhalb der Aufgebotsfrist beim Nachlaßgericht anmelden und urkundliche Beweisstücke, etwa Schuldurkunden, beifügen. Nach Ablauf der Aufgebotsfrist erläßt das Nachlaßgericht ein Ausschlußurteil. In ihm werden alle Nachlaßgläubiger, die ihre Forderungen nicht angemeldet hatten und den Erben auch nicht bekannt waren, ausgeschlossen. Die Kosten des Aufgebotsverfahrens sind Nachlaßverbindlichkeiten.

Pflichtteilsrechte, Vermächtnisse und Auflagen werden von einem solchen Aufgebotsverfahren nicht betroffen, da sie ja den Erben gewöhnlich bekannt sind. Auch Gläubiger mit sachlicher Deckung, zum Beispiel Pfand- und Hypothekengläubiger, bleiben durch das Aufgebotsverfahren unberührt, soweit es sich um die Befriedigung aus den ihnen haftenden Gegenständen handelt.

Die im Urteil ausgeschlossenen Gläubiger sind zwar nicht rechtlos, sie haben jedoch nur Ansprüche nach Befriedigung der nicht ausgeschlossenen Gläubiger und nur, soweit dann noch etwas von der Nachlaßmasse vorhanden ist. Sie können sich also niemals an das Privatvermögen der Erben halten, und selbst hinsichtlich der etwa noch vorhandenen Nachlaßgegenstände können die Erben die Herausgabe der Gegen-

stände durch Zahlung ihres Wertes abwenden. Haben die Erben allerdings schon Pflichtteilsansprüche und Vermächtnisse erfüllt, so können auch die ausgeschlossenen Gläubiger diese Leistung wie eine unentgeltliche Verfügung anfechten. Denn Pflichtteilsberechtigte und Vermächtnisnehmer stehen sämtlichen Nachlaßgläubigern im Range nach, weil sie Freigebigkeiten des Erblassers darstellen.
Auch während des Schwebens eines Aufgebotsverfahrens können die Erben die Erfüllung von Nachlaßverbindlichkeiten verweigern, wenn sie das Verfahren binnen Jahresfrist nach der Erbschaftsannahme herbeigeführt haben (Aufgebotseinrede).
Auch ohne Aufgebot steht ein Nachlaßgläubiger, der seine Forderung später als fünf Jahre nach dem Erbfall den Erben gegenüber geltend macht, einem ausgeschlossenen Gläubiger gleich, wenn den Erben seine Forderung unbekannt war.

Wie beschränken die Erben ihre Haftung auf den Nachlaß?

Haben die Erben auf diese Weise festgestellt, daß der Nachlaß zur Befriedigung aller Nachlaßgläubiger nicht ausreicht oder daß dies zweifelhaft erscheint, und wollen sie ihr eigenes Vermögen zur Tilgung der Schulden nicht angreifen, so haben sie die Möglichkeit, ihre Haftung auf den Nachlaß zu beschränken.
Der Beschränkung der Haftung auf den Nachlaß dienen in erster Linie der Nachlaßkonkurs und die Nachlaßverwaltung. Die Einhaltung einer bestimmten Frist ist für die Einleitung dieser Maßnahmen, die durch das Nachlaßgericht durchgeführt werden, nicht erforderlich. Die Nachlaßverwaltung kann jedoch von allen Miterben nur gemeinsam beantragt werden. Sie ist außerdem ausgeschlossen, wenn der Nachlaß verteilt ist.
Nachlaßkonkurs kommt in Betracht, wenn die Überschuldung des Nachlasses feststeht; dann sind die Erben zur Stellung eines solchen Antrages sogar verpflichtet. Sonst machen sie sich den Nachlaßgläubigern gegenüber schadensersatzpflichtig. Daneben können auch die Nachlaßgläubiger Eröffnung des Nachlaßkonkurses beantragen. Sie müssen dazu aber glaubhaft machen, daß der Nachlaß überschuldet ist. Pflichtteilsrechte, Vermächtnisnehmer und Auflageberechtigte treten im Konkurs hinter den übrigen Nachlaßgläubigern zurück. Sie werden daher erst befriedigt, wenn alle anderen Gläubiger des Nachlasses voll berücksichtigt sind. Im allgemeinen erhalten aber die Nachlaßgläubiger, wie die Gläubiger in einem gewöhnlichen Konkursverfahren, nur einen mehr oder weniger hohen Prozentsatz ihrer Forderungen, so daß Pflichtteilsberechtigte, Vermächtnisnehmer und Auflageberechtigte in aller Regel mit dem völligen Ausfall ihrer Ansprüche rechnen können, wenn der Nachlaßkonkurs eröffnet wird.

Nach Beendigung des Nachlaßkonkurses durch Verteilung der Nachlaßmasse oder durch den Abschluß eines Zwangsvergleichs haften die Erben mit ihrem eigenen Vermögen nicht mehr.
Die Nachlaßverwaltung ist das gegebene Mittel zur Herbeiführung der Haftungsbeschränkung der Erben auf den Nachlaß, wenn seine Überschuldung zweifelhaft ist oder sich die Erben nicht selbst mit der Abwicklung der Erbschaft befassen wollen. Die Nachlaßverwaltung wird durch einen Nachlaßverwalter durchgeführt, den das Nachlaßgericht bestellt. Er hat den Nachlaß in Besitz zu nehmen, ihn zu verwalten, soweit notwendig zu verwerten und die Nachlaßverbindlichkeiten zu berichtigen. Danach erhalten die Erben einen etwaigen Überschuß zurück. Stellt der Nachlaßverwalter eine Überschuldung des Nachlasses fest, so hat er unverzüglich die Eröffnung des Nachlaßkonkurses zu beantragen. Der Nachlaßverwalter kann für seine Tätigkeit eine angemessene Vergütung verlangen. Neben den Erben kann auch ein Nachlaßgläubiger die Anordnung der Nachlaßverwaltung beantragen, wenn Grund zu der Annahme besteht, daß die Befriedigung der Nachlaßgläubiger aus dem Nachlaß durch das Verhalten der Erben oder ihre Vermögenslage gefährdet wird und seit der Annahme der Erbschaft noch nicht zwei Jahre verstrichen sind. Die Nachlaßverwaltung ist also gleichzeitig ein Schutzmittel für die Gläubiger des Nachlasses, durch die sie erreichen, daß aus dem Nachlaß zunächst alle Nachlaßverbindlichkeiten erfüllt werden.
Nachlaßverwaltung und Nachlaßkonkurs sind aber sehr kostspielig. Sie werden daher vom Nachlaßgericht gar nicht erst eingeleitet, wenn eine den Kosten des Verfahrens entsprechende Masse nicht vorhanden ist, wie es sehr häufig vorkommt. In diesen Fällen wäre es aber doppelt unbillig, die Erben mit ihrem eigenen Vermögen haften zu lassen. Das Gesetz gibt ihnen daher die Möglichkeit, sich bei persönlicher Inanspruchnahme auf die Geringfügigkeit des Nachlasses zu berufen und die Nachlaßgläubiger auf das zu verweisen, was sie aus der Erbschaft erhalten haben.

Erbenhaftung bei Übernahme eines Handelsgeschäfts

Sondervorschriften des Handelsrechts gelten, wenn der Erblasser Vollkaufmann war und zu seinem Nachlaß ein Handelsgeschäft gehörte. Hier ist die Haftung der Erben zum Teil ganz erheblich verschärft.
Keine Änderung der Haftung für die Nachlaßverbindlichkeiten tritt ein, wenn die Erben das Handelsgeschäft nicht unter dem Namen des Erblassers fortführen, sondern unter ihren eigenen Namen. Für die Verbindlichkeiten des früheren Inhabers (Erblassers) haften sie nur dann, wenn sie die Übernahme der Verbindlichkeiten in handelsüblicher Weise bekanntgemacht haben.

Anders ist die Rechtslage, wenn die Erben, wie es im allgemeinen zur Ausnutzung des Firmenwertes geschieht, das ererbte Handelsgeschäft unter der bisherigen Firma mit oder ohne Beifügung eines das Nachfolgeverhältnis andeutenden Zusatzes fortführen. Dann haften sie für alle im Betriebe des Geschäfts begründeten Verbindlichkeiten des Erblassers unbeschränkt, so, als wenn sie sie selbst eingegangen wären. Diese Haftung ist also unabhängig von ihrer Haftung als Erben. Sie wird daher auch nicht dadurch beschränkt, daß die Erben durch Nachlaßkonkurs, Nachlaßverwaltung oder Herausgabe des Nachlasses anderen als Geschäftsgläubigern gegenüber eine Beschränkung ihrer Haftung auf den Nachlaß herbeiführen. Die Erben haften vielmehr den Geschäftsgläubigern auch mit ihrem eigenen Vermögen, wenn sie die alte Firma des Erblassers, mit oder ohne Zusatz, weiterführen.
Die Erben können aber in diesem Falle diese weitergehende Haftung dadurch ausschließen, daß sie die Ablehnung ihrer Haftung in das Handelsregister eintragen lassen und diese Eintragung öffentlich bekannt gemacht wird. Sie können die unbeschränkte Haftung auch dadurch ablehnen, daß sie die Ablehnung den einzelnen Nachlaßgläubigern bekanntgeben. Sind die Erben auf diesem Wege vorgegangen, so haften sie auch Geschäftsgläubigern gegenüber trotz Firmenfortführung nur nach den erbrechtlichen Grundsätzen des Bürgerlichen Gesetzbuches, also mit der Beschränkung ihrer Haftung auf den übernommenen Nachlaß. Von der weitergehenden Haftung der Erben nach Handelsrecht besteht Ausnahme, wenn die Firmenfortführung keine endgültige, sondern nur eine vorläufige ist. Die unbeschränkte Haftung der Erben eines Handelsgeschäfts tritt nämlich auch ohne Eintragung des Haftungsausschlusses im Handelsregister und dessen Bekanntmachung und Mitteilung an die einzelnen Geschäftsgläubiger dann nicht ein, wenn die Fortführung des Geschäfts vor dem Ablauf von drei Monaten nach dem Zeitpunkt, in dem die Erben von dem Anfall der Erbschaft Kenntnis erhalten haben, eingestellt wird. Machen die Erben von dieser Einstellungsbefugnis rechtzeitig Gebrauch, weil sie sich inzwischen vielleicht davon überzeugt haben, daß eine Fortführung des Geschäftes nicht gewinnbringend sein dürfte, so haften sie nicht nach Handelsrecht für Geschäftsverbindlichkeiten des Nachlasses, sondern nur nach den erbrechtlichen Bestimmungen des bürgerlichen Rechts.
Die handelsrechtlichen Vorschriften für die Firmenfortführung und die strengere Haftung der Erben eines Handelsgeschäfts gelten nur für Vollkaufleute, da nur diese eine Firma führen können und im Handelsregister eingetragen werden, Minderkaufleute und Handwerker – soweit sie nicht Vollkaufleute sind – haften allein nach den erbrechtlichen Bestimmungen des bürgerlichen Rechts für die Verbindlichkeiten des Erblassers. Ein Unterschied zwischen Geschäftsschulden und anderen Schulden des Erblassers wird bei ihnen nicht gemacht.

Müssen Erben ein Inventar errichten?

Vielfach ist die Ansicht verbreitet, daß die Erben ihre Haftung auf den Nachlaß durch die Errichtung eines Inventars über die einzelnen Nachlaßwerte beschränken könnten. Diese Ansicht ist jedoch rechtsirrtümlich. Natürlich können die Erben ein solches Inventar errichten. Sie werden es zweckmäßig oft auch tun, um einen Überblick über die Nachlaßwerte zu bekommen, zum Beispiel um zu prüfen, ob sie zur Befriedigung der Nachlaßgläubiger ausreichen oder wie sie für eine Erbauseinandersetzung unter die einzelnen Miterben verteilt werden sollen. Aber eine solche Inventarerrichtung hat rein privaten Charakter und mit der Beschränkung der Haftung der Erben auf den Nachlaß nichts zu tun. Sie kann daher jederzeit und in jeder Form erfolgen. Namentlich genügen einfache schriftliche Aufzeichnungen. Verwechselt wird das nämlich mit etwas anderem. Auch die Nachlaßgläubiger haben mitunter ein Interesse daran, den Umfang des Nachlasses festzustellen, um sich über etwaige, von ihnen zu stellende Anträge auf Nachlaßverwaltung oder Nachlaßkonkurs schlüssig zu werden. Jeder Nachlaßgläubiger kann daher bei dem Nachlaßgericht unter Glaubhaftmachung seiner Forderungen beantragen, daß das Gericht den Erben eine Frist zur Errichtung eines Inventars setze. Die Frist beträgt mindestens einen, höchstens drei Monate, kann jedoch auf Antrag der Erben verlängert werden. In ein solches Inventar müssen dann alle Nachlaßgegenstände unter Angabe ihres Wertes sowie die Nachlaßverbindlichkeiten genau aufgenommen werden. Das Inventar muß weiter von den Erben unter Hinzuziehung eines Notars oder eines Gerichtsvollziehers oder aber durch das Nachlaßgericht aufgenommen werden. Eine private Aufzeichnung der Erben reicht nicht aus. Die Aufnahme macht daher mitunter nicht unerhebliche Kosten. Hat einer von den Miterben in dieser Form und in dieser Frist ein Inventar errichtet, so kommt das auch sämtlichen anderen Erben zustatten. Errichtet jedoch kein Erbe innerhalb der gesetzlichen Frist ein Inventar, errichten sie es absichtlich in erheblichem Maße unvollständig oder nehmen sie, in der Absicht, die Nachlaßgläubiger zu benachteiligen, eine nicht bestehende Nachlaßverbindlichkeit in das Inventar auf, so haften sie für ihre Unterlassung oder ihre schädigende Handlungsweise gleichsam zur Strafe allen Nachlaßgläubigern gegenüber unbeschränkbar und auch persönlich mit ihrem eigenen Vermögen. Sie haben also jetzt nicht mehr die Möglichkeit, durch Nachlaßverwaltung, Nachlaßkonkurs oder Preisgabe des Nachlasses ihre Haftung auf den Nachlaß zu beschränken. Steht daher fest, daß der Nachlaß zur Befriedigung aller Gläubiger unbedenklich ausreicht, oder wollen sie auf alle Fälle sämtliche Nachlaßverbindlichkeiten erfüllen, so sparen sich die Erben zweckmäßig die Kosten und die Mühe einer

Inventaraufnahme auf den Antrag eines Nachlaßgläubigers hin. Sie haben dadurch keine Nachteile.

Jeder Nachlaßgläubiger, der auf diese Weise gegen die Erben vorgegangen ist, kann ohne jeden Verdacht von jedem Erben die eidesstattliche Versicherung verlangen, daß er nach bestem Wissen die Nachlaßgegenstände so vollständig angegeben habe, als er dazu imstande sei. Damit beseitigen die Erben aber nicht die bereits eingetretene unbeschränkte Haftung, wenn sie das Inventar absichtlich unvollständig errichtet hatten, sondern schützen sich nur vor strafbarer Handlung. Verweigern die Erben die eidesstattliche Versicherung oder bleiben sie in zwei dazu anberaumten Terminen unentschuldigt aus, so haften sie jetzt ohne Beschränkungsmöglichkeit auch mit ihrem eigenen Vermögen, jedoch nur demjenigen Gläubiger gegenüber, der die eidesstattliche Versicherung von ihnen verlangt hat.

Kurz zusammengefaßt hat also die Errichtung eines Inventars selbst in ihrer gesetzlich vorgeschriebenen Form eine Beschränkung der Haftung der Erben auf den Nachlaß nicht zur Folge. Sie müssen die gesetzlichen Möglichkeiten zur Beschränkung ihrer Haftung trotzdem vornehmen. Dagegen verlieren die Erben die Beschränkungsmöglichkeit, wenn sie auf Antrag eines Nachlaßgläubigers und nachdem das Nachlaßgericht dazu eine Frist bestimmt hat, ein Inventar nicht in der vorgeschriebenen Weise errichten. Diese unbeschränkte Haftung tritt dann allen Nachlaßgläubigern gegenüber ein. Haben sie dagegen ein vorschriftsmäßiges Inventar errichtet und will einer ihrer Gläubiger noch, daß sie es eidesstattlich versichern, so können sie die eidesstattliche Versicherung verweigern. Dann haften sie aber diesem Gläubiger gegenüber auch mit ihrem eigenen Vermögen, während sie den anderen Gläubigern gegenüber die drei Beschränkungsmöglichkeiten Nachlaßverwaltung, Nachlaßkonkurs oder Herausgabe des Nachlasses nach wie vor behalten haben.

Wenn der Erbe wegen einer Nachlaßschuld verklagt wird

Der Erbe kann überhaupt erst auf Erfüllung einer Nachlaßverbindlichkeit verklagt werden, wenn endgültig feststeht, daß er Erbe geworden ist, er also durch irgendwelche Handlungen zu erkennen gegeben hat, daß er die Erbschaft behalten will, oder aber, daß er die Frist zur Ausschlagung der Erbschaft hat verstreichen lassen. Gegen den Erblasser bereits anhängige Prozesse werden durch den Tod unterbrochen beziehungsweise bei Vorhandensein eines Prozeßbevollmächtigten auf Antrag ausgesetzt. Vor Annahme der Erbschaft muß der Erbe den Prozeß nicht fortsetzen.
Nach der Annahme der Erbschaft kann der Erbe verklagt werden. Erfolgt die Klageerhebung innerhalb von drei Monaten oder während des Schwebens eines von dem Erben beantragten Aufgebotsverfahrens, so kann der Erbe die Dreimonatseinrede oder die Aufgebotseinrede erheben. Er wird dann zwar verurteilt, wenn die Nachlaßverbindlichkeit zu Recht besteht. Er kann aber nicht unbeschränkt verurteilt werden, da dann die Nachlaßgläubiger auch in sein nicht zur Nachlaßmasse gehöriges Vermögen vollstrecken könnten. Ihm ist vielmehr in dem gegen ihn ergehenden Urteil die Beschränkung seiner Haftung auf den Nachlaß vorzubehalten. Auf Grund eines solchen Urteils ist er gegen den Zugriff seiner Gläubiger in der Weise geschützt, daß ein vollstreckender Gläubiger auf die Maßnahmen beschränkt ist, die zur Vollziehung eines Arrestes zulässig sind. Er kann also ganz beliebige Gegenstände des Erben pfänden, darf sie aber nicht versteigern lassen. Er kann die Eintragung einer Sicherungshypothek, aber nicht die Zwangsversteigerung eines Nachlaßgrundstücks verlangen, bei Forderungen einen Pfändungs-, aber keinen Überweisungsbeschluß erwirken. Er erhält also zunächst nur eine Sicherung, keine Befriedigung. Kann der Erbe die Dreimonatseinrede oder die Aufgebotseinrede nicht oder nicht mehr vorbringen und wird er auf Erfüllung einer Nachlaßverbindlichkeit gerichtlich in Anspruch genommen, so muß er auch jetzt in einem Prozeß geltend machen, daß er seine Haftung noch auf den Nachlaß beschränken kann. Auch hier erhält das ergehende Urteil dann einen Vorbehalt, daß ihm die Beschränkung der Haftung auf den Nachlaß vorbehalten bleibt. Dieser Vorbehalt schränkt jedoch die Zwangsvollstreckung nicht auf Arrestmaßnahmen ein. Vollstreckt der Gläubiger auf Grund eines solchen Urteils in das eigene Vermögen des Erben, so kann der Erbe auch hier wieder, wenn er inzwischen die Beschränkung seiner Haftung auf den Nachlaß durch Nachlaßkonkurs oder Nachlaßverwaltung herbeigeführt hat, die Freigabe verlangen. Er muß also in diesen Fällen die Beschränkbarkeit beziehungsweise die Beschränkung seiner Haftung zweimal vor-

bringen, einmal im Laufe des Rechtsstreits, damit das Urteil einen Vorbehalt bekommt, und sodann vor der Pfändung von eigenem Vermögen nochmals in der Vollstrekkungsinstanz, da der Gerichtsvollzieher den Vorbehalt bei der Vollstreckung nämlich nicht zu beachten hat.

Ähnlich ist die Rechtslage, wenn der Erbe Nachlaßkonkurs oder Nachlaßverwaltung mangels einer den Kosten des Verfahrens entsprechenden Masse nicht durchführen kann. Auch hier muß er vor dem Prozeßgericht beantragen, ihn nur unter Vorbehalt zu verurteilen, falls das Prozeßgericht die Klageforderung für begründet erachtet. Die Aufnahme eines solchen Vorbehalts geschieht dann auch ohne weiteres. Pfändet hier der Gerichtsvollzieher Gegenstände, die zu dem eigenen Vermögen des Erben gehören, so muß er wieder den pfändenden Gläubiger zur Freigabe auffordern. Er muß ihm dazu glaubhaft machen, daß der gepfändete Gegenstand nicht zum Nachlaß gehört und weiter, daß der Nachlaß unzulänglich ist, so daß Nachlaßkonkurs und Nachlaßverwaltung vom Gericht nicht eröffnet werden würden und nicht eröffnet worden sind. Lehnt der Nachlaßgläubiger die Freigabe trotzdem ab, so kann er im Wege der Vollstreckungsklage verklagt werden. Das Gericht erklärt dann, wenn die Klage begründet ist, die Zwangsvollstreckung für unzulässig. Die Nachlaßgläubiger sind also hier allein auf eine Vollstreckung in Vermögenswerte angewiesen, die zum Nachlaß gehören, und nur diese muß der Erbe dulden. Hat der Erbe es versäumt, in das Urteil einen solchen Vorbehalt aufnehmen zu lassen, so kann der Gerichtsvollzieher auch in das eigene Vermögen des Erben vollstrecken, ohne daß dieser dagegen etwas unternehmen könnte.

Vorerbschaft und Nacherbschaft

Der Erblasser kann in seinem Testament bestimmen, daß jemand erst nach einem anderen Erbe werden soll. Derjenige, der zuerst Erbe werden soll, ist Vorerbe, der nach ihm Erbe wird, Nacherbe. Ein häufiger Fall ist der, daß ein Ehegatte den anderen als Vorerben und die gemeinschaftlichen Kinder als Nacherben einsetzt. Ebensogut kann man bei kinderloser Ehe seinen Ehegatten als Vorerben und irgendwelche Angehörigen oder Freunde als Nacherben einsetzen.
Wann der Nacherbe Erbe wird, richtet sich nach der Bestimmung des Erblassers. Der Ehemann kann also beispielsweise in seinem Testament bestimmen, daß seine Frau Vorerbin und nach ihrem Tode die Kinder Nacherben werden sollen, oder aber auch so, daß etwa die Nacherbschaft schon mit der Verheiratung der Tochter, mit einer etwaigen Wiederverheiratung der Ehefrau oder der Volljährigkeit der Kinder eintreten soll. Hat der Erblasser nichts über den Zeitpunkt des Eintritts der Nacherbfolge bestimmt, so tritt sie erst mit dem Tode des Vorerben ein.
Gegenstand der Nacherbfolge kann nicht nur die ganze Erbschaft, sondern auch ein Erbteil sein. Ein Erblasser kann daher seine Geschwister und seine Kinder als Erben und für den Erbteil der Geschwister einen Nacherben einsetzen.

Der gewöhnliche Vorerbe

Der Vorerbe hat an der auf ihn übergehenden Nachlaßmasse grundsätzlich freies Verwaltungs- und Verfügungsrecht. Er hat auch die Lasten zu tragen, die zur ordnungsgemäßen Verwaltung des Nachlasses erforderlich sind. Für die Nachlaßverbindlichkeiten haftet er wie ein gewöhnlicher Erbe. Er kann daher seine Haftung auch auf den Nachlaß beschränken. Ihm sind jedoch zur Wahrung des Anwartschaftsrechtes des Nacherben gewisse Beschränkungen auferlegt. Der Vorerbe kann danach mit Wirkung gegen den Nacherben nicht über Grundstücke und Grundstücksrechte, also vor allem über Hypotheken und Grundschulden verfügen. Seine Eigenschaft als Vorerbe wird daher auch von Amts wegen im Grundbuch eingetragen, um auf diese Weise einen gutgläubigen rechtsgeschäftlichen Erwerb eines Dritten, der auf die Richtigkeit der Grundbucheintragungen vertraut, auszuschließen und dadurch die Rechte der Nacherben zu schützen. Weiter darf der Vorerbe über Nachlaßgegenstände nicht unentgeltlich verfügen. Nur Pflicht- und Anstandsschenkungen sind ihm aus dem Nachlaß gestattet. Schließlich können sich persönliche Gläubiger des Vorerben im Gegensatz zu den Nachlaßgläubigern, den Gläubigern des Verstorbenen, nicht an solche Gegen-

stände halten, die zur Erbschaft gehören und daher später auf den Nacherben übergehen. Pfänden persönliche Gläubiger des Vorerben Nachlaßgegenstände, so kann der Nacherbe auch schon vor Eintritt der Nacherbfolge jederzeit ihre Freigabe verlangen und nötigenfalls im Wege der Widerspruchsklage erzwingen.
Der Vorerbe hat den Nachlaß ordnungsgemäß zu verwalten. Auf Verlangen des Nacherben hat er über die Nachlaßgegenstände ein Nachlaßverzeichnis aufzustellen und Wertpapiere mit Sperrvermerk zu hinterlegen. Der Nacherbe ist berechtigt, der Aufnahme des Verzeichnisses beizuwohnen oder zu verlangen, daß das Verzeichnis durch eine zur Aufnahme von Erbschaftsinventaren zuständige Amtsperson aufgestellt wird. Vermögen muß der Vorerbe mündelsicher anlegen. Verletzt er durch die Art seiner Verwaltung die Rechte des Nacherben erheblich, so kann der Nacherbe über den Bestand der Erbschaft Auskunft verlangen. Er hat weiter einen Anspruch auf Sicherheitsleistung, wenn die Besorgnis besteht, daß seine Rechte infolge des Verhaltens des Vorerben oder durch seine ungünstige Vermögenslage verletzt werden. Bei rechtskräftiger Verurteilung des Vorerben zur Sicherheitsleistung kann der Nacherbe die Übernahme der Verwaltung durch einen gerichtlich bestellten Verwalter verlangen, wenn die Sicherheit nicht fristgemäß geleistet wird. Damit verliert der Vorerbe jedes Verfügungsrecht über die Nachlaßgegenstände.
Nach dem Eintritt der Nacherbfolge hat der Vorerbe die Nachlaßgegenstände in einem dieser ordnungsgemäßen Verwaltung entsprechenden Zustande an den Nacherben herauszugeben. Er haftet dem Nacherben bei Außerachtlassung derjenigen Sorgfalt, die er in seinen eigenen Angelegenheiten anzuwenden pflegte, oder wenn er grob fahrlässig gehandelt hat. Soweit Nachlaßverbindlichkeiten bei dem Eintritt des Nacherbfalles noch nicht vollständig beglichen sind, haftet für sie jetzt der Nacherbe. Die Nutzungen, die der Vorerbe während seiner Erbeneigenschaft aus dem Nachlaß gezogen hat, verbleiben ihm jedoch.

Der befreite Vorerbe

Der Erblasser kann jedoch den Vorerben von diesen gesetzlichen Beschränkungen größtenteils durch letztwillige Verfügung befreien. So kann er vor allem bestimmen, daß der Nacherbe auf dasjenige eingesetzt sein soll, was von der Erbschaft beim Eintritt der Nacherbfolge übrig sein wird, oder daß der Vorerbe zur freien Verfügung über die Erbschaft ermächtigt sein soll. Nur an der Vornahme von unentgeltlichen Verfügungen ist auch ein solcher Vorerbe gehindert. Auch jetzt können ferner persönliche Gläubiger des Vorerben gegen den Widerspruch des Nacherben nicht in die Nachlaßgegenstände vollstrecken. Schließlich besteht auch für den befreiten Vorerben die Verpflichtung zur Aufstellung eines Vermögensverzeichnisses.

Ein solches Testament mit der Einsetzung eines befreiten Vorerben würde etwa lauten:

Mein Testament
Für den Fall meines Todes setze ich meine Frau Herta Möller als meine befreite Vorerbin ein.
Nacherben sollen meine beiden Söhne Werner und Erich sein, und zwar sollen sie auf das eingesetzt sein, was bei dem Eintritt der Nacherbschaft von meinem Nachlaß noch übrig sein wird.
Die Nacherbfolge soll erst mit dem Tode meiner Ehefrau eintreten, es sei denn, daß sie sich nochmals verheiratet. Für diesen Fall bestimme ich, daß die Nacherbfolge dann schon mit der Wiederverheiratung meiner Frau eintreten soll.
Lübeck, den 25. 9. 19. .
Hermann Möller

Nach dem Eintritt der Nacherbfolge hat der befreite Vorerbe nur die jetzt noch vorhandenen Nachlaßwerte an den Nacherben herauszugeben. Eine Schadensersatzpflicht für schlechte Wirtschaftsführung besteht in diesem Falle nur dann, wenn der Vorerbe unzulässigerweise, also unentgeltlich, über Erbschaftsgegenstände verfügt oder die Erbschaft nachweislich in der Absicht vermindert hat, um dadurch die Nacherben zu benachteiligen.
Auch der Nacherbe kann die Erbschaft ausschlagen, wenn er sie nicht haben will. Er kann dies sogar schon tun, sobald auch nur der Vorerbfall eingetreten ist, braucht daher nicht bis zum Anfall der Erbschaft an ihn selbst zu warten. Die Erbschaft verbleibt dann endgültig dem Vorerben, sofern nicht der Erblasser für diesen Fall etwas anderes, zum Beispiel einen Ersatzerben für den Nacherben, bestimmt hat. Es tritt nicht etwa die gesetzliche Erbfolge ein.

Vermächtnis und Auflage

Zuwendung eines Vermächtnisses

Es besteht oft das Bedürfnis, eine Person zwar nicht als Erben oder Miterben einzusetzen, ihr also nicht den ganzen Nachlaß oder einen bestimmten Bruchteil zuzuwenden, sondern nur einzelne Nachlaßgegenstände oder einen bestimmten Geldbetrag. Das geschieht durch die Anordnung eines Vermächtnisses. Während den Erben der Nachlaß ganz oder zu einem Bruchteil zugewendet wird, ist ein Vermächtnisnehmer nicht Erbe oder Miterbe. Das gilt auch dann, wenn ihn der Erblasser als solchen bezeichnet hat, etwa bestimmt hat, seine Nichte solle sein Klavier »erben«. Die Nichte »erbt« hier nicht das Klavier, sondern es wird ihr »vermacht«. Der Vermächtnisnehmer erwirbt auch das Eigentum an der ihm zugedachten Zuwendung nicht schon mit dem Erbfall, sondern hat nur einen Anspruch gegen den oder die Erben, daß sie das Vermächtnis erfüllen. Dementsprechend stehen ihm auch keinerlei Verwaltungsrechte an dem Nachlaß zu. Auch gehen die Nachlaßgläubiger im Range vor. Haben die Erben ein Vermächtnis vor der Befriedigung der Nachlaßgläubiger erfüllt und stellt sich nachher heraus, daß der Nachlaß zur Erfüllung aller Nachlaßverbindlichkeiten nicht ausreicht, so können die Nachlaßgläubiger die Zuwendung an den Vermächtnisnehmer anfechten und ihm auf diese Weise wieder entziehen. Denn ein Vermächtnis stellt eine Freigebigkeit des Erblassers dar. Freigebig soll man aber ganz allgemein nur sein, wenn man seine Schulden voll bezahlt hat. Auch im Nachlaßkonkurs stehen Vermächtnisnehmer daher den Nachlaßgläubigern im Range nach und werden erst nach ihnen befriedigt, soweit dann noch Nachlaßwerte vorhanden sind. Das Vermächtnis eines bestimmten Gegenstandes ist unwirksam, soweit der Gegenstand zur Zeit des Erbfalls nicht mehr zum Nachlaß gehört. Hat daher der Onkel das der Nichte vermachte Klavier verkauft, so geht die Nichte leer aus, es sei denn, der Onkel hätte ihr das Klavier auch für den Fall vermacht, daß es nicht zum Nachlaß gehört. Dann haben die mit dem Vermächtnis beschwerten Erben das Klavier für die Nichte zu beschaffen, oder, wenn dies nicht oder nur unverhältnismäßig schwierig möglich ist, ihr den Wert zu entrichten. Mit einem Vermächtnis können nicht nur Erben, sondern auch wiederum andere Vermächtnisnehmer beschwert werden.

Ein Vermächtnis wird durch Testament angeordnet. Eine solche letztwillige Verfügung kann sich dabei auf die Aussetzung eines Vermächtnisses beschränken. Dann bleibt es hinsichtlich der Erbfolge bei der gesetzlichen. Sie kann aber auch neben einer Erbeinsetzung oder neben anderen Anordnungen von Todes wegen, etwa Teilungsanordnungen für die Erben, erfolgen.

Nachfolgend einige solche Vermächtnisbestimmungen:
»Meiner langjährigen Hausangestellten Minna Schulz vermache ich in Anerkennung ihrer immer treuen Dienste einen Betrag von 500,– DM und mein achtzehnteiliges Tafelgeschirr.«
»Dem Mütterhilfswerk setze ich ein Vermächtnis von 1000,– DM aus.«
»Meinem Neffen Paul Hartmann vermache ich meine gesamte Briefmarkensammlung und meinem Neffen Hans Hartmann meine goldene Uhr mit Kette.«
Durch Vermächtnis kann auch eine Schuld erlassen werden.
Unser Erbrecht kennt auch gesetzliche Vermächtnisse, die also nicht erst durch Testament besonders angeordnet zu werden brauchen, zum Beispiel den schon erwähnten Voraus des Ehegatten oder den sogenannten Dreißigsten, wonach der Erbe verpflichtet ist, Familienangehörigen des Erblassers, die zur Zeit des Todes des Erblassers zu dessen Hausstand gehörten und von ihm Unterhalt bezogen haben, in den ersten dreißig Tagen nach dem Eintritt des Erbfalles in demselben Umfange, wie der Erblasser es getan hatte, Unterhalt zu gewähren und die Benutzung der Wohnung und der Haushaltsgegenstände zu gestatten. Durch letztwillige Verfügung kann der Erblasser aber auch eine andere Anordnung treffen.
Zur Erfüllung eines Vermächtnisses sind, wenn der Erblasser nicht ausdrücklich jemand dazu bestimmt hat, alle Erben verpflichtet. Für Vermächtnisschulden haften die Erben immer nur mit dem Nachlaß, nicht auch mit ihren eigenen Vermögen.

Letztwillige Auflagen

Daneben kann eine Zuwendung durch Testament auch unter Beifügung bestimmter Auflagen erfolgen. Man hat vielleicht den Wunsch, daß die Grabstelle besonders ausgestaltet und gepflegt wird, daß für ein Tier, das einem lieb geworden ist, weiter gesorgt wird, daß Bekannte oder Verwandte, die aus dem Nachlaß ein Andenken wünschen, ein solches erhalten. Alle Wünsche kann man durch eine Auflage anordnen. Mit einer solchen Auflage kann sowohl ein Erbe als auch ein Vermächtnisnehmer beschwert werden. Auch dies geschieht durch Testament, in welchem beispielsweise der Erblasser nach der Anordnung einer Erbeinsetzung und der Zuwendung eines Vermächtnisses sagt:
»Meiner Hausangestellten Hilde Roll, der ich einen Betrag von 1000,– DM vermache, lege ich dafür die Verpflichtung auf, meinen Hund Pfiffi, der mir im Laufe der Zeit lieb und wert geworden ist, bis an sein Lebensende zu pflegen.«
Die Auflage ist für den Verpflichteten bindend. Ihre Erfüllung kann von jedem erzwungen werden, dem der Wegfall des mit der Auflage Verpflichteten unmittelbar zustatten käme und, wenn es im öffentlichen Interesse liegt, auch von der zuständigen Behörde.

Rechte und Pflichten eines Testamentsvollstreckers

Wozu wird ein Testamentsvollstrecker eingesetzt?

Der Testamentsvollstrecker ist ein vom Erblasser eingesetzter Vertrauensmann. Er soll für die Vollziehung seiner letztwilligen Verfügung nötigenfalls auch gegen den Willen der Erben sorgen. Zu diesem Zweck verleiht ihm das Gesetz auch entsprechende weitgehende Befugnisse, die von dem Erblasser aber sowohl beschränkt als auch erweitert werden können. So kann ihn der Erblasser zum Beispiel nur zur Durchführung einzelner Angelegenheiten bestellen, etwa zur Herbeiführung der Erbauseinandersetzung, zur Verwaltung einzelner Vermögensstücke, etwa eines Nachlaßgrundstücks, zur Wahrung der Rechte eines noch minderjährigen Erben oder Miterben, eines Nacherben oder zu sonstigen Zwecken. Die Erben können dagegen den Umfang der Befugnisse des Testamentsvollstreckers selbst durch einstimmigen Beschluß nicht beschränken und ihn auch nicht abberufen. Nur vom Nachlaßgericht kann er auf Antrag eines Beteiligten wegen eines wichtigen Grundes, insbesondere wegen Pflichtverletzung oder Unfähigkeit, aus seinem Amt entlassen werden.
Aber nicht nur hierin hat die Einsetzung eines Testamentsvollstreckers ihre Bedeutung. Viel wesentlicher kann sie dann sein, wenn der Erbe leichtsinnig, charakterschwach und dadurch überschuldet ist. Erhält er jetzt eine Erbschaft, so haben seine persönlichen Gläubiger davon den Hauptvorteil. Sie können unbeschränkt in die ihm zugefallenen Nachlaßwerte die Zwangsvollstreckung betreiben. Es tritt also hier eine Wirkung ein, die der Erblasser im allgemeinen am wenigsten wünscht. Denn er will doch regelmäßig seinem Erben für die Dauer etwas zuwenden, nicht aber auf diese Weise seine Schulden bezahlen. Dies kann durch die Bestellung eines Testamentsvollstreckers für die Lebenszeit des Erben erreicht werden. Der Erbe erhält dann nur die Nutzungen aus der Erbschaft. Die Verwaltung des Nachlasses selbst obliegt dem Testamentsvollstrecker.
Die persönlichen Gläubiger des Erben können an den Nachlaß nicht heran. Selbst die Nutzungen können sie nur insoweit pfänden, als sie nicht zur Bestreitung des standesgemäßen Unterhalts des Erben und zur Erfüllung der ihm obliegenden Unterhaltspflichten erforderlich sind. Man spricht daher hier von Enterbung in guter Absicht. Der Erbe muß sich eine solche Anordnung gefallen lassen. Nur wenn er zugleich pflichtteilsberechtigter Abkömmling des Erblassers ist, kann er statt dessen die Erbschaft ausschlagen und seinen Pflichtteil verlangen.

Wie wird ein Testamentsvollstrecker ernannt?

Der Testamentsvollstrecker muß in einer Verfügung von Todes wegen von dem Erblasser ernannt werden. Sein Amt beginnt, wenn er die Annahme dem Nachlaßgericht gegenüber erklärt. Eine Frist oder besondere Form ist dafür nicht vorgeschrieben. Er erhält als Ausweis ein Testamentsvollstreckerzeugnis. Verpflichtet zur Amtsübernahme ist er jedoch nicht. Auch kann in dieser Hinsicht keinerlei Zwang auf ihn ausgeübt werden. Zweckmäßig ist es daher, wenn sich der Erblasser schon zu Lebzeiten vergewissert, ob die ausgewählte Person auch zur Übernahme des Amtes als Testamentsvollstrecker bereit sein würde. Lehnt nämlich der im Testament vorgesehene Testamentsvollstrecker die Übernahme des Amtes ab, so entfällt die Testamentsvollstreckung. Der Erblasser kann in seinem Testament auch die Bestimmung der Person des Testamentsvollstreckers einem Dritten überlassen oder das Nachlaßgericht bitten, nach seinem Tode einen Testamentsvollstrecker zu ernennen. Hinsichtlich der Person des Testamentsvollstreckers bestehen grundsätzlich keine Beschränkungen. Auch einer von mehreren Erben oder ein Vermächtnisnehmer können Testamentsvollstrekker sein. Der Testamentsvollstrecker hat, wenn der Erblasser nichts anderes bestimmt hat, Ansprüche auf die Gewährung einer angemessenen Vergütung, die aus dem Nachlaß zu bezahlen ist. Das Gericht berechnet für die Ernennung oder Entlassung des Testamentsvollstreckers und für sonstige anläßlich einer Testamentsvollstreckung zu treffenden Anordnungen die Hälfte der bei der Beurkundung eines Testaments entstehenden Gebühr.

Der Wirkungskreis des Testamentsvollstreckers

Hat der Erblasser den Umfang der Tätigkeit des Testamentsvollstreckers nicht bestimmt, in seinem Testament also lediglich eine Person als Testamentsvollstrecker ernannt, wie es am häufigsten vorkommt, so gilt der gesetzlich festgelegte Wirkungskreis.

Danach hat der Testamentsvollstrecker zu Beginn seiner Tätigkeit ein Nachlaßverzeichnis aufzustellen, die letztwilligen Verfügungen des Erblassers auszuführen, den Nachlaß zu verwalten und die Nachlaßverbindlichkeiten zu berichtigen. Dazu kann er den Nachlaß in Besitz nehmen, über die Nachlaßgegenstände und selbst über Grundstücke und Wertpapiere frei verfügen. Nur unentgeltliche Verfügungen darf er nicht vornehmen.

Die Erben selbst haben, solange ein Testamentsvollstrecker vorhanden ist, über die Nachlaßgegenstände überhaupt kein Verfügungsrecht. Der Testamentsvollstrecker muß für den Nachlaß auch Prozesse führen und für die Erfüllung der Vermächtnisse und Auflagen sorgen. Schließlich obliegt ihm auch die Aufgabe, nach Berichtigung der Nachlaßverbindlichkeiten den Überschuß des Nachlasses unter die Miterben zu verteilen.

Bei allen diesen Handlungen muß der Testamentsvollstrecker aber immer eine ordnungsgemäße Verwaltung des Nachlasses im Auge haben, denn er ist Verwalter fremden Vermögens. Er haftet den Erben, wenn er diese Pflicht schuldhaft verletzt und hat ihnen nach Beendigung seiner Verwaltung Rechenschaft abzulegen. Nachlaßgegenstände, deren er zur Erfüllung seiner Obliegenheiten offenbar nicht bedarf, hat er den Erben auf Verlangen zur freien Verfügung zu überlassen. Er kann sein Amt jederzeit ohne Angabe von Gründen niederlegen, darf dies aber nicht zur Unzeit tun, wenn also den Erben dadurch im Augenblick Schaden erwachsen würde. Die Niederlegung seines Amtes erfolgt ebenso wie die Annahme durch Erklärung gegenüber dem Nachlaßgericht. Mit Beendigung seiner Aufgaben endigt sein Amt von selbst.

Auseinandersetzung unter mehreren Miterben

Sind mehrere Erben vorhanden, so werden sie regelmäßig das Bestreben haben, nachdem die Nachlaßverbindlichkeiten von ihnen berichtigt worden sind, den verbleibenden Nachlaß unter sich zu verteilen, also eine Erbauseinandersetzung herbeizuführen. Eine solche Auseinandersetzung kann grundsätzlich jeder Miterbe jederzeit verlangen. Nur in wenigen Ausnahmefällen ist er daran gehindert. Das ist vor allem der Fall, wenn die Teile wegen der zu erwartenden Geburt eines weiteren Miterben noch unbestimmt sind oder wenn der Erblasser die Auseinandersetzung, sei es hinsichtlich des ganzen Nachlasses oder einzelner Nachlaßgegenstände, etwa eines Hausgrundstücks oder einer Landwirtschaft, durch letztwillige Verfügung ausgeschlossen hat.

Haben die Miterben untereinander vereinbart, daß die Auseinandersetzung für immer oder für eine bestimmte Zeit ausgeschlossen sein soll, so kann jeder Miterbe gleichwohl die Auseinandersetzung verlangen, wenn dazu ein wichtiger Grund vorliegt, die Miterben sich etwa entzweit haben, so daß eine gemeinschaftliche Verwaltung des Nachlasses nicht mehr angebracht ist. Das gilt auch dann, wenn der Verstorbene die Vornahme der Erbauseinandersetzung zeitlich beschränkt hat.

Erbauseinandersetzung durch gütliche Einigung

Am einfachsten, am besten und zugleich am billigsten findet die Auseinandersetzung natürlich durch gütliche Einigung aller Miterben statt. Die Erben kommen zusammen und teilen die einzelnen Nachlaßgegenstände und Nachlaßwerte untereinander im Verhältnis ihrer Erbteile auf. Teilungsanordnungen und Teilungswünsche des Erblassers mögen sie dabei beachten. Gezwungen werden können sie dazu jedoch nicht, wenn sie sich nur untereinander über eine andere Art der Teilung einig sind. Einer besonderen Form bedarf eine solche Auseinandersetzung nicht. Es braucht namentlich kein Notar hinzugezogen oder ein schriftlicher Vertrag aufgesetzt zu werden. Formvorschriften sind nur dann einzuhalten, wenn bei bestimmten Nachlaßwerten, die einzelnen Erben zugeteilt werden sollen, für die Übertragung eine gesetzliche Form für ihre Gültigkeit vorgeschrieben ist. So kann eine Hypothek nur in der Form abgetreten, übertragen oder aufgeteilt werden, daß die Erben entsprechende Erklärungen vor einem Notar abgeben und sie hier öffentlich beglaubigen lassen. Ein Grundstück kann einem einzelnen Erben nur zugeteilt werden, wenn bezüglich dieses Grundstücks ein notariell beurkundeter Erbauseinandersetzungsvertrag geschlossen wird und sodann die Erbengemeinschaft, also sämtliche Miterben, das Grundstück demjenigen Erben auflassen, der es im Wege der Auseinandersetzung bekommen soll. In einem solchen Vertrag können die Erben auch gleichzeitig eine etwa vereinbarte Eintragung von Erbgeldhypotheken für diejenigen Erben beantragen, die statt ihres Anteils am Grundstück mit einem Geldbetrag abgefunden werden sollen.

Auseinandersetzung beim Vorhandensein von Grundbesitz

Gehört ein Grundstück zum Nachlaß, so läßt sich eine Auseinandersetzung dadurch herbeiführen, daß ein Miterbe das Grundstück in der oben geschilderten Form übernimmt und die anderen abfindet oder daß das Grundstück für alle Erben bestmöglich verkauft und der Erlös verteilt wird. Aber gerade hierin ist unter mehreren Erben eine Einigung oft nicht zu erzielen. Der eine will das Grundstück zwar übernehmen, die anderen sind aber mit dem Preis nicht einverstanden, den er dafür bezahlen will. Oder aber die Erben haben sich über einen Verkauf geeinigt, nicht aber über den Kaufpreis, den es mindestens bringen soll. Oder es findet sich kein Käufer, weil keiner der Miterben den Verkauf richtig in die Hand nimmt. Um hier eine Auseinandersetzung auf jeden Fall zu ermöglichen, hat jeder Miterbe ohne weiteres auch gegen den Willen der übrigen Erben das Recht, das Grundstück zur Zwangsversteigerung zu bringen. Er muß dies bei dem Amtsgericht, in dessen Bezirk das Nachlaßgrundstück gelegen ist, unter Nachweis seines Erbrechts und der Miterbrechte der übrigen Erben, zweckmäßig durch Vorlage eines Erbscheins, beantragen. Einen vollstreckbaren Schuldtitel gegen die übrigen Miterben braucht er nicht. Das Grundstück kommt dann durch das Gericht in einem öffentlichen und öffentlich bekanntgemachten Termin zur Zwangsversteigerung, so als wenn ein Gläubiger des Grundstückseigentümers die Zwangsversteigerung wegen einer Geldforderung betrieben hätte. Der Versteigerungserlös wird nach Abzug der durch das Verfahren entstandenen Kosten unter den Miterben nach dem Verhältnis ihrer Erbteile verteilt, wenn sie sich über die Höhe des auf jeden von ihnen entfallenden Betrages einig sind. Sonst wird er vom Gericht hinterlegt, bis die Parteien sich einigen und diese Einigung der Hinterlegungsstelle nachweisen oder über ihre gegenseitigen Ansprüche eine Entscheidung des Prozeßgerichts beibringen. Ein **Vorkaufsrecht** der übrigen Miterben besteht bei einer solchen Zwangsversteigerung eines Nachlaßgrundstücks zum Zwecke der Aufhebung der Erbengemeinschaft nicht. Jeder andere Miterbe kann aber wie jeder beliebige am Erwerb des Grundstücks

interessierte Dritte mitbieten und so das Grundstück für sich erwerben, wenn er Meistbietender ist.
Bis zur Erteilung des Zuschlages kann der Versteigerungsantrag von dem die Zwangsversteigerung betreibenden Miterben noch zurückgenommen werden. Der Antragsteller hat daher auf diese Weise die Möglichkeit, die Versteigerung im letzten Augenblick rückgängig zu machen, wenn sich die Miterben noch in letzter Stunde über eine andere Art der Verwertung geeinigt haben oder wenn das Meistgebot zu gering erscheint.
Da im Zwangsversteigerungsverfahren meistens ein günstiges Ergebnis nicht erzielt wird, auch die hier entstehenden Kosten nicht unerheblich sind, kann gerade Miterben eines Grundstücks im eigensten Interesse nur dringend geraten werden, durch Einigkeit einen möglichst günstigen Zeitpunkt für den freihändigen Verkauf abzuwarten und bis dahin im Interesse aller Miterben nutzbringend zu verwalten.

Erbauseinandersetzung beim Vorhandensein eines Testamentsvollstreckers

Ist ein Testamentsvollstrecker vorhanden, so hat dieser, soweit der Erblasser nicht ausdrücklich etwas anderes bestimmt und seine Befugnisse eingeschränkt hat, auch die Aufgabe, die Auseinandersetzung unter mehreren Miterben herbeizuführen. Er hat in dieser Hinsicht völlig freie Hand und ist in keiner Weise an die Zustimmung der Miterben gebunden. Nur den letzten Willen des Verstorbenen und insbesondere etwaige von ihm in seinem Testament getroffene Verteilungs- und Verwertungsanordnungen hat er zu beachten. Die Einsetzung eines Testamentsvollstreckers ist daher auch das beste Mittel, wenn der Erblasser befürchtet, daß es bei der Teilung des Nachlasses zwischen den Erben zu Streitigkeiten und vielleicht sogar zu Prozessen kommt. Denn mit der Teilung durch den Testamentsvollstrecker muß sich jeder Miterbe abfinden, auch wenn sie nicht ganz seinen Wünschen entspricht. Gehört ein Grundstück zum Nachlaß, so kann der Testamentsvollstrecker freihändig verkaufen und den Erlös an die Miterben verteilen. Einer Zwangsversteigerung zum Zwecke der Aufhebung der Erbengemeinschaft bedarf es nicht.

Auseinandersetzung durch Vermittlung des Nachlaßgerichts

Wenn eine gütliche Einigung unter den Miterben nicht zustande kommt, kann jeder Miterbe das Nachlaßgericht zur Vermittlung anrufen. Ausgeschlossen ist die Vermittlung des Nachlaßgerichts nur, wenn ein zur Bewirkung der Auseinandersetzung berechtigter Testamentsvollstrecker vorhanden ist. Denn dann fällt diesem allein die Aufgabe zu, die Teilung des Nachlasses unter den Miterben vorzunehmen.
In dem Antrag auf Vermittlung der Erbauseinandersetzung soll der Erbe die übrigen Miterben angeben und ein Verzeichnis der Nachlaßmasse beifügen. Ist einer der Miterben infolge Abwesenheit an der Wahrnehmung seiner Rechte verhindert, so kann ihm dazu vom Nachlaßgericht ein besonderer Pfleger bestellt werden. Ist die Auseinandersetzung so weit vorbereitet, so beraumt das Nachlaßgericht einen Verhandlungstermin an und ladet dazu alle Beteiligten. Zu dem Termin hat das Gericht einen Auseinandersetzungsplan anzufertigen und über diesen Plan mit den Erben zu verhandeln. Wird über einzelne Nachlaßgegenstände keine Einigung erzielt, so können sie fortgelassen werden. Die Erben können die Teilung dann endgültig im Klagewege herbeiführen. Der ausdrückliche Widerspruch eines erschienenen Beteiligten bringt das ganze Vermittlungsverfahren des Nachlaßgerichts zum Scheitern. Denn es ist tatsächlich nichts weiter als ein gerichtlicher Güteversuch. Sind dagegen die erschienenen Miterben mit dem gerichtlichen Teilungsplan einverstanden, so hat das Gericht die Auseinandersetzung zu beurkunden, nötigenfalls nach Vornahme von Ergänzungen und Änderungen entsprechend dem Vorschlag und den Wünschen der Miterben. Sind die Beteiligten sämtlich erschienen, so wird die beurkundete Auseinandersetzung vom Gericht bestätigt. Das gilt auch dann, wenn die nicht erschienenen Miterben ihre Zustimmung zu gerichtlichem Protokoll oder in einer öffentlich beglaubigten Urkunde erteilen.
Ist ein Miterbe nicht erschienen und auch nicht durch einen Bevollmächtigten vertreten, haben sich aber die erschienenen Miterben geeinigt, so hat das Gericht ihm den beurkundeten Auseinandersetzungsplan mitzuteilen und ihm gleichzeitig eine Frist zu bestimmen mit dem Hinweis, daß sein Einverständnis mit dem Inhalt der Auseinandersetzungsurkunde angenommen werde, wenn er nicht innerhalb der Frist die Anberaumung eines neuen Termins beantrage oder in diesem neuen Termin wieder weder persönlich erscheine noch sich durch einen Bevollmächtigten vertreten lasse. Beantragt der erstmalig nicht erschienene Miterbe rechtzeitig die Festsetzung eines neuen Termins und kommt er dazu auch, so ist die Verhandlung über die Auseinandersetzung und den Teilungsplan fortzusetzen. Andernfalls hat das Nachlaßgericht die Vereinbarung zu bestätigen, da infolge des Schweigens oder Nichterscheinens des

Miterben sein Einverständnis angenommen wird. Das Vermittlungsverfahren vor dem Nachlaßgericht hat daher den großen Vorteil, daß jeder einzelne Miterbe wenigstens zu einer Aussprache vor dem Nachlaßrichter gezwungen wird, da beim Nichterscheinen die Auseinandersetzung auch gegen seinen Willen nach dem der erschienenen Miterben durchgeführt wird.

Auseinandersetzung durch Klageerhebung

Führen weder eine gütliche Einigung, die Versteigerung eines Nachlaßgrundstücks zum Zwecke der Aufhebung der Erbengemeinschaft, noch eine Anrufung der Vermittlung des Nachlaßgerichts zur Erbauseinandersetzung, so ist die Sachlage für die Miterben meist recht schwierig. Es bleibt ihnen jetzt nichts weiter übrig, als gegen denjenigen Miterben, an dem jede Auseinandersetzung scheitert, im Wege der Klage vorzugehen. Dieser Erbteilungsklage muß der klagende Miterbe einen Auseinandersetzungsplan beifügen und beantragen, den Beklagten zu verurteilen, in die Auseinandersetzung nach Maßgabe des vorgelegten Teilungsplanes zu willigen. Das Gericht prüft dann in dem Rechtsstreit die Berechtigung des Teilungsplanes und verurteilt den Beklagten dementsprechend, wenn auch ihm ein gütlicher Einigungsversuch mißlingt. Ein solcher Prozeß ist natürlich weit kostspieliger und bei verwickelten Vermögensverhältnissen und einer größeren Anzahl von Erben zumeist auch noch umständlich und langwierig.

Anspruch auf den Pflichtteil

Die Befugnis des Erblassers, über seinen Nachlaß grundsätzlich beliebig zu verfügen, ist im Interesse der Familie zugunsten der nächsten Familienangehörigen eingeschränkt. Wenn daher der Erblasser auch nicht gezwungen ist, die nächsten Familienangehörigen als Erben einzusetzen, so haben sie doch gleichwohl in Gestalt des Pflichtteilsanspruchs aus dem Nachlaß etwas zu bekommen, wenn sie in einer Verfügung von Todes wegen von der Erbfolge ausgeschlossen oder übergangen worden sind. Das Gesetz gibt ihnen allerdings nur einen reinen Geldanspruch. Denn Erben sind sie nicht. Sie haben daher auch keine Mitwirkungsbefugnisse bei der Verwaltung und Verteilung des Nachlasses.
Die Verpflichtung zur Auszahlung des Pflichtteils obliegt den Erben als Nachlaßverbindlichkeit. Der Erblasser kann jedoch durch Verfügung von Todes wegen auch einzelnen Miterben die Pflichtteilslast auferlegen.

Wer ist pflichtteilsberechtigt?

Pflichtteilsberechtigt ist immer ein überlebender Ehegatte des Erblassers. Daneben sind auch Kinder pflichtteilsberechtigt. Hatte der Erblasser keine Kinder, auch keine Enkelkinder, wohl aber noch seine Eltern, so steht auch diesen ein Pflichtteilsrecht zu. Es ist also hier wie bei der gesetzlichen Erbfolge. Sind Kinder oder sonstige Abkömmlinge vorhanden, so erben diese allein, da sie der ersten Erbfolgeordnung angehören. Noch lebende Eltern des Verstorbenen erben dann nichts. Sind dagegen keine Abkömmlinge vorhanden, so treten die Eltern als gesetzliche Erben zweiter Ordnung in Erscheinung. Nur wenn sie gesetzliche Erben wären, sind sie auch pflichtteilsberechtigt. Nach der seit dem 1. 7. 1970 geltenden Regelung ist ein nichteheliches Kind oder bei seinem Tode der Vater des Kindes auch dann pflichtteilsberechtigt, wenn ihm der an Stelle des gesetzlichen Erbteils zustehende Erbersatzanspruch durch Verfügung von Todes wegen entzogen worden ist.

Wie hoch ist der Pflichtteilsanspruch?

Der Pflichtteilsanspruch besteht in einem Geldanspruch gleich der Hälfte des Wertes des gesetzlichen Erbteils, wie ihn der Pflichtteilsberechtigte als gesetzlicher Erbe erhalten hätte. Ist ein Pflichtteilsberechtigter durch Testament als Erbe eingesetzt worden, ist sein Erbteil aber geringer als die Hälfte des gesetzlichen Erbteils, so kann er von den übrigen Miterben als Pflichtteil den Wert des an der Hälfte fehlenden Teiles verlangen. Für den überlebenden Ehegatten, der mit dem Erblasser bis zum Erbfall in Zugewinngemeinschaft lebte, wird der Pflichtteil zwar nach dem um ein Viertel des Nachlasses erhöhten Erbteil berechnet, dieser sogenannte »große Pflichtteil« spielt jedoch nur in Ausnahmefällen eine Rolle, beispielsweise zur Berechnung des Ergänzungsanspruchs, wenn das testamentarisch verfügte Erbe kleiner ist als der »große Pflichtteil«. Denn der aus der Zugewinngemeinschaft überlebende Ehegatte, der nur den Pflichtteil erhält, hat eben keinen Anspruch auf die Erhöhung oder auf den nach der Erhöhung berechneten »großen Pflichtteil«, sondern bekommt nur den kleinen Pflichtteil und den Ausgleich des Zugewinns, soweit er ihn als vorhanden nachweisen kann.

Beispiel: Ein Ehemann stirbt und hinterläßt seine Ehefrau und zwei Kinder. Er hatte mit seiner Frau bis zuletzt in Zugewinngemeinschaft gelebt. Der Nachlaß hat einen Wert von 10 000,– DM. Davon hat er in seinem Testament seiner Frau nur 1 000,– DM als Erbe hinterlassen. Da dies weniger ist als der große Pflichtteil, kann die Frau Auffüllung bis zur Höhe des großen Pflichtteils verlangen. Wäre sie gesetzliche Erbin geworden, so hätte sie ein Viertel des Nachlasses ohnehin und ein weiteres Viertel des Nachlasses als Ausgleich des Zugewinns geerbt, also den halben Nachlaß. Der große Pflichtteil beträgt somit ein Viertel des Nachlasses, so daß die Frau Auffüllung bis zu 2 500,– DM = 1 500,– DM zusätzlich von den Erben fordern kann. Sie bekommt also 2 500,– DM, die erbenden Kinder von dem Rest je die Hälfte = 3 750,– DM.

Oder: Der Ehemann stirbt und hinterläßt seine Ehefrau, mit der er bis zu seinem Tode in Zugewinngemeinschaft gelebt hat, und seine Mutter. Kinder sind keine vorhanden. Der Nachlaß besteht aus 10 000,– DM. Laut Testament soll die Frau 1 000,– DM, die Mutter den Rest bekommen. Hier beträgt der erhöhte Erbteil der Frau drei Viertel des Nachlasses, der große Pflichtteil drei Achtel, 3 750,– DM, der Ergänzungsanspruch in diesem Falle 2 750,– DM. Der »große Pflichtteil« beträgt also neben Abkömmlingen ein Viertel, neben Eltern, Geschwistern und Großeltern drei Achtel des gesamten Nachlasses.

Um den Pflichtteil, der ja ein Geldanspruch gegen die Erben ist, zu berechnen, muß man daher zunächst den Wert des Nachlasses zur Zeit des Erbfalles feststellen, und zwar nach Abzug der Nachlaßverbindlichkeiten. Vermächtnisse bleiben aber außer Betracht, weil sie den Pflichtteilsansprüchen im Range nachstehen. Weiter muß festgestellt werden, wieviel der Pflichtteilsberechtigte erhalten hätte, wenn der Erblasser kein Testament errichtet, sondern es bei der gesetzlichen Erbfolge belassen hätte. Etwaige ausgleichspflichtige Zuwendungen sind bei Abkömmlingen wie bei der gesetzlichen Erbfolge zu berücksichtigen. Ein Vater hinterläßt beispielsweise einen Nachlaß im

Werte von 10 000,– DM. Er hat zwei Söhne, Fritz und Herbert, und eine Ehefrau. Fritz hat bereits zu Lebzeiten von seinem Vater 2 000,– DM erhalten, weil er Schulden gemacht hatte und der Vater für ihn eingesprungen war. Er hat ihm bei der Bezahlung dieser Schulden ausdrücklich gesagt, daß er sich die vorgestreckte Summe auf seinen späteren Erbteil anrechnen lassen müsse. In seinem Testament hat der Erblasser seinen Sohn Herbert als Alleinerben eingesetzt, da er von seiner Frau getrennt lebte und es mit seinem Sohn Fritz zum Bruch gekommen war, weil dieser weitere Schulden machte, die sein Vater nicht bezahlen wollte. Hier wären pflichtteilsberechtigt die überlebende Ehefrau und der Sohn Fritz. Die Ehefrau würde als gesetzliche Erbin ein Viertel des Nachlasses erhalten, das sind wertmäßig 2 500,– DM. Hiervon beträgt ihr Pflichtteil die Hälfte, also 1 250,– DM, die sie von ihrem Sohn Herbert als Alleinerben zu fordern hätte. (Der Anspruch der Ehefrau auf Ausgleich des Zugewinns soll in diesem Beispiel unberücksichtigt bleiben.) Bei der Berechnung des Pflichtteils von Fritz müßte zunächst seine ausgleichspflichtige Zuwendung von 2 000,– DM dem Nachlaßwert hinzugezählt werden. Es ergibt sich dann nach Abzug des Erbteils der Ehefrau, die ja als Ehefrau bei der Ausgleichung unberücksichtigt zu bleiben hat, ein Nachlaßwert von 9 500,– DM. Hiervon hätten beide Brüder die Hälfte erhalten, also jeder 4 750,– DM. Fritz hat 2 000,– DM vorweg erhalten. Er würde als gesetzlicher Erbe daher nur 2 750,– DM erhalten. Sein Pflichtteil beträgt die Hälfte hiervon = 1 375,– DM.

Damit der Erblasser den Pflichtteilsanspruch seiner nächsten Angehörigen nicht dadurch beeinträchtigen kann, daß er bei Lebzeiten möglichst viel Vermögenswerte verschenkt und dadurch seinen Nachlaß verringert, bestimmt das Gesetz, daß bei der Berechnung des Pflichtteils der Wert aller Schenkungen des Erblassers aus den letzten zehn Jahren dem Nachlaß hinzugerechnet wird. Ausgenommen hiervon sind nur Pflicht- und Anstandsschenkungen.

Der Pflichtteilsanspruch verjährt in drei Jahren. Die Verjährung beginnt in dem Zeitpunkt, in dem der Pflichtteilsberechtigte Kenntnis vom Eintritt des Erbfalls und der ihn beeinträchtigenden letztwilligen Verfügung erlangt.

Kann der Pflichtteil entzogen werden?

In schwerwiegenden Fällen kann selbst dieser Pflichtteil noch ganz oder teilweise entzogen werden. Die Gründe zur Pflichtteilsentziehung sind verschieden, je nachdem, ob es sich um Abkömmlinge, um die Ehefrau oder um die pflichtteilsberechtigten Eltern des Erblassers handelt.

Einem Abkömmling kann der Pflichtteil entzogen werden:

1. wenn er dem Erblasser, dem Ehegatten oder einem anderen Abkömmling nach dem Leben trachtet;

2. wenn er sich einer vorsätzlichen Körperverletzung des Erblassers oder des Ehegatten des Erblassers schuldig macht; im Falle der Mißhandlung des Ehegatten jedoch nur, wenn er von diesem abstammt, wenn es sich also um einen richtigen Eltern- oder Großelternteil handelt, nicht um Stiefeltern;
3. wenn er sich eines Verbrechens oder eines schweren vorsätzlichen Vergehens gegen den Erblasser oder dessen Ehegatten schuldig macht;
4. wenn der Abkömmling die ihm dem Erblasser gegenüber gesetzlich obliegende Unterhaltspflicht böswillig verletzt;
5. wenn er einen ehrlosen oder unsittlichen Lebenswandel gegen den Willen des Erblassers führt.

Eltern kann der Pflichtteil entzogen werden, wenn sie sich einer der unter Nummer 1, 3 oder 4 bezeichneten Verfehlungen schuldig gemacht haben.

Dem Ehegatten kann man den Pflichtteil entziehen, wenn er dem Erblasser oder einem Abkömmling nach dem Leben trachtet, sich einer vorsätzlich körperlichen Mißhandlung schuldig macht oder eines sonstigen Verbrechens gegen den Erblasser oder ihm gegenüber die gesetzliche Unterhaltspflicht böswillig verletzt.

Dem Ehegatten verbleibt jedoch der Anspruch auf Ausgleich des Zugewinns, falls die Eheleute im gesetzlichen Güterstand der Zugewinngemeinschaft gelebt haben, es sei denn, der Ausgleich des Zugewinns wäre grob unbillig.

Wie erfolgt die Pflichtteilsentziehung?

Die Pflichtteilsentziehung erfolgt durch Testament. In ihm muß der Grund angegeben werden, der zur Entziehung des Pflichtteils geführt hat, andernfalls ist die Pflichtteilsentziehung unwirksam. Eine solche Testamentsbestimmung würde etwa lauten:

»Meinem Sohn Rudolf entziehe ich den Pflichtteil, weil er am 7. August 19.. meine Ehefrau, seine Mutter, vorsätzlich mißhandelt hat.«

»Meinem Ehemann entziehe ich den Pflichtteil, weil er sich im Jahre 19.. von mir getrennt hat, zu einer anderen Frau gezogen ist und trotz Klage und unzähliger Mahnungen es unterlassen hat, die ihm möglichen Unterhaltsleistungen an mich und meine Kinder zu erbringen.«

Eine Pflichtteilsentziehung ist nicht mehr möglich, wenn der Erblasser die Handlungsweise, die ihn zur Pflichtteilsentziehung berechtigen würde, verziehen hat. Hatte er die Pflichtteilsentziehung schon angeordnet, so wird sie durch eine solche Verzeihung ohne weiteres hinfällig. Ihrer besonderen Aufhebung durch ein neues Testament bedarf es nicht. So kann beispielsweise ein Pflichtteilsentziehungsgrund noch auf dem Sterbebett verziehen werden. Dem pflichtteilsberechtigten Angehörigen steht dann sein Pflichtteil zu.

Erbeinsetzung durch Erbvertrag

Die Einsetzung von Erben, die Anordnung von Vermächtnissen und Auflagen kann nicht nur durch Testament, sondern auch durch Erbvertrag erfolgen. Erbverträge kommen nicht besonders häufig vor. Man wählt diese Form der Verfügung von Todes wegen, wenn aus irgendeinem Grunde die Bindung des Erblassers erreicht werden soll. Denn im Testament kann ein Erbvertrag nicht einseitig aufgehoben oder geändert werden. Er ist vielmehr, wie schon sein Name sagt, ein Vertrag. Verträge müssen aber eingehalten werden. Allerdings kann der Erblasser zu Lebzeiten über sein Vermögen beliebig verfügen. Die Form eines Erbvertrages würde daher zweckmäßigerweise gewählt werden, wenn einem Abkömmling, etwa einer Tochter, versprochen wird, daß sie einmal Alleinerbin werden solle, weil sie ihre Eltern bis zu deren Tode bei sich aufgenommen und gepflegt hatte, deshalb sogar eine sich ihr bietende Eheschließung ausgeschlagen hatte. Hier besteht das Bedürfnis, daß die Tochter nun auf jeden Fall Erbin wird und ihre Eltern sich die Sache nicht noch im letzten Augenblick anders überlegen könnten, eine Möglichkeit, die sie bei der Errichtung eines Testaments jederzeit hätten. Der Erblasser kann nur dann vom Erbvertrag zurücktreten, wenn er sich dies ausdrücklich vorbehalten hat, wenn der Bedachte sich schwere Verfehlungen gegen den Erblasser zuschulden kommen läßt oder wenn gewisse als Gegenleistung eingegangene Verpflichtungen des Bedachten fortfallen.

Der Erbvertrag kann nur vor einem Notar geschlossen werden, und zwar in Anwesenheit sowohl des Erblassers als auch des Erben. Im übrigen gilt für seine Beurkundung dasselbe wie bei einem öffentlichen Testament. Die entstehende Gebühr ist doppelt so hoch wie die Gebühr für die Beurkundung eines Testaments, also 2 Gebühren nach der Kostenordnung plus Nebenkosen und Umsatzsteuer.

Die doppelte Gebühr beträgt bei einem Wert von

4 000 DM	76,– DM	500 000 DM	1 720,– DM
10 000 DM	160,– DM	1 000 000 DM	3220,– DM
50 000 DM	320,– DM	5 000 000 DM	15 220,– DM
100 000 DM	520,– DM		

Erbverzicht

Ein künftiger gesetzlicher Erbe kann durch Vertrag mit dem Erblasser auf dieses zukünftige Erbrecht verzichten. Auch ein solcher Vertrag bedarf der notariellen Beurkundung. So könnte ein Sohn zugunsten seiner unverheiratet gebliebenen und mittellosen Schwester auf sein Erbteil durch Vertrag mit seinem Vater verzichten. Ein solcher Erbverzicht erstreckt sich auch, soweit nicht etwas anderes vereinbart ist, auf einen etwaigen Pflichtteilsanspruch. Der Verzicht hat die Wirkung, daß der verzichtende Erbe mit seinem gesetzlichen Erbrecht ausgeschlossen wird. In dem erwähnten Beispiel würde die Schwester daher Alleinerbin werden, ohne daß ihr Vater ein Testament zu errichten brauchte. Ein solcher Verzicht wirkt auch gegenüber etwa vorhandenen Abkömmlingen des Verzichtenden, so daß auch diese ihre Erbberechtigung und einen etwaigen Pflichtteilsanspruch verlieren würden.

Erbunwürdigkeit

Erbunwürdig ist im einzelnen:

1. wer den Erblasser vorsätzlich und widerrechtlich getötet oder zu töten versucht hat oder wer ihn in einen Zustand versetzt hat, durch den er bis zu seinem Tode unfähig war, eine Verfügung von Todes wegen zu errichten;
2. wer den Erblasser vorsätzlich und widerrechtlich verhindert hat, eine Verfügung von Todes wegen zu errichten oder aufzuheben;
3. wer den Erblasser durch arglistige Täuschung oder widerrechtlich durch Drohung bestimmt hat, eine Verfügung von Todes wegen zu errichten oder aufzuheben;
4. wer sich in Ansehung einer Verfügung des Erblassers von Todes wegen einer Urkundenfälschung, Urkundenvernichtung oder Urkundenunterdrückung schuldig macht.

Der Verlust des Erbrechts tritt aber bei der Erbunwürdigkeit nicht von selbst ein. Der Erbschaftserwerb muß vielmehr durch Erhebung einer Anfechtungsklage angefochten werden. Die Klage ist gegen den Erbunwürdigen zu richten mit dem Antrag, ihn für erbunwürdig zu erklären. Nach erfolgreicher Klage treten diejenigen Personen als Erben ein, die es geworden wären, wenn der Erbunwürdige zur Zeit des Todes des Erblassers nicht mehr gelebt hätte.

Anfechtungsberechtigter ist jeder, dem der Wegfall des Erbunwürdigen zugute käme, sei es auch nur mittelbar. Hat daher der Erblasser eine fremde Person zu seinem Erben eingesetzt und seine Eltern und Kinder übergangen, so sind nicht nur die Kinder anfechtungsberechtigt, sondern auch die Eltern und sonstige gesetzliche Erben irgendeiner Ordnung, obwohl sie nicht Erbe werden, wenn die fremde eingesetzte Person für erbunwürdig erklärt wird. Aber mittelbar kommen sie dadurch der Erbschaft näher und das genügt. Die Anfechtungsklage ist nur binnen Jahresfrist zulässig, nachdem der Anfechtende von dem Grund der Erbunwürdigkeit Kenntnis erhalten hat. Die Frist beginnt jedoch frühestens mit dem Eintritt des Erbfalles.

Die Geltendmachung der Erbunwürdigkeit ist ausgeschlossen, wenn der Erblasser dem Erbunwürdigen seine Tat verziehen hat.

Erbunwürdig kann nicht nur der Erbe sein. Das Gesetz kennt vielmehr entsprechend eine Vermächtnisunwürdigkeit und eine Pflichtteilsunwürdigkeit. Die Gründe sind dieselben wie bei der Erbunwürdigkeit. Hier ist aber die Erhebung der Anfechtungsklage nicht nötig. Es genügt vielmehr die bloße Erklärung gegenüber dem Vermächtnisnehmer oder dem Pflichtteilsberechtigten und die Verweigerung der Erfüllung des Vermächtnisses beziehungsweise des Pflichtteilsanspruchs.

Der Erbschein

Die Erben sind oft gezwungen, sich über ihr Erbrecht auszuweisen. Das geschieht regelmäßig durch die Vorlegung eines Erbscheins. Ein solcher Nachweis ist insbesondere im Grundstücksverkehr notwendig, wenn etwa die Erben ein Grundstück des Erblassers auf ihren Namen umschreiben lassen oder es verkaufen oder es mit einer Hypothek belasten wollen. Aber auch Behörden, Banken, Versicherungsgesellschaften und dergleichen verlangen vielfach die Ausweisung durch einen Erbschein.

Um einen Erbschein zu erhalten, muß sich der Erbe zu einem Notar begeben, der ebenfalls die erforderliche Erbscheinsverhandlung beurkunden kann. Zu dem Termin muß der Erbe beim Notar persönlich erscheinen.

Sind, wie dies im allgemeinen der Fall ist, mehrere Erben vorhanden, so kann jeder für sich und unabhängig von den anderen Miterben einen Erbschein beantragen, und zwar entweder als gemeinschaftlichen Erbschein oder als Teilerbschein. In dem gemeinschaftlichen Erbschein werden sämtliche Erben aufgeführt unter Angabe der Größe ihrer Anteile. In dem Teilerbschein wird nur das Erbrecht des Antragstellers angegeben.

Zu der Verhandlung vor dem Notar sind eine ganze Reihe von standesamtlichen Urkunden vorzulegen, und zwar eine Sterbeurkunde des Erblassers, Geburts-, bei Ehefrauen auch Heiratsurkunde sämtlicher Miterben und schließlich die Sterbeurkunde derjenigen Personen, die erbberechtigt wären, wenn sie zur Zeit des Erbfalles noch am Leben gewesen wären, jedoch bereits vor dem Erbfall verstorben sind.

In der Verhandlung müssen die Antragsteller und die etwa anwesenden Miterben an Eides Statt versichern, was ihnen über etwa vorhandene Testamente bekannt ist, ob alle Erben die Erbschaft angenommen haben, ob etwa ein Rechtsstreit über das Erbrecht schwebt und ob und welche Personen vorhanden sind oder vorhanden waren, durch die der Antragsteller von der Erbfolge ausgeschlossen oder sein Erbrecht gemindert sein könnte.

Außer den Erben kann auch ein Gläubiger die Erteilung eines Erbscheines beantragen, wenn er einen solchen zur Zwangsvollstreckung gegen die Erben braucht.

In den Erbschein wird auch eine etwaige Nacherbfolge sowie die Bestellung eines Testamentsvollstreckers aufgenommen. Teilungsanordnungen, Vermächtnisse, Auflagen und Pflichtteilsrechte gibt der Erbschein dagegen nicht an.

Hat der Erblasser vor dem Notar in Gestalt eines öffentlichen Testaments von Todes wegen verfügt, so reicht das regelmäßig zum Nachweis des Erbrechtes aus, insbesondere gegenüber dem Grundbuchamt. Es bedarf dann keines Erbscheins. Der Erbe muß vielmehr bei der Stellung von Anträgen dem Grundbuchamt eine Ausfertigung des öffentlichen Testaments zusammen mit dem Eröffnungsprotokoll – beides erhält er auf Antrag von dem Nachlaßgericht – einreichen. Ein privatschriftliches Testament hat diese Wirkung nicht. Sein Vorhandensein entbindet daher die Erben nicht von der Beschaffung eines Erbscheins.

Die Kosten für die Erteilung eines Erbscheins richten sich nach dem Wert des Nachlasses zur Zeit des Erbfalles nach Abzug der Nachlaßverbindlichkeiten und entsprechen den Gebühren für die Beurkundung des Testaments. Bei einem Teilerbschein über das Erbrecht eines Miterben wird nur der Wert seines Anteils zugrunde gelegt. Wird der Erbschein nur für eine Grundstücksangelegenheit gebraucht, so tritt vielfach eine Verbilligung der Kosten ein; der Erbschein ist dann aber für andere Angelegenheiten nicht verwendbar.

Das Wichtigste über die Erbschaftsteuer (Schenkungsteuer)

Das Erbschaftsteuergesetz von 1959 wurde mit Wirkung vom 1. Januar 1974 durch ein völlig neu gefaßtes Gesetz mit der Bezeichnung Erbschaftsteuer- und Schenkungsteuergesetz (ErbStG) ersetzt. Das neue Gesetz will alle Vermögensvorteile, die jemand von Todes wegen oder durch Schenkung unter Lebenden erlangt, steuerlich erfassen. Die zum 1. Januar 1974 in Kraft getretenen Änderungen bringen gegenüber dem alten Recht spürbare Verbesserungen für den Steuerpflichtigen:

- durch eine Neugestaltung des Tarifs wird der Übergang kleiner und mittlerer Vermögen stärker entlastet als bisher,
- die sachlichen und persönlichen Freibeträge sind entsprechend der veränderten wirtschaftlichen Verhältnisse kräftig angehoben worden und werden durch die neu eingeführten Versorgungsfreibeträge in ihrer Entlastungswirkung noch verstärkt,
- die bisherigen Ungleichheiten in der Bewertung des Grundvermögens gegenüber anderen Vermögensarten werden beseitigt. Beim Grundvermögen sind die Einheitswerte 1964 mit einem Zuschlag von 40% (140%) anzusetzen.

Der Erbschaftsteuer (Schenkungsteuer) unterliegen der Erwerb von Todes wegen, die Schenkungen unter Lebenden und Zweckzuwendungen.
Als Erwerb von Todes wegen gelten unter anderem der Erwerb durch Erbanfall (durch Testament, Erbvertrag oder gesetzliche Erbfolge), durch Vermächtnis oder auf Grund eines geltend gemachten Pflichtteilsanspruchs, durch Schenkung auf den Todesfall oder jeder Vermögensvorteil, der auf Grund eines vom Erblasser geschlossenen Vertrages (zum Beispiel Lebens- beziehungsweise Unfallversicherungsverträge) bei dessen Tode von einem Dritten unmittelbar erworben wird.
Nicht steuerpflichtig sind aber Witwen- und Waisenbezüge der Beamten, die Rentenleistungen der Sozialversicherungen oder sonstiger berufsbezogener Zwangsversicherungen.
Als Schenkung unter Lebenden gilt unter anderem jede freigebige Zuwendung unter Lebenden, soweit durch sie der Bedachte auf Kosten des Zuwendenden bereichert wird; als Schenkung gilt auch eine Abfindung für einen Erbverzicht oder das, was durch einen vorzeitigen Erbausgleich erworben wird.
Als Schenkung gilt in bestimmten Fällen beispielsweise auch der auf einem Gesellschaftsvertrag beruhende Übergang des Anteils eines Gesellschafters auf die anderen Gesellschafter oder die Gesellschaft.

Wer wird besteuert?

Steuerschuldner ist grundsätzlich der Erwerber, bei einer Schenkung auch der Schenker, bei einer Zweckzuwendung der vom Zuwendenden mit einer Auflage oder Bedingung Beschwerte. Darüber hinaus sieht das Gesetz weitere Haftungsbestimmungen vor, die die Entrichtung oder Sicherstellung der Steuer auf jeden Fall gewährleisten sollen, im Regelfalle aber wohl kaum von Bedeutung sind.
Besteuert werden grundsätzlich Inländer (das heißt, wenn der Erblasser, Schenker oder Erbe Inländer ist). Um eine Steuervermeidung oder -umgehung durch die kurzfristige Verlegung des Wohnsitzes ins Ausland auszuschließen, wird die Steuerpflicht auch auf deutsche Staatsangehörige ausgedehnt, die sich nicht länger als fünf Jahre im Ausland aufgehalten haben, ohne im Inland einen Wohnsitz zu haben. Für diese Zeit gilt unbeschränkte Steuerpflicht. Unabhängig von dieser Fünfjahresfrist sieht das Gesetz die sogenannte beschränkte Steuerpflicht vor für deutsche Staatsangehörige, die im Inland weder einen Wohnsitz noch ihren gewöhnlichen Aufenthalt haben und aus einem öffentlich-rechtlichen Dienstverhältnis Arbeitslohn beziehen.
Die Steuerpflicht des Erbschaftsteuergesetzes (Schenkungsteuergesetz) erstreckt sich nicht auf Vermögensgegenstände, die auf das Währungsgebiet der DDR entfallen, das gleiche gilt für Nutzungsrechte an diesen Gegenständen.

Wie wird besteuert?

Jeder der Erbschaft- beziehungsweise Schenkungsteuer unterliegende Erwerb ist vom Erwerber, bei einer Zweckzuwendung vom Beschwerten binnen drei Monaten beim zuständigen Finanzamt anzuzeigen. Da Gerichte, Behörden, Notare, Vermögensverwalter und Versicherungsunternehmen aber von Gesetzes wegen erbschaftsteuerpflichtige Vorgänge anzeigen müssen, weiß das Finanzamt im Regelfall schon Bescheid.
Das Finanzamt kann von jedem an einem Erbfall, einer Schenkung oder Zweckzuwendung Beteiligten die Abgabe einer Steuererklärung auf einem amtlich bestimmten Vordruck verlangen (Muster und Beispiel siehe Seite 115). Sind Testamentsvollstrecker, Nachlaßverwalter oder Nachlaßpfleger vorhanden, sind diese zur Abgabe der Steuererklärung verpflichtet.
Je nach dem persönlichen Verhältnis des Erwerbers zum Erblasser oder Schenker werden nach neuem Recht nunmehr die vier folgenden Steuerklassen unterschieden:

§15 Steuerklassen

(1) Nach dem persönlichen Verhältnis des Erwerbers zum Erblasser oder Schenker werden die folgenden vier Steuerklassen unterschieden:

Steuerklasse I

1. Der Ehegatte,
2. die Kinder und Stiefkinder,
3. die Kinder verstorbener Kinder und Stiefkinder.

Steuerklasse II

1. Die Abkömmlinge der in Steuerklasse I Nr. 2 genannten Kinder, soweit sie nicht zur Steuerklasse I Nr. 3 gehören,
2. die Eltern und Voreltern bei Erwerben von Todes wegen.

Steuerklasse III

1. Die Eltern und Voreltern, soweit sie nicht zur Steuerklasse II gehören,
2. die Geschwister,
3. die Abkömmlinge ersten Grades von Geschwistern,
4. die Stiefeltern,
5. die Schwiegerkinder,
6. die Schwiegereltern,
7. der geschiedene Ehegatte.

Steuerklasse IV

Alle übrigen Erwerber und die Zweckzuwendungen.
(1a) Die Steuerklassen I, II und III Nr. 1 bis 3 gelten auch dann, wenn die Verwandtschaft durch Annahme als Kind bürgerlich-rechtlich erloschen ist.
Die Zugehörigkeit zu den verschiedenen Steuerklassen entscheidet über die Höhe der Freibeträge und der Steuersätze.

Was wird besteuert?

Als steuerpflichtiger Erwerb gilt die Bereicherung des Erwerbers, soweit sie nicht durch eine der vielen Begünstigungsvorschriften steuerfrei gestellt wird.
Vom Erwerb werden zunächst abgezogen alle vom Erblasser herrührenden Schulden, soweit sie nicht in wirtschaftlichem Zusammenhang eines zum Erwerb gehörenden Betriebes oder Betriebsanteils stehen. Ferner Verbindlichkeiten aus Vermächtnissen, Auflagen und geltend gemachten Pflichtteilen und Erbersatzansprüchen. Schließlich werden für die Kosten der Bestattung des Erblassers, die Kosten für ein angemessenes Grabdenkmal sowie für alle Kosten, die unmittelbar im Zusammenhang mit der Abwicklung, Regelung oder Verteilung des Nachlasses oder Erwerbs stehen, 10 000,– DM als Pauschbetrag ohne jeden weiteren Nachweis abgezogen. Höhere Kosten müssen durch Belege nachgewiesen werden. Allerdings sind die Kosten für die Verwaltung des Nachlasses nicht abzugsfähig.
Die Begünstigung von Versicherungssummen aus Erbschaftsteuer- und Lastenausgleichsversicherungen, wie sie das alte Gesetz noch zuließ, ist gestrichen worden; eine auf zwanzig Jahre befristete Übergangsregelung für derartige Verträge, die noch vor Oktober 1973 abgeschlossen worden sind, soll aber Härtefälle vermeiden.
Steuerfrei bleiben Hausrat (einschließlich Wäsche und Kleidungsstücke) sowie Kunstgegenstände und Sammlungen in den Steuerklassen I und II, soweit der Wert 40 000,– DM nicht übersteigt; bei den übrigen beiden Steuerklassen 10 000,– DM. Andere bewegliche körperliche Gegenstände (zum Beispiel ein Pkw) bleiben in den ersten beiden Steuerklassen frei bis 5 000,– DM, in den Steuerklassen III und IV bis 2 000,– DM.
Diese Freibeträge gelten aber nicht für Gegenstände, die zum land- und forstwirtschaftlichen Vermögen, zum Grund- oder Betriebsvermögen gehören und auch nicht für Zahlungsmittel, Wertpapiere, Münzen, Edelmetalle, Edelsteine oder Perlen.
Entweder mit sechzig vom Hundert oder bei Erfüllung weiterer Voraussetzungen ganz befreit werden Grundbesitz, Kunstgegenstände, Kunstsammlungen, wissenschaftliche Sammlungen, Bibliotheken und Archive, wenn ihre Erhaltung wegen ihrer Bedeutung im öffentlichen Interesse liegt, sie darüber hinaus der Forschung und Volksbildung nutzbar gemacht werden beziehungsweise der Denkmalspflege unterstellt werden.
Steuerfrei bleiben beispielsweise auch Erwerbe von Eltern, Adoptiv-, Stief- oder Großeltern, wenn der Erwerber infolge körperlicher oder geistiger Gebrechen erwerbsunfähig ist oder durch eine gemeinsame Haushaltsführung mit erwerbsunfähigen oder in der Ausbildung befindlichen Abkömmlingen in seiner Erwerbsfähigkeit gehindert ist. Allerdings darf der Erwerb zusammen mit dem übrigen Vermögen des Erwerbers 40 000,– DM nicht übersteigen. Ist der Erwerb höher, wird die Besteuerung durch eine Härteregelung gemildert.

Steuerfrei bleiben schließlich auch Ansprüche aus dem Lastenausgleichsgesetz, dem Allgemeinen Kriegsfolgengesetz, dem Kriegsgefangenenentschädigungsgesetz sowie Zuwendungen an inländische Religionsgesellschaften beziehungsweise inländische Körperschaften, Personenvereinigungen oder Vermögensmassen, die ausschließlich und unmittelbar kirchlichen gemeinnützigen oder mildtätigen Zwecken dienen.
Darüber hinaus erhalten an persönlichen Freibeträgen Ehegatten 250 000,– DM, alle übrigen Personen der Steuerklasse I 90 000,– DM; Personen der Steuerklasse II 50 000,– DM, der Steuerklasse III 10 000,– DM und IV 3 000,– DM.
Neben diesem persönlichen Freibetrag erhält der überlebende Ehegatte einen zusätzlichen sogenannten Versorgungsfreibetrag von 250 000,– DM, der lediglich um den Kapitalwert einer Pension oder Sozialversicherungsrente gekürzt wird.
Auch Kinder erhalten zusätzlich einen besonderen Versorgungsfreibetrag, der allerdings mit zunehmendem Alter absinkt:
bis zu einem Alter

von 5 Jahren beträgt dieser Freibetrag	50 000,– DM
von 5 bis 10 Jahren	40 000,– DM
von 10 bis 15 Jahren	30 000,– DM
von 15 bis 20 Jahren	20 000,– DM
von 20 bis 27 Jahren	10 000,– DM

Dieser Freibetrag wird aber jeweils gekürzt, wenn der steuerpflichtige Erwerb 150 000,– DM übersteigt oder dem Kind vom Erblasser gleichzeitig nicht der Erbschaftsteuer unterliegende Versorgungsbezüge zustehen.
Wenn alle zustehenden Freibeträge abgezogen sind und dennoch ein steuerpflichtiger Erwerb besteht, wird die Erbschaftsteuer (Schenkungsteuer) nach folgenden Vomhundertsätzen erhoben (nächste Seite):

Wert des steuerpflichtigen Erwerbs (§ 10) bis einschließlich Deutsche Mark	Vomhundertsatz in der Steuerklasse			
	I	II	III	IV
50 000	3	6	11	20
75 000	3,5	7	12,5	22
100 000	4	8	14	24
125 000	4,5	9	15,5	26
150 000	5	10	17	28
200 000	5,5	11	18,5	30
250 000	6	12	20	32
300 000	6,5	13	21,5	34
400 000	7	14	23	36
500 000	7,5	15	24,5	38
600 000	8	16	26	40
700 000	8,5	17	27,5	42
800 000	9	18	29	44
900 000	9,5	19	30,5	46
1 000 000	10	20	32	48
2 000 000	11	22	34	50
3 000 000	12	24	36	52
4 000 000	13	26	38	54
6 000 000	14	28	40	56
8 000 000	16	30	43	58
10 000 000	18	33	46	60
25 000 000	21	36	50	62
50 000 000	25	40	55	64
100 000 000	30	45	60	67
über 100 000 000	35	50	65	70

Sonstige wichtige Regelungen

Wenn innerhalb eines Zeitraumes von zehn Jahren mehrere Vermögensvorteile von derselben Person anfallen (zum Beispiel nacheinander mehrere Schenkungen und dann der Erbfall), werden bei der Besteuerung des letzten Erwerbs alle früheren hinzugerechnet; allerdings wird hierbei die früher gezahlte Steuer in einem komplizierten – und deshalb hier nicht näher zu erläuternden – Verfahren angerechnet.
Wichtig ist auch, daß beim mehrfachen Erwerb desselben Vermögens Tarifermäßigungen eintreten. Fällt also Personen der Steuerklasse I oder II von Todes wegen Vermögen zu, das bereits in den letzten zehn Jahren vor diesem Erwerb von Personen der gleichen Steuerklasse steuerpflichtig erworben worden ist, dann ermäßigt sich der Steuersatz wie folgt:

um vom Hundert	wenn zwischen den beiden Zeitpunkten der Entstehung der Steuer liegen
50	nicht mehr als 1 Jahr
45	mehr als 1 Jahr, ber nicht mehr als 2 Jahre
40	mehr als 2 Jahre, aber nicht mehr als 3 Jahre
35	mehr als 3 Jahre, aber nicht mehr als 4 Jahre
30	mehr als 4 Jahre, aber nicht mehr als 5 Jahre
25	mehr als 5 Jahre, aber nicht mehr als 6 Jahre
20	mehr als 6 Jahre, aber nicht mehr als 8 Jahre
10	mehr als 8 Jahre, aber nicht mehr als 10 Jahre

Mit dieser Regelung soll verhindert werden, daß bei mehrfachen Erwerben im engsten Familienkreis innerhalb des genannten Zeitraumes die Erbmasse zum größten Teil weggesteuert wird.
Erbschaftsteuer auf Auslandsvermögen wird unter gewissen Bedingungen und innerhalb eines gewissen Zeitraumes angerechnet. Eine sogenannte Kleinbetragsregelung sieht vor, daß Steuerbeträge überhaupt nicht erst erhoben werden, wenn sie im Einzelfall 50,– DM nicht übersteigen. Damit soll dem Steuerbürger und der Verwaltung unwirtschaftlicher Aufwand erspart werden.
Die steuerliche Bewertung der Erbschaft, Schenkung oder Zuwendung richtet sich nach den Vorschriften des Bewertungsgesetzes, das grundsätzlich jede wirtschaftliche Einheit einzeln für den jeweiligen Erwerber bewertet. Für inländische land- und forstwirtschaftliche Betriebe ist der Einheitswert maßgebend, der auf den 1. Januar 1964 oder zu einem späteren Feststellungszeitpunkt nach dem BewG festgestellt worden ist.

Liegen diese Betriebe ausschließlich im Ausland, so ist der gemeine Wert (Verkehrswert) in DM am Stichtag anzugeben und durch entsprechende Unterlagen zu belegen.
Als Grundvermögen sind die Grundstücke (einschließlich Wohnungseigentum, Erbbaurechte und Gebäude auf fremdem Grund und Boden) anzugeben, die am Stichtag weder zum land- und forstwirtschaftlichen Vermögen noch zum Betriebsvermögen gehörten.
Inländische Grundstücke unterliegen mit 140 vom Hundert des Einheitswerts, der auf den 1. Januar 1964 oder auf einen späteren Feststellungszeitpunkt nach dem BewG festgestellt worden ist, der Besteuerung. Hat sich ein Grundstück am Todestag im Zustand der Bebauung befunden, so ist dies zu vermerken. Für Grundstücke, die im Ausland liegen, ist der gemeine Wert (Verkehrswert) in DM am Stichtag anzugeben und durch entsprechende Unterlagen zu belegen.
Bewertungsmaßstäbe für Betriebsvermögen sind Teilwerte, sogenannte gemeine Werte für sonstiges bewegliches Vermögen, Nennwerte beziehungsweise Nominalbeträge für Bargeld, Kurswerte für Aktien und Kapitalwerte für Renten oder ähnliche Leistungen. Aus diesen unterschiedlichen Bewertungsmaßstäben können sich unterschiedlich hohe Steuerbelastungen ergeben, je nachdem, welche Vermögensart erworben wird. Bei größeren Schenkungen oder Zuwendungen, aber auch bei Erbschaften sollte daher genau überlegt werden, ob die bestehenden Belastungsdifferenzen ausgenutzt und Erbschaft- beziehungsweise Schenkungsteuer eingespart werden kann. Das gleiche gilt für die Güterstände. Der gesetzliche Güterstand der Zugewinngemeinschaft und die vertraglichen Güterstände der Gütergemeinschaft und Gütertrennung haben unterschiedliche erbschaftsteuerliche Folgen.

Das Besteuerungsverfahren

Das Steuerrecht ist kompliziert. Aus diesem Grunde sollte man stets – wenn die eigenen Fachkenntnisse nicht ausreichen – die Hilfe des zuständigen Finanzamts oder eines Vertreters der (steuer-)beratenden Berufe in Anspruch nehmen, um alle möglichen Vergünstigungen und Einsparungsmöglichkeiten auch tatsächlich ausnutzen zu können. Durch die Reform des Erbschaftsteuerrechts sind allerdings kleine und mittlere Erwerbe durch entsprechende Freibeträge so großzügig geregelt worden, daß im Normalfall kaum Steuerpflicht eintritt. Ein Muster für eine Erbschaftsteuererklärung finden Sie im letzten Kapitel dieses Buches. Ist jemand mit dem Steuerbescheid des Finanzamts nicht einverstanden, kann er Einspruch einlegen.

Muster für eigenhändige Testamente

Es wird nochmals darauf hingewiesen, daß eigenhändige Testamente durch eine eigenhändig geschriebene (nicht mit Schreibmaschine geschriebene) und unterschriebene Erklärung errichtet werden.
Bei gemeinschaftlichen Testamenten, die nur durch Ehegatten errichtet werden können, genügt es, wenn ein Ehegatte das Testament eigenhändig schreibt und der andere dieses Testament lediglich unterschreibt.
Die Überschriften, die in diesen Mustern den einzelnen Bestimmungen vorangestellt sind, gehören nicht zum Text; sie dienen hier nur zur besseren Übersicht.

Testament eines Junggesellen oder Witwers mit Vermächtnissen und Auflagen

Franz Müller

Mein letzter Wille

Ich setze hiermit zu meinem alleinigen Erben ein
meinen Neffen Otto Müller, wohnhaft...

Sollte der Genannte vor mir versterben, bestimme ich seine ehelichen Abkömmlinge als seine Ersatzerben nach den Regeln der gesetzlichen Erbfolge. Sollte mein Neffe ohne eheliche Abkömmlinge versterben, ernenne ich als weiteren Ersatzerben
meine Heimatstadt Bonn
mit der Auflage, den Erlös aus der Veräußerung meines Erbes für die Altenbetreuung zu verwenden.

Vermächtnisse

Mein Erbe wird mit folgenden Vermächtnissen beschwert:

a) Meine Briefmarkensammlung erhält mein anderer Neffe Fritz Müller, wohnhaft... Einen Ersatzvermächtnisnehmer benenne ich insoweit nicht. Sollte mein Neffe Fritz Müller vor-

versterben, soll die Briefmarkensammlung meinem Erben verbleiben.
b) Das Gemälde in meinem Wohnzimmer »Mond über dem Moor« erhält meine Nichte Anita Meyer geb. Müller, wohnhaft... Eine Ersatzvermächtnisnehmerin benenne ich insoweit ebenfalls nicht, sondern das Gemälde soll, falls meine Nichte vorverstirbt, dem Erben zufallen.

Auflage
Ich mache meinem Erben zur Auflage, auf die Dauer von 30 Jahren in ortsüblicher Weise meine Grabstätte pflegen zu lassen und alljährlich an meinem Todestage mit frischen Blumen zu bepflanzen

Ort und Datum Unterschrift

Anmerkung: Das vorstehende Testament kann durch weitere Vermächtnisse und Auflagen erweitert werden; insbesondere kann auch noch Testamentsvollstreckung angeordnet werden. Testamentsvollstreckung ist aber meist nur bei mehreren Erben und komplizierten Vermögensverhältnissen erforderlich.

Testament bei mehreren Erben (Erbengemeinschaft)

(Vorausvermächtnisse, Teilungsanordnungen und Testamentsvollstreckung)

Franz Müller

Mein Testament

Hiermit sezte ich zu meinen Erben ein
1) meine Tochter aus erster Ehe,
Frau Anita Meyer, geb. Müller **zu 1/2 Anteil**
wohnhaft...

2) meine beiden Söhne aus zweiter Ehe
Otto Müller, wohnhaft...
Fritz Müller, wohnhaft... **zu je 1/4 Anteil**

Sollte einer der eingesetzten Erben vorversterben, bestimme ich als Ersatzerben jeweils die ehelichen Abkömmlinge des Betreffenden nach den Regeln der gesetzlichen Erbfolge.
Sollte einer meiner Erben ohne Nachkommen vorversterben, soll dessen Anteil hälftig den beiden anderen Erben zuwachsen.

Vorausvermächtnisse
Ich ordne folgende Vorausvermächtnisse an:
Meine beiden Söhne aus zweiter Ehe erhalten zu gleichen Teilen als Vorausvermächtnis mein gesamtes Wertpapierdepot. Ersatzvermächtnisnehmer sollen die jeweiligen ehelichen Abkömmlinge sein. Sollte einer meiner beiden Söhne ohne Abkömmlinge vorversterben, soll der andere Sohn das ganze Wertpapierdepot erhalten. Sollten beide Söhne ohne Abkömmlinge vorversterben, kommen diese Vorausvermächtnisse in Fortfall.

Teilungsanordnungen
Zur Teilung des Nachlasses treffe ich folgende Anordnungen:
Meine Tochter soll mein Haus in Kiel mit dem gesamten Inventar übernehmen können, und zwar zu einem Preise, der durch einen amtlichen Sachverständigen geschätzt wird.
Soweit meine Tochter auf Grund der Übernahme des Hauses Auszahlungen an die beiden Söhne aus zweiter Ehe vornehmen muß, soll ihr hierfür eine Zahlungsfrist von 5 Jahren bei 4%iger Verzinsung eingeräumt werden. Eine einverständliche Regelung anderen Inhalts bleibt den Erben unbenommen.

Testamentsvollstreckung
Ich ordne Testamentsvollstreckung an. Als Testamentsvollstrecker benenne ich meinen Freund Heinrich Meyer, wohnhaft...
Sollte mein Freund dieses Amt nicht annehmen oder nicht annehmen können, so wird das Nachlaßgericht ersucht, eine geeignete andere Person als Testamentsvollstrecker zu bestimmen. Der Testamentsvollstrecker soll in jedem Fall für seine Tätigkeit eine angemessene Vergütung und zwar in Höhe von 3% des Nachlaßwertes erhalten.

Ort und Datum Unterschrift

Anmerkung: Ein Vermächtnis kann auch dem Erben zugewandt werden. Bei einem solchen Vorausvermächtnis hat der Miterbe eine Doppelstellung. Er ist einerseits als Miterbe mit dem Vermächtnis beschwert, das er zusammen mit den anderen Miterben erfüllen muß; andererseits ist er als Vermächtnisnehmer berechtigt, die Erfüllung dieses Vermächtnisses von den anderen Erben zu verlangen. Die Besonderheit liegt darin, daß ein solches Vorausvermächtnis nicht auf den Erbteil des Begünstigten angerechnet wird. Nach Erfüllung des Vorausvermächtnisses nimmt der Begünstigte ungekürzt an der Verteilung des restlichen Nachlasses teil.
Beim Amt des Testamentsvollstreckers ist die Frage der Vergütung immer etwas schwierig. Der Testamentsvollstrecker kann sein Amt auch ohne Vergütung ausüben. Dies müßte im Testament ausdrücklich bestimmt werden und kommt in Betracht, wenn ein Miterbe Testamentsvollstrecker wird. Die Höhe der Vergütung muß notfalls zwischen Testamentsvollstrecker und Erben ausgehandelt werden. Der hier genannte Satz von 3% ist recht hoch, wenn man bedenkt, daß es sich hier offensichtlich um einen einfach zu teilenden Nachlaß handelt. (Sollte es sich um einen sehr schwierigen, langwierig zu teilenden Nachlaß handeln, so setzt man zum Beispiel eine Jahresvergütung von 0,5% des Nachlaßwertes ein.) Die Höhe der Vergütung muß aber im Testament nicht genannt werden und wird auch üblicherweise nicht genannt. Dann müssen sich der Testamentsvollstrecker und die Erben später über die Höhe einer angemessenen Vergütung verständigen.

Ehegatten-Testament in einfacher Form

Unser letzter Wille

Wir setzen uns gegenseitig zu alleinigen Erben ein.

Ort und Datum

Fritz Müller Anna Müller

Anmerkung: Diese einfache Form des Testaments führt aber häufig dazu, falls Kinder vorhanden sind, daß diese den Pflichtteil fordern, weil sie nach dem Tode des Erstversterbenden übergangen werden und ungewiß ist, wie der Überlebende eines Tages testieren wird.

Ehegatten-Testament; sogenanntes »Berliner Testament«

Unser Testament

Wir setzen uns gegenseitig zu Erben ein. Nach dem Tode des Letztlebenden sollen Erben des gesamten Nachlasses zu gleichen Teilen unsere Kinder sein, nämlich

Fritz Müller, wohnhaft...
Otto Müller, wohnhaft...
Susi Müller, wohnhaft...

Erben sollen aber auch die Kinder werden, die uns noch geboren werden sollten.

Wohnungseinrichtung
Unsere gesamte Wohnungseinrichtung mit allen Haushaltsgegenständen soll dem Überlebenden zu unbeschränktem Alleineigentum verbleiben.

Pflichtteil
Wenn eines unserer Kinder vom Nachlaß des Erstversterbenden seinen Pflichtteil fordern sollte, so soll er auch vom Nachlaß des Überlebenden nur den Pflichtteil erhalten. Das Erbteil wächst dann sowohl aus dem Nachlaß des Erstverstorbenen wie aus dem Nachlaß des Überlebenden den anderen Kindern zu gleichen Teilen an.

Ort und Datum

Fritz Müller Anna Müller

Anmerkung: Bei dem sogenannten »Berliner Testament« ist klargestellt, daß der überlebende Ehegatte voller Erbe wird und über sein Erbe zu Lebzeiten frei verfügen kann mit der Einschränkung, daß Erben des Überlebenden die bereits im Testament genannten Kinder der Ehegatten sind.
Die Pflichtteilsbeschränkung hat den Sinn, die Kinder von der Pflichtteilsforderung nach dem Erstverstorbenen abzuhalten, damit der Überlebende nicht nach dem Tode seines Ehegatten ein Kind auszahlen muß.

Gemeinschaftliches Testament

(mit Vor- und Nacherbschaft und Wiederverheiratungsklausel)

Wir, die Ehegatten

Fritz und Anna Müller; wohnhaft...

berufen gegenseitig den Überlebenden von uns zu seinem alleinigen Vorerben. Dieser soll von allen gesetzlichen Beschränkungen befreit sein, soweit eine solche Befreiung möglich ist.

Die Vorerbschaft dauert bis zum Tode oder bis zur etwaigen Wiederverheiratung des überlebenden Ehegatten.

Der Erstverstorbene von uns beruft zu seinen Nacherben

a) unsere Tochter Anita Müller, wohnhaft...

b) unseren Sohn Fritz Müller, wohnhaft...

jeweils zu gleichen Teilen.

Ersatzerben sind die Abkömmlinge dieser unserer gemeinschaftlichen Kinder nach der gesetzlichen Erbfolge.

Sollte eines der Kinder ohne Nachkommen vorversterben, fällt sein Erbteil dem anderen Kinde zu.

Sollte der Fall der Nacherbschaft bereits zu Lebzeiten des überlebenden Ehegatten durch dessen Wiederheirat eintreten, so erhält der Ehegatte als Vorausvermächtnis alle zum ehelichen Haushalt gehörenden Gegenstände.

Der überlebende Ehegatte trifft jetzt noch keine Bestimmung über seinen Erbteil. Er ist durch dieses Testament an seiner späteren Testierfähigkeit nicht beschränkt.

Ort und Datum

Fritz Müller Anna Müller

Anmerkung: Die Problematik beim gemeinschaftlichen Testament ist, besonders wenn Kinder vorhanden sind, der Fall der Wiederverheiratung des überlebenden Ehegatten.

In diesem Fall wünschen die meisten Ehegatten, daß im Falle der Wiederverheiratung die Erbschaft den Kindern zufällt. Das bezieht sich aber nur auf das vom vorverstorbenen Ehegatten hinterlassene Vermögen. Andererseits muß man wohl dem überlebenden Ehegatten, sollte er sich wiederverheiraten, die Verfügung über sein Erbe offen lassen, zumal er in seinem Testament den neuen Ehegatten bedenken muß. Im übrigen bleibt den Kindern aus erster Ehe trotz Wiederverheiratung des überlebenden Ehegatten das gesetzliche Erbrecht, notfalls der Pflichtteilsanspruch gegen den wiederverheirateten Ehegatten nach dem Tode.

Schlußbemerkungen: Durch ein neues Testament werden die älteren Testamente aufgehoben, soweit sie mit dem neuen Testament in Widerspruch stehen. Es ist zweckmäßig, bei Errichtung eines neuen Testaments die alten Testamente ausdrücklich aufzuheben, etwa durch die Bestimmung:

> Hiermit widerrufe ich – widerrufen wir – alle bisherigen etwa vorhandenen Verfügungen von Todes wegen.

Der gemeinsame Widerruf eines gemeinschaftlichen Testaments durch ein sogenanntes **Widerrufstestament:**

> Wir haben zum 1. Juli 19.. ein gemeinschaftliches Testament errichtet. Wir widerrufen das vorangegangene Testament im vollen Umfang.
>
> Ort und Datum
>
> Fritz Müller   Anna Müller

Anmerkung: Sollte nur ein Ehegatte ein gemeinschaftliches Testament widerrufen wollen, bedarf es zu Lebzeiten (bei wechselbezüglichen Verfügungen) der notariellen Beurkundung; das Recht zum Widerruf erlischt mit dem Tode des anderen Ehegatten.

Das Erbrecht in der DDR

Die vielfachen verwandtschaftlichen Beziehungen, die auch heute noch zwischen den Menschen in der Bundesrepublik Deutschland und den Menschen in der DDR bestehen, führen oft zu Erbfällen, an denen Bürger beider deutscher Staaten als Erblasser und Erben beteiligt sind. Es ist deshalb von Interesse, das Erbrecht der DDR kennenzulernen.

Dieses Erbrecht unterscheidet sich in einigen wesentlichen Bestimmungen von dem in der Bundesrepublik geltenden. Die meisten Bestimmungen des DDR-Erbrechts, die im 6. Teil des dortigen Zivilgesetzbuches (§§ 362–427) geregelt sind, können aber ihre Herkunft aus dem Bürgerlichen Gesetzbuch (BGB), das in der Bundesrepublik ziemlich unverändert seit dem 1.1.1900 gilt, nicht verleugnen. Das führt dazu, daß der 6. Teil des dortigen Zivilgesetzbuches in der Gliederung und in den meisten Bestimmungen genauso ausgestaltet ist, wie unser hiesiges Bürgerliches Gesetzbuch. Es werden dort auch die gleichen Begriffe im gleichen Sinne verwandt wie Erblasser, Erbfall, Erbfähigkeit, Erbengemeinschaft, testamentarische und gesetzliche Erbfolge, Auflagen, Vermächtnisse, Teilungsanordnungen, Testamentsvollstreckung usw. Zu diesen Begriffen brauchen deshalb keine gesonderten Erläuterungen gegeben zu werden. Dies ist alles sehr ähnlich wie hier in der Bundesrepublik geregelt.

Zu beachten ist lediglich, daß anstelle der hier tätigen Nachlaßgerichte in der DDR meist die staatlichen Notariate treten. Wenn es also um einen Erbfall in der DDR geht, dann sollte man sich zweckmäßigerweise unmittelbar an das dortige zuständige staatliche Notariat wenden.

Im übrigen ist bei jedem Erbfall, bei denen Bürger beider deutscher Staaten beteiligt sind, zunächst zu fragen, welches Recht welchen Staates anzuwenden ist. Die grundsätzliche Regelung ist die, daß sich das Erbrecht nach dem Recht des Staates richtet, dem der Erblasser zum Zeitpunkt seines Todes angehört hat. War also der Erblasser ein Bürger der DDR, dann gilt auch das Erbrecht der DDR. Es ist dabei ohne Bedeutung, welche Staatsangehörigkeit seine Erben haben.

Umgekehrt: War der Erblasser ein Bürger der Bundesrepublik Deutschland, dann gilt das in der Bundesrepublik geltende Recht, auch wenn die Erben in der DDR wohnen. In Einzelfällen können in diesem Zusammenhang sehr schwierige Rechtsfragen auftreten, zumal die deutsch-deutsche Staatsangehörigkeit eine große Problematik beinhaltet.

Der Transfer von Geldern und Gütern nach einem solchen Erbfall von der DDR in die Bundesrepublik und umgekehrt ist an sich geregelt und möglich, wenn auch die Übertragung genehmigungspflichtig ist von der Bundesbank beziehungsweise Landeszen-

tralbank beziehungsweise Staatsbank der DDR. Insbesondere die Übertragung von Geldern aus der DDR in die Bundesrepublik ist eine sehr langwierige Angelegenheit, aber nicht ausgeschlossen.
Nunmehr sollen die wenigen, aber wesentlichen Punkte erörtert werden, in denen sich das Erbrecht der DDR von unserem hiesigen Erbrecht grundsätzlich unterscheidet, nämlich

- durch einen anderen Eigentumsbegriff;
- durch andere Ausgestaltung des Ehegattenerbrechts;
- durch Beendigung der gesetzlichen Erbfolge nach der dritten Ordnung;
- durch Einschränkung der Pflichtteilsansprüche.

Eigentumsbegriff in der DDR

In der DDR ist grundsätzlich jedem Bürger das Recht gewährt, für den Fall seines Todes über sein Eigentum frei zu bestimmen. Er kann entweder ein Testament errichten oder durch Verzicht auf die Errichtung eines Testamentes zum Ausdruck bringen, daß er den Eintritt der gesetzlichen Erbfolge wünscht oder akzeptiert. Die Verfassung der DDR (Artikel 11) garantiert neben dem persönlichen Eigentum ausdrücklich das Erbrecht. Der entscheidende Unterschied zu dem hiesigen Erbrecht liegt aber darin, daß das Erbrecht in der DDR beschränkt ist auf das persönliche Eigentum beziehungsweise das in § 362 ZGB (Zivilgesetzbuch) beschriebene Eigentum. Der in § 362 enthaltene Eigentumsbegriff umfaßt folgende Eigentumsformen:

- alle Gegenstände des persönlichen Eigentums;
- das überwiegend auf persönlicher Arbeit beruhende Eigentum der Handwerker und Gewerbetreibenden;
- den genossenschaftlich genutzten Grund und Boden eines Grundstückseigentümers;
- das Eigentum an Grundstücken (insbesondere an Miethäusern), die nicht der Befriedigung der Wohn- und Erholungsbedürfnisse des Eigentümers und seiner Familie dienen.

Dieses Eigentum, wobei das persönliche Eigentum im Vordergrund steht, kann ein Bürger der DDR frei vererben. Unter persönlichem Eigentum versteht man die Gegenstände des persönlichen Bedarfs, die insbesondere durch eigene Arbeitsleistung erworben worden sind. In § 22 ZGB heißt es wörtlich: Quelle des persönlichen Eigentums ist die für die Gesellschaft geleistete Arbeit. Das persönliche Eigentum dient der Befriedigung der materiellen und kulturellen Bedürfnisse der Bürger und ihrer Entwicklung zu sozialistischen Persönlichkeiten.

Im Gegensatz dazu steht das sozialistische Eigentum, also das Staatseigentum, insbesondere das Eigentum an den Produktionsmitteln.
In der Bundesrepublik kennt man die Unterscheidung zwischen sozialistischem und persönlichem Eigentum nicht. Hier gibt es nur einen einheitlichen, alles umfassenden Eigentumsbegriff. Dieses umfassende Eigentum und Erbrecht wird durch Artikel 14 Grundgesetz garantiert.
In der Bundesrepublik kann also der Erblasser auch Eigentum an Produktionsmitteln haben, er kann Fabriken, Bergwerke und Aktien besitzen und alles seinen Erben hinterlassen.
Marx kennzeichnete das Wesen des bürgerlichen, also des hier geltenden Erbrechts dahingehend, daß »es dem Erben die Macht, welche der Verstorbene während seiner Lebenszeit ausübte, hinterläßt, nämlich die Macht, vermittels seines Eigentums die Früchte fremder Arbeit auf sich zu übertragen ...« Es diene letztlich der Verewigung des Privateigentums und der auf diesem beruhenden Denk- und Verhaltensweisen. Deshalb lehnen die sozialistischen Staaten unser weitreichendes Erbrecht ab. Sie kennen nur das Erbrecht an dem sogenannten persönlichen Eigentum. Darin liegt der wesentliche, grundsätzliche Unterschied zum hiesigen Erbrecht.

Das Ehegatten-Erbrecht in der DDR

In der Bundesrepublik Deutschland ist die gesetzliche – nicht testamentarische – Erbfolge eingeteilt in sogenannte Ordnungen. Zur ersten Ordnung gehören die Abkömmlinge des Erblassers; zur zweiten Ordnung die Eltern des Erblassers und deren Abkömmlinge und so fort. Neben diesen Ordnungen steht gewissermaßen – außer der Reihe – das gesetzliche Erbrecht des Ehegatten.
In der DDR ist dies insofern anders geregelt, als zur ersten Ordnung auch der Ehegatte des Erblassers gehört. Der Ehegatte und die Kinder des Erblassers erben zu gleichen Teilen; der Ehegatte jedoch mindestens ein Viertel des Nachlasses (§ 365 Abs. 1 ZGB)! Hat der Erblasser keine Kinder hinterlassen, so erbt der Ehegatte allein.
Sind der Ehegatte und ein Kind gesetzliche Erben, so erbt jeder die Hälfte; sind außer dem Ehegatten zwei Kinder vorhanden, bekommt jeder ein Drittel. Der Anteil des überlebenden Ehegatten wird also geringer, wenn mehr Abkömmlinge des Erblassers vorhanden sind. Um den überlebenden Ehegatten bei großer Kinderzahl nicht übermäßig einzuschränken und ihm die Möglichkeit zu geben, seine bisherigen Lebensverhältnisse beizubehalten, muß ihm mindestens ein Viertel des Nachlasses verbleiben. Wenn zum Beispiel der Ehegatte und vier Kinder des Erblassers zur Erbfolge berufen sind, hat der Ehegatte ein Viertel und die vier Kinder je drei Sechzehntel des Nachlasses zu beanspruchen.

Neben seinem Erbteil stehen dem überlebenden Ehegatten die zum ehelichen Haushalt gehörenden Gegenstände zu. Während in der Bundesrepublik der sogenannte Voraus als gesetzliches Vermächtnis ausgestaltet ist, ist dies in der DDR als Sonderrechtsnachfolge ausgebildet. Das bedeutet, daß die Haushaltsgegenstände dem überlebenden Ehegatten bereits vom Erbfall an gehören. Ein gesonderter Übereignungsakt entfällt.

Zu den Gegenständen, die zum ehelichen Haushalt gehören, sind in erster Linie die eigentlichen Einrichtungsgegenstände zu nennen wie Möbel, Gardinen, Teppiche, Geschirr, Wäsche, Radio und Fernsehgerät, Waschmaschine usw. Es gehören auch die Gegenstände dazu, die der persönlichen Ausgestaltung und Verschönerung des Haushaltes dienen, wie Gemälde, Zierporzellan, Schallplatten und Literatur. Dagegen gehören nicht zum Haushalt der PKW, das Wochenendhaus, das Motorboot, besonders wertvolle Gemälde oder Münzen- und Briefmarkensammlungen, vor allem auch nicht die Ersparnisse.

Die Rechtsnachfolge des überlebenden Ehegatten umfaßt aber nicht nur die zum ehelichen Haushalt gehörenden Sachen, sondern auch die insoweit bestehenden Rechte und Verpflichtungen, zum Beispiel aus abgeschlossenen Verträgen zwecks Geltendmachung von Garantieansprüchen, aber auch die Verpflichtung zur Rückzahlung von Teilzahlungskrediten.

Die eigentliche Erbschaft und die vorerwähnten Hausratsgegenstände gehören im Regelfall zu dem von beiden Ehegatten während der Ehe erworbenen gemeinschaftlichen Eigentum; die Ehe bildet auch eine Vermögensgemeinschaft. Es würde ihrem Wesen widersprechen, wenn der überlebende Ehegatte die Erbschaft ausschlagen und den Erwerb der Hausratsgegenstände annehmen könnte oder umgekehrt. Die Erbausschlagung muß beides umfassen. Der überlebende Ehegatte muß sich im Einzelfall jeweils entscheiden, ob er die Erbschaft insgesamt annehmen oder doch lieber ausschlagen will.

Die gesetzliche Erbfolge endet bei der dritten Ordnung

Wie bereits ausgeführt, ist in der DDR die gesetzliche Erbfolge ebenfalls in Ordnungen eingeteilt. Diese Ordnungen entsprechen weitgehend den in der Bundesrepublk geltenden Ordnungen, jedoch zur ersten Ordnung gehört auch der überlebende Ehegatte.

Zur zweiten Ordnung gehören die Eltern des Erblassers und deren Abkömmlinge. Leben beide Eltern des Erblassers noch, so erben sie allein, und zwar jeder die Hälfte. Lebt nur ein Elternteil, so wird dieser Alleinerbe. Wenn beide Elternteile vorverstorben sind, kommen die Abkömmlinge der Eltern zum Zuge.

In der Bundesrepublik ist das etwas anders ausgestaltet. Lebt nämlich zur Zeit des Erbfalls der Vater oder die Mutter nicht mehr, treten an die Stelle des Verstorbenen deren Abkömmlinge, nach den für die Beerbung der ersten Ordnung geltenden Vorschriften. Nur wenn Abkömmlinge nicht vorhanden sind, so erbt der überlebende Elternteil allein.
In der dritten Ordnung erben die Großeltern des Erblassers und deren Nachkommen. Leben zur Zeit des Erbfalls alle Großeltern, so erben sie allein und zu gleichen Teilen, also jeder ein Viertel. Lebt einer von ihnen nicht mehr, so erbt der andere Teil dieses Großelternpaares sein Erbteil mit. Der überlebende Großelternteil hat somit den Vorrang vor den Abkömmlingen.
Auch insoweit ist die Regelung – entsprechend wie bei der zweiten Ordnung – in der Bundesrepublik etwas anders. Lebt zur Zeit des Erbfalls von den väterlichen oder von den mütterlichen Großeltern der Großvater oder die Großmutter nicht mehr, so treten an die Stelle des Verstorbenen dessen Abkömmlinge. Sind Abkömmlinge nicht vorhanden, so fällt der Anteil des Verstorbenen dem anderen Teil des Großelternpaares zu, und wenn dieser nicht mehr lebt, dessen Abkömmlingen. Leben zur Zeit des Erbfalls die väterlichen oder die mütterlichen Großeltern nicht mehr und sind Abkömmlinge der Verstorbenen nicht mehr vorhanden, so erben die anderen Großeltern oder ihre Abkömmlinge.
Mit dieser dritten Ordnung endet in der DDR das gesetzliche Erbrecht der Angehörigen. Sind keine Großeltern und keine Abkömmlinge dieser Großeltern mehr vorhanden, dann erbt der Staat.
Das staatliche Notariat hat, wenn Erben unbekannt sind, die erforderlichen Maßnahmen zur Ermittlung der Erben zu treffen, falls ein Fürsorgebedürfnis besteht. Im Regelfall wird dann vom staatlichen Notariat Nachlaßpflegschaft angeordnet und ein Nachlaßpfleger bestellt. Ergibt sich sodann, daß keine gesetzlichen Erben der dritten Ordnung und auch keine Abkömmlinge der Großeltern des Erblassers vorhanden sind, dann ist der Staat der gesetzliche Erbe.
Das Erbrecht des Staates soll dem Staat nicht eine zusätzliche Einnahmequelle verschaffen, sondern entspricht der Schutz- und Fürsorgeverpflichtung des Staates. Es soll kein quasi herrenloses Erbe ungeregelt bleiben. Die Nachlaßverbindlichkeiten sollen abgewickelt werden. Der Staat kann somit als gesetzlicher Erbe die Erbschaft nicht ausschlagen. Er haftet aber für die Nachlaßverbindlichkeiten auch nur bis zur Höhe des Wertes des Nachlasses.

Einschränkung der Pflichtteilsansprüche

In der Bundesrepublik steht der Pflichtteil den Abkömmlingen des Erblassers zu, außerdem den Eltern und dem Ehegatten. Der Pflichtteil beträgt die Hälfte des Wertes des gesetzlichen Erbteils.

In der DDR kennt man ebenso den Pflichtteilsbegriff. Die Pflichtteilsregelung ist dort – wie hier – untrennbar mit der testamentarischen Erbfolge verbunden. Da es nämlich dem Erblasser freisteht, jede beliebige Person als seinen Erben einzusetzen, muß gewährleistet werden, daß bestimmten nahen Angehörigen ein gewisser Teil des Erbes zufallen muß, nämlich der Pflichtteil.

In der DDR ist immer pflichtteilsberechtigt der Ehegatte. Zu den Pflichtteilsberechtigten gehören aber auch die Kinder, Enkel und Eltern des Erblassers, aber nur unter der Voraussetzung, daß der Erblasser ihnen gegenüber zum Zeitpunkt seines Todes gesetzlich zum Unterhalt verpflichtet gewesen ist. Dabei kommt es nicht darauf an, ob die Unterhaltsverpflichtung bereits gerichtlich festgestellt oder auf andere Weise verbindlich anerkannt war. Notfalls muß diese Verpflichtung im Rahmen eines Pflichtteilsprozesses festgestellt werden. Es muß sich aber um gesetzliche Unterhaltsverpflichtungen handeln.

Der Vater (Erblasser) hat zum Beispiel seinem Sohn, soweit sich dieser noch in der Ausbildung befindet, zur Zeit seines Todes Unterhalt zahlen müssen. Dann hat der Sohn einen Pflichtteilsanspruch. Hat aber der Vater, obwohl der Sohn nicht unterhaltsbedürftig war, seinem Sohn regelmäßige freiwillige Geldleistungen zukommen lassen, begründet dies für den Sohn keinen Pflichtteilsanspruch.

Der Pflichtteilsanspruch in der DDR ist – ebenso wie in der Bundesrepublik – grundsätzlich ein Geldanspruch. Er beträgt aber zwei Drittel des Wertes des gesetzlichen Erbteils, in der Bundesrepublik nur die Hälfte des gesetzlichen Erbteils.

Zu beachten ist, daß beim Pflichtteilsanspruch des überlebenden Ehegatten der Wert des Haushalts mitberechnet wird in dem Umfang, in dem nach den familienrechtlichen Bestimmungen der Haushalt dem Erblasser gehört hat.

Der Pflichtteilsanspruch fällt den Berechtigten nicht automatisch zu. Wenn der Berechtigte den Pflichtteil haben will, muß er ihn geltend machen, gegebenenfalls durch einen Zivilprozeß. Die Verjährungsfrist beträgt 2 Jahre (in der Bundesrepublik 3 Jahre). Sie beginnt mit Kenntnis von dem Erbfall und Testamentsinhalt. Spätestens nach 10 Jahren ist der Anspruch endgültig verjährt (in der Bundesrepublik nach 30 Jahren).

Muster einer Erbschaftsteuererklärung

Nachstehend ist ein Muster einer Erbschaftsteuererklärung wiedergegeben. Es handelt sich um das einfachere vierseitige Muster (für größere und schwierigere Erbfälle gibt es achtseitige Erklärungsvordrucke). Die Vordrucke sind nun bundeseinheitlich. Zusammen mit den Vordrucken versendet das Finanzamt Erläuterungen, die kurze Hinweise auf die gesetzlichen Vorschriften enthalten.

Finanzamt WIESBADEN

Aktenzeichen: Z 1/73 (in Zuschriften bitte angeben)

Fernsprecher:

Durchwahl .... Zimmer Nr. ......

Sprechstunden:

Eingangsstempel

MUSTER

~~Herrn~~/Frau/~~Firma~~

PAULA STROHBERG
6229 ERBACH / Rheingau
Gaualgesheimerweg 134

Bitte bis zum .... mit Unterlagen beim Finanzamt einreichen.

Erbschaftsteuererklärung

über den(die) Erwerb(e) von Todes wegen:

Erblasser: PETER STROHBERG

	Tag	Monat	Jahr	beurkundet von Standesamt:
Todestag:	10	02	82	WIESBADEN

Zutreffendes bitte ankreuzen [x] oder ausfüllen

1

A. Allgemeine Angaben

1.1 Letzter Wohnsitz des Erblassers und Staatsangehörigkeit: ERBACH / Rhg., deutsche

1.2 Welches Finanzamt war für ihn zuständig? Steuernummer? Rüdesheim, 1235/108

1.3 Der Erblasser war am Todestag	ledig	verheiratet seit	verwitwet seit; Sterbeort des verstorbenen Ehegatten	geschieden seit
	☐	28.06.54		

1.4 In welchem Güterstand lebte der Erblasser zuletzt mit seinem Ehegatten?

☒ Gesetzlicher Güterstand (Zugewinngemeinschaft); seit wann? 1954

☐ Vertraglicher Güterstand (bitte Vertrag einreichen) ☐ Güterstand nach ausländischem Recht (bitte Vertrag einreichen)

2.1 Wer hat den Nachlaß in Besitz? (Name, Anschrift) Paula Stromberg, o.o.

2.2 Ist ein Testamentsvollstrecker, Nachlaßpfleger, Nachlaßverwalter oder Bevollmächtigter der Erwerber benannt?

☒ Nein; ☐ Ja (Name, Anschrift)

3.1 Hat der Erblasser eine Verfügung von Todes wegen (Testament, Erbvertrag) hinterlassen?

☐ Nein; ☒ Ja (Name und Aktenzeichen des Gerichts, Notariats) Amtsgericht Wiesbaden 60/VI/275/82

3.2 Wurde ein Erbschein beantragt?

☒ Nein; ☐ Ja (Name und Aktenzeichen des Gerichts, Notariats)

4. Hat der Erblasser zu seinen Lebzeiten Schenkungen oder andere unentgeltliche Zuwendungen gemacht?

☐ Nein; ☒ Ja, an folgende Personen:

Name und Anschrift des Bedachten	Zeitpunkt der Zuwendung	Art und Wert der Zuwendung	Bei Veranlagung von Schenkungsteuer: Zuständiges Finanzamt und Aktenzeichen
Ehefrau Paula Stromberg, Anschrift wie vorne	1.3.1971	300.000 DM	Finanzamt Wiesbaden AZ 254/VII/63

2

5. War der Erblasser bei seinem Tode an einer Erbengemeinschaft oder einer fortgesetzten Gütergemeinschaft beteiligt; war er Vorerbe oder Vorvermächtnisnehmer eines anderen Erblassers?

☒ Nein; ☐ Ja (Name, Sterbetag und Wohnsitz des betreffenden Erblassers)

3

B. Nachlaßgegenstände und außerhalb des Nachlasses angefallene Vermögensgegenstände

4

1 Land- und forstwirtschaftliches Vermögen

Lage des Betriebs (Gemeinde und Hofnummer oder grundbuch- und katastermäßige Bezeichnung)	Aktenzeichen des Finanzamts	ge- pachtet	ver- pachtet	Einheitswert, bei ausländischen Betrieben gemeiner Wert in DM	Anteil des Erblassers v.H.	Anteil des Erblassers DM
	entfällt					
				Summe 1		

850 9.81 Erbschaftsteuererklärung (234) OFD Frankfurt am Main

– 2 –

(5) **2 Grundvermögen**

Lage des inländischen Grundstücks (Gemeinde, Straße und Hausnummer, bei unbebauten Grundstücken auch grundbuch- und katastermäßige Bezeichnung)	Aktenzeichen des Finanzamts	Im Zustand der Bebauung?	a Einheitswert b 140 v.H. des EW	Anteil des Erblassers v.H.	Anteil des Erblassers DM von b.
6229 Erbach / Rheingau Gaualgesheimerweg 124	3a 7/14	%	a. 15.000 b. 21.000	50	10.500.--
Grundbuch Erbach / Rhg. Bd. 1467 Bl. 17 Flur 17/51			a. b.		
			a. b.		
Lage des ausländischen Grundstücks			gemeiner Wert in DM		
				Summe 2	10.500.--

(6) **3 Betriebsvermögen**

Für jeden Betrieb und für jedes einem freien Beruf gewidmete Betriebsvermögen ist eine Vermögensaufstellung auf den Todestag nach den Vorschriften des Bewertungsgesetzes, bei Personengesellschaften auch der Gesellschaftsvertrag, beizufügen.

Bezeichnung des Betriebs/des freien Berufs/der Personengesellschaft oder des geschlossenen Immobilienfonds zuständiges Finanzamt und Steuernummer	Wert des Betriebsvermögens/Anteils in DM
Lebensmitteleinzelhandel in 6229 Erbach	17.529
Rheinstraße 157	
Summe 3	17.529

(7) **4 Übriges Vermögen**

(8) 4.1 Wertpapiere, Anteile, Genußscheine und dgl. (z. B. festverzinsliche Wertpapiere, Aktien, Kuxe, Genußscheine an Aktiengesellschaften, GmbH-Anteile, Investmentanteile, Guthaben bei Erwerbs- und Wirtschaftsgenossenschaften)

Bezeichnung der Wertpapiere, Anteile usw., gegebenenfalls Name, Anschrift und Depot-Nr. des verwahrenden Geldinstituts; Nennbetrag/Stückzahl, Kurs am Todestag (bitte Unterlagen beifügen!)	Wert am Todestag (bei festverzinslichen Wertpapieren einschl. Stückzinsen)
Diverse (s. Anlage)	267.400
Summe 4.1	267.400

(9) 4.2 Kapitalforderungen
(z. B. Bank-, Sparkassen-, Postspar-, Postscheck- und Bausparguthaben, Hypotheken- und Grundschuldforderungen, Forderungen aus Darlehen, Pacht, Miete, Einlagen als stiller Gesellschafter, Steuererstattungsansprüche, bei gemeinschaftlichen Forderungen auch der jeweilige Anteil)

Art der Kapitalforderung, Name und Anschrift des Schuldners (z. B. Bank und Kontonummer)	Zinssatz	Nennbetrag DM	bis zum Todestag noch nicht gutgeschriebene Zinsen	Wert am Todestag DM
1. Grundschuld, Franz Durstig	6%	50.000.--	–	20.000
Drosselgasse 84, 6229 Erbach				
2. Kostenerstattung Krankenkasse	–	4.300.--	–	4.300
3. Steuererstattung Finanzamt Rüdesheim	–	2.700.--	–	2.700
			Summe 4.2	27.000

(10) 4.3 Durch den Todesfall fällig gewordene oder später fällig werdende Lebens- und Unfallversicherungen, Sterbegelder, Abfindungsansprüche aus Gesellschaftsverträgen, Renten und andere wiederkehrende Bezüge aus einem privatrechtlichen Vertrag und dergleichen (z. B. Erbbauzinsen, Kaufpreisrenten; jedoch keine Hinterbliebenenbezüge aus einem Arbeitsverhältnis)

Anspruchsberechtigter	Art des Anspruchs, Name des Verpflichteten (bei Versicherungsgesellschaft, Sterbekasse u. dergl. auch Versicherungsnummer; bei Renten u. wiederkehrenden Leistungen auch Jahresbetr. angeben)	Wert/Kapitalwert am Todestag DM
XY-Lebensversicherung, № 1324 761/2		17.500
Z-Sterbeversicherungsverein 48528/4		1.500
	Summe 4.3	19.000

- 3 -

	Wert am Todestag DM
4.4 Inländische oder ausländische Zahlungsmittel (Bargeld)	25.237
4.5 Unverarbeitete Edelmetalle (z. B. Barrengold), Münzen (soweit keine Zahlungsmittel) sowie ungefaßte Edelsteine und Perlen	
(11) 4.6 Hausrat einschließlich Wäsche und Kleidungsstücke sowie Kunstgegenstände und Sammlungen (Münzsammlungen sind unter 4.5 anzugeben): ....30.000........ DM abzüglich Freibetrag/Freibeträge ....40.000........ DM –	–
(12) 4.7 Andere bewegliche körperliche Gegenstände: (z. B. Schmuck, Musikinstrumente, Kraftfahrzeuge, Boote, Tiere usw.) ....10.000........ DM abzüglich Freibetrag/Freibeträge ....5.000........ DM –	5.000
4.8 Sonstige Rechte (z. B. Urheberrechte, Verlagsrechte, Erfindungen, Patente) Art der Rechte:	
Summe 4.1 – 4.8	343.637
Gesamtwert der Nachlaßgegenstände und außerhalb des Nachlasses angefallene Vermögensgegenstände Summe 1 – 4	371.666

(13) **C. Nachlaßverbindlichkeiten**

– Verbindlichkeiten aus Vermächtnissen, Pflichtteilen und Erbersatzansprüchen sind unter F anzugeben –

1 **Schulden des Erblassers,** soweit nicht unter B 3 bereits berücksichtigt (bitte Unterlagen beifügen, z. B. Gläubigerbescheinigung über die Höhe der Schuld am Todestag)

Art der Schuld: Name und Anschrift des Gläubigers	ggf. Zinssatz	Wert am Todestag DM
Hypothek auf Z.		30.000
Summe 1		30.000

2 **Erbfallkosten** (Nur ausfüllen, wenn für den Erbfall insgesamt mehr als 10 000 DM geltend gemacht werden – bitte Belege beifügen –, sonst Pauschbetrag von 10 000 DM einsetzen)

(14) 2.1 Kosten der Bestattung des Erblassers	
2.2 Kosten für ein angemessenes Grabdenkmal	
(15) 2.3 Kosten für die übliche Grabpflege durchschnittlich jährlich anfallende Kosten: .... DM x 9 –	
(16) 2.4 Kosten der Nachlaßregelung	
Summe 2	10.000
Gesamtwert der Nachlaßverbindlichkeiten Summe 1 und 2	40.000

D. Reinwert des Nachlasses und der außerhalb des Nachlasses angefallenen Vermögensgegenstände

Gesamtwert des Vermögens unter B	371.666
Davon ab Gesamtwert der Nachlaßverbindlichkeiten unter C	40.000
Reinwert des Nachlasses und der außerhalb des Nachlasses angefallenen Vermögensgegenstände	331.666

(17) **E. Sonstige Angaben und Anträge**

1 Zur Ermittlung des dem Ehegatten und Kindern ggf. zustehenden besonderen Versorgungsfreibetrages sind nachfolgend die hierzu erforderlichen Angaben über die der Erbschaftsteuer **nicht** unterliegenden Versorgungsbezüge zu machen.
Haben der Ehegatte und/oder Kinder als Hinterbliebene des Erblassers Ansprüche auf gesetzliche oder vertraglich vereinbarte Versorgungsbezüge aus einem Arbeitsverhältnis?

Nein; Ja, siehe unten; Einmalbeträge sind neben wiederkehrenden Bezügen gesondert anzugeben.

Versorgungsberechtigter	Geburtsdatum	Art der Bezüge (z. B. Witwenpension, Waisenrente)	Name der Versicherungsanstalt, Pensionskasse, öffentlichen Kasse oder des Arbeitgebers	Bruttobetrag der Bezüge auch Einmalbezüge		Voraussichtliche Dauer der Bezüge bei Kindern
				monatlich	jährlich	
Ehegatte						————

(18) 2 Beim Güterstand der Zugewinngemeinschaft (Nur ausfüllen, wenn der Erwerb des Ehegatten mehr als 250000 DM beträgt):

Wert der Ausgleichsforderung (§ 5 Abs. 1 ErbStG): DM .... — .... (bitte Berechnung beifügen)

(19) 3 Soweit § 25 ErbStG Anwendung findet: Soll der zu stundende Betrag – abgezinst – sofort abgelöst werden?

☐ Nein; ☐ Ja, (unterschiedliche Anträge der Erwerber bitte auf besonderer Anlage stellen)

4 Unterhielt der Erblasser ein Schließfach bei einem Geldinstitut?

☒ Nein, ☐ Ja; bei welchem Geldinstitut? ....

Welche Werte befanden sich in dem Schließfach? ....

Unter welchen Ziffern dieser Steuererklärung sind diese Werte angegeben? ....

(20) 5 Sonstige Anträge, Bemerkungen

—

(21) **F. Angaben über die Erben, Vermächtnisnehmer, Pflichtteilsberechtigten und sonstigen anspruchs- oder abfindungsberechtigten Personen**

Wie verteilt sich der unter D angegebene Reinwert auf diese Personen?

Laufende Nummer	Familienname, Vorname, Anschrift, zuständiges Finanzamt und Steuernummer des Erwerbers, bei Kindern des Erblassers bis zur Vollendung des 27. Lebensjahres und bei Nutzungsberechtigten auch Geburtsdatum	Verhältnis des Erwerbers zum Erblasser (Genaue Angabe der Verwandtschaft, nicht Neffe, Onkel, Kusine, Enkel oder dergl., sondern Sohn des Bruders, Bruder des Vaters, Tochter des Bruders der Mutter, Kind des Sohnes/der Tocher (= StKl II) oder Kind des verstorbenen Sohnes/der verstorbenen Tochter (= StKl I)	Bezeichnung des Erwerbs (Erbteil, Vermächtnis, Pflichtteil, Erbersatzanspruch, Lebensversicherung, Schenkung auf den Todesfall, Abfindung für Erbschaftsausschlagung, Pflichtteilsverzicht usw.)	Bei Erbteilen, Pflichtteils- od. Erbersatzansprüchen: Größe in Bruchteilen	Wert/Gesamtwert des einzelnen Erwerbs DM
1	Ehefrau Paula Stromberg	Ehefrau	Erbteil u.	1/2	157.083
	(wie vorne)		Lebensversicherung		17.500
2	Peter Stromberg	Sohn	Erbteil	1/4	78.541
3	Paul Stromberg	Sohn	Erbteil	1/4	78.541
				Summe	331.665

Bei der Anfertigung dieser Erbschaftsteuererklärung und der Anlagen hat mitgewirkt

Herr/Frau/Firma — in — Fernsprecher —

Ich(Wir) versichere(n), daß ich(wir) die Angaben in dieser Erbschaftsteuererklärung und den beigefügten Anlagen nach bestem Wissen und Gewissen richtig und vollständig gemacht habe(n).

Ort, Datum: Erbach, 29. April 1982

Fernsprecher —

Paula Stromberg

Unterschrift(en)

Steuererklärungen ohne Unterschrift gelten als nicht abgegeben.

Die mit der Steuererklärung angeforderten Daten werden aufgrund der §§ 149 ff. Abgabenordnung, § 31 ErbStG erhoben.

Register

Halbfette Seitenzahlen wie z. B. **67** verweisen auf ausführliche Erklärungen der entsprechenden Begriffe.

Abkömmlinge 12, 18 f., 87
Adoptionskinder 12 f.
Alleinerbe 51
Amtsgericht 35 f.
Aufgebotseinrede 56, 61
Aufgebotsverfahren 55 f.
Auflagen 66, **67**
Ausbildung 18 f., 42
Auseinandersetzung 52, **71 ff.**
– bei Grundbesitz 72 f.
– durch gütliche Einigung 71 f.
– durch Klageerhebung 75
– mit Nachlaßgericht 74 f.
– mit Testamentvollstrecker 73
–, Urkunde 74
Ausgleich des Zugewinns 18 ff.
Ausgleichspflicht 42 ff.
Auskunftspflicht 51, 53
Ausschlagung der Erbschaft 20, **46 ff.**, 65
Ausstattung 42, 43
Aussteuer 42, 43

Beisetzungskosten 54
Besteuerung 86 ff., 92
bewegliche Sachen 9
Bewertungsgesetz 91 f.
Bürgermeister 30

DDR, Erbrecht **100 ff.**
Dreimonatseinrede 55, 61
Dreißigster 67

Ehegatten 11
–, gemeinschaftliches Testament **31 ff.**, 37 f., 39, 98 f.
–, Getrenntleben 17
–, Erbrecht 16 ff.
–, Erbrecht in der DDR 102 f.
–, Testament 96 f.
Eigentum in der DDR 101 f.
Eltern 13, 87
Enkelkinder 12
Erbausgleich 15 f.
Erben 25 f.
–, Haftung **54 ff.**
–, Klageerhebung gegen 61 f.
–, Pflichten **51 ff.**
–, Privatvermögen 54, 56, 62
–, Rechte **51 ff.**
Erbengemeinschaft 52 f., 94 f.
Erbersatzanspruch 15, 16
Erbeserbe 49
Erbfall 9
Erbfolge **11 ff.**
–, Änderung 24 f.
– durch Testament **24 ff.**
–, gesetzliche **11 ff.**
– in der DDR 103 f.
– nach Stämmen 12, 13, 14
Erbrecht **12 ff.**
– der Verwandten 12 ff.
– des Ehegatten 16 ff.
– des nichtehelichen Kindes 14 ff.
– des Staates 23
– in der DDR **100 ff.**
–, Verlust 82
Erbschaft **9 f.**
–, Annahme 47
–, Ausschlagung 20, **46 ff.**, 65
–, Herausgabe 51
–, Steuererklärung **106 ff.**
Erbschein 35, **83 f.**
Erbteil **42 ff.**
–, Berechnung 42 ff.
–, großer 18
Erbunwürdigkeit **82**
Erbvertrag **80**
Erbverzicht **81**

Fiskus 48
Forderungen 9 f.

Gebühren 29, 34, 36, 39, 80, 84
Geistesgestörte 25
Gesellschaftsanteil 9, 85
Geschwister 13, 87
Gläubiger s. Nachlaßgläubiger
Grundbuch 9
Grundstück 9, 34 f., 53, 63, 72 f., 83
–, Besteuerung 88, 91
– in der DDR 101
–, Vorkaufsrecht 72 f.
–, Zwangsversteigerung 61, 72 f.
Grundstücksrechte 9, 34 f., 63
Gütergemeinschaft 22
Gütertrennung 22

Handelsgeschäft 9, **57 f.**
Handwerksbetrieb 9
Haushaltsgegenstände 23
Hausrat 88, 103

Inventar **59 f.**
Irrtum über den Nachlaßwert 48 f.

Kinder 12, 87
–, Adoption 12 f.
–, nichteheliche 14 ff., 18 f.
Klageerhebung
– gegen einen Erben 61 f.
– gegen einen Miterben 75
Kunstgegenstände 88

Lebensversicherung 10, 85

Minderjährige 25, 29, 32, 47
Miterben
–, Auseinandersetzung **71 ff.**
–, Verfügungsrechte 52 f.
–, Verwaltungsrechte 52 f.

Nacherbe 63 ff.
Nacherbschaft **63 ff.**, 98
Nachlaß
–, Sicherung **50**
–, Siegelung 50

–, Teilung 95
–, Verwaltung **50**, 56, 57
Nachlaßgegenstände 52 f.
Nachlaßgericht 38 f., 46, 50, 74 f.
Nachlaßgläubiger 50, 54, 55 f., 59 f., 66
Nachlaßkonkurs 56 f.
Nachlaßpfleger 50
Nachlaßschulden 10, 46, 50, 54, **61 f.**
Nachlaßverbindlichkeiten 50, **54 ff.**
Nachlaßverzeichnis 50, 64
Nachlaßwerte 52 f.
nichteheliche Kinder 14 ff., 18 f.
Notar 28 f., 33
Nottestamente **29 ff.**, 38

Ordnungen 11 ff.

Pfändung 53, 62
Pflichtteil 47 f., **76 ff.**
–, Anspruch 76 ff.
–, Ansprüche in der DDR 105
–, Berechnung 76 ff.
–, Berechtigung 76
–, Entziehung 78 f.
–, Unwürdigkeit 82
–, Verjährung 78, 105
Prokura 9
Prozesse 61

Rentenleistungen 10, 85

Scheidung 17, 21, 25, 34, 41
Schenkungen 85, 86
Schenkungsteuer **85 ff.**
Schiedsklausel 26
Schulden s. Nachlaßschulden
Schutzrechte 9
Schwiegerkinder 13, 87
Staat 11, 23
Steuer **85 ff.**
Steuererklärung **106 ff.**
Steuerklassen 11, **87**
Stiefkinder 13, 87

Teilungsplan 75
Testament **24 ff.**
–, Ablieferungspflicht 38
–, Änderung 36 ff.
–, Anfechtung 40 f.
–, Aufbewahrung 35 f.
–, Aufhebung 36 ff.
–, Berliner 97
–, Datum 27, 37
–, Dreizeugen- 31
–, eigenhändiges **27 f.**, 34, 36, **93 ff.**
–, Eröffnung 38 f.
–, Errichtung 27 ff., 45
–, Formen 27 ff.
–, gemeinschaftliches **31 ff.**, 37 f., 39, 98 f.
–, Hinterlegungsschein 35 f.
–, Nichtigkeit 41
–, öffentliches **28 f.**, 34 f., 36 f.
–, Ort 27, 37
–, privatschriftliches 27
–, Streichungen 37
–, Ungültigkeit 39
–, Unterschriften 27
–, Verwahrung 35 f.
–, Widerruf 38, 99
Testamentvollstrecker **68 ff.**, 95
–, Aufgaben 69 f.
–, Auseinandersetzung 73
–, Ernennung 69
–, Pflichten **68 ff.**
–, Rechte **68 ff.**
Testierfreiheit 25 f.

Unglücksfall 31
Unwürdigkeit s. Erbunwürdigkeit
Urgroßeltern 14
Urheberrechte 9

Vaterschaft 15
Verbindlichkeiten s. Nachlaßverbindlichkeiten
Vermächtnis **66 f.**, 82, 95, 96
Vermögen
– des Erben 54, 56, 62
– des Erblassers 9, 54
Verpflichtungen 10
Verschwägerte 13
Verwandte 11, 12 ff.
Verwirklichungsklausel 26
Vollkaufmann 57, 58
Voraus 19, **22 f.**, 67
Vorerbe 63 ff.
–, Ausschlagung der Erbschaft 65
–, befreiter 64 f.
–, gewöhnlicher 63 f.
Vorerbschaft **63 ff.**, 98
Vorkaufsrecht 72 f.

Zeugen 30, 31
Zugewinn 18
Zugewinngemeinschaft **17 ff.**, 48
Zuwendungen 42 ff.
Zwangsversteigerung 61, 72 f.
Zwangsvollstreckung 61, 62
Zweckzuwendungen 85, 86, 87

NÜTZLICHE RATGEBER

EINE AUSWAHL

Stand: Frühjahr 1991

Essen und Trinken

Meine feine Bürgerliche Küche
(**4411**-9) Von E. Falout, 160 S., 119 Farbfotos, Pappband. ●●●

Kochen für 1 Person
Rationell wirtschaften, abwechslungsreich und schmackhaft zubereiten. (**0586**-5) Von M. Nicolin, 104 S., 8 Farbtafeln, 23 Zeichnungen, kart. ●

Schnell und individuell
Die raffinierte Single-Küche
(**4266**-3) Von F. Faist, 160 S., 151 Farbfotos, Pappband. ●●●

Für Kenner und Genießer **Lamm**
(**1090**-7) Von H. Imhof, 64 S., 50 Farbfotos, Pappband. ●

Frischer Fang aus Fluß und Meer **Fisch**
(**0964**-X) Von L. Grieser, 64 S., 69 Farbfotos, Pappband. ●

Edler Kern in harter Schale **Meeresfrüchte**
(**0886**-4) Von L. Grieser, 48 S., 52 Farbfotos, Pappband. ●

Gaumenfreuden Tag für Tag
Pfannengerichte
(**1007**-9) Von S. Fabke, 64 S., 54 Farbfotos, Pappband. ●

Von Tatar und falschen Hasen **Hackfleisch**
(**0866**-X) Von A. und G. Eckert, 64 S., 42 Farbfotos, Pappband. ●

Aus eigener Küche **Gute Wurst**
(**0948**-8) Von J. Bessel, G. Quaas, 80 S., 8 Farbtafeln, kart. ●

Aus lauter Lust und Liebe **Knoblauch**
(**0867**-8) Von L. Reinirkens, 64 S., 45 Farbfotos, Pappband. ●

Kochen und würzen mit **Paprika**
(**0792**-2) Von A. und G. Eckert, 88 S., 8 Farbtafeln, kart. ●

Bintje, Irmgard und Sieglinde
Kartoffeln
(**1032**-X) Von S. Fabke, 64 S., 43 Farb- und 1 s/w-Foto, Pappband. ●

Leicht und lecker
Nudelgerichte
Die besten Rezepte aus der 3 GLOCKEN-Feinschmecker-Küche.
(**0466**-4) Von Chr. Stephan, 80 S., 8 Farbtafeln, kartoniert. ●

Pasta in Höchstform **Nudeln**
(**0884**-8) Von M. Kirsch, 64 S., 62 Farbfotos, Pappband. ●

Kräftig klar und cremig zart **Feine Suppen**
(**1031**-1) Von H. Imhof, 64 S., 48 Farbfotos, Pappband. ●

Herzhaftes für Leib und Seele **Eintöpfe**
(**0820**-1) Von P. Klein, 48 S., 30 Farbfotos, Pappband. ●

Spezialitäten unter knuspriger Decke
Aufläufe
(**0882**-1) Von C. Adam, 48 S., 33 Farbfotos, Pappband. ●

In Hülle und Fülle **Pasteten und Terrinen**
(**0883**-X) Von M. Kirsch, 48 S., 62 Farbfotos, Pappband. ●

Die Krönung der feinen Küche **Saucen**
(**0817**-1) Von G. Cavestri, 48 S., 40 Farbfotos, Pappband. ●

Schlank und köstlich **Spargel**
(**1005**-2) Von M. Kirsch, 64 S., 44 Farbfotos, Pappband. ●

Von Aubergine bis Zucchini **Gemüse**
(**1061**-3) Von H. Cohrs, 64 S., 39 Farbfotos, Pappband. ●

Statt Breakfast und Lunch **Brunch**
(**1033**-8) Von C. Adam, 64 S., 49 Farbfotos, Pappband. ●

Die schönsten Rezepte für
Frühstück und Brunch
(**1063**-X) Von K. Kruse-Schorling, 80 S., 8 Farbtafeln, kart. ●

Mit Lust und Liebe
Kochen mit den Meistern
(**4445**-3) 176 S., 132 Farbfotos, 50 Graffiti, Pappband. ●●●●

Zaubern mit der schnellen Welle
Die neue Mikrowellenküche
(**4289**-2) Von F. Faist, 208 S., 188 Farbfotos, Pappband. ●●●

Schnell auf den Tisch gezaubert
Kochen mit Mikrowellen
(**0818**-X) Von A. Danner, 64 S., 52 Farbfotos, Pappband. ●

Knusprig braten und backen im
Mikrowellen-Kombigerät
(**0996**-X) Von T. Peters, 128 S., 108 Farbfotos, kartoniert. ●●

Leicht und vitaminreich
Vegetarische Mikrowellenküche
(**0995**-X) Von F. Faist, 118 S., 103 Farbfotos, kartoniert. ●●

Schnell und individuell
Mikrowellenküche für Singles
(**0997**-6) Von A. Görgens, 118 S., 103 Farbfotos, kartoniert. ●●

Vom ersten Versuch zum Menü
Mikrowellenküche leicht gemacht
(**0994**-1) Von T. Peters, 112 S., 96 Farbfotos, kartoniert. ●●

Zart gedünstet, schonend gegart
Fischgerichte aus der Mikrowellenküche
(**1092**-3) Von A. Ilies, 96 S., 106 Farbfotos, kartoniert. ●●

Köstliches ganz schnell gezaubert
Aufläufe aus der Mikrowellenküche
(**1093**-1) Von K. Kruse-Schorling, 96 S., 89 Farbfotos, kartoniert. ●●

Natürlich Kochen im
Mikrowellen-Römertopf
(**0947**-X) Von F. Faist, 96 S., 8 Farbtafeln, kartoniert. ●

Das neue Fritieren
geruchlos, schmackhaft und gesund.
(**0365**-X) Von P. Kühne, 88 S., 8 Farbtafeln, kart. ●

Goldbraun und knusprig
Fritierte Leckerbissen
(**0868**-6) Von F. Faist, 64 S., 47 Farbfotos, Pappband. ●

Schnell und gut gekocht
Die tollsten Rezepte für den Schnellkochtopf
(**0265**-3) Von J. Ley, 96 S., 8 Farbtafeln, kart. ●

Italienische Vorspeisen **Antipasti**
(**1006**-0) Von S. Reiter-Westphal, 64 S., 47 Farbfotos, Pappband. ●

Schlemmerreise durch die
Italienische Küche
(**4172**-1) Von V. Pifferi, 160 S., 109 Farbfotos, Pappband. ●●●

Schlemmen wie bei Mamma Maria
Pizzas
(**0815**-5) Von F. Faist, 64 S., 62 Farbfotos, Pappband. ●

Spaghetti, Tagliatelle + Co.
Pasta all'Italiana
(**1004**-4) Von I. Seyric, 64 S., 57 Farbfotos, Pappband. ●

Pikantes und Süßes mit französischem Charme **Bistro-Küche**
(**4428**-3) Von V. Müller, 160 S., 130 Farbfotos, Pappband. ●●●

Schlemmerreise durch die
Französische Küche
(**4296**-5) Von H. Imhof, 160 S., 147 Farbfotos, 3 s/w-Fotos, Pappband. ●●●

Schlemmerreise durch die
Chinesische Küche
(**4184**-5) Von K. H. Jen, 160 S., 117 Farbfotos, Pappband. ●●●

Verheißungsvoll fernöstlich
Spezialitäten aus dem Wok
(**0933**-X) Von K. H. Jen, 64 S., 56 Farbfotos, Pappband. ●

Mit Lust und Liebe **Chinesisch Kochen**
(**4441**-0) Von Ho Fu-Lung, Uli Franz, 176 S., 189 Farbfotos, 29 Zeichnungen, Pappband. ●●●●

Mehr Freude und Erfolg beim **Grillen**
(**4141**-1) Von A. Berliner, 160 S., 147 Farbfotos, 10 farbige Zeichnungen, Pappband. ●●●

Köstliches von Rost und Spieß **Grillen**
(**0931**-3) Von A. Kalcher-Dähn, H. K. Kalcher, 64 S., 43 Farbfotos, Pappband. ●

Rezepte rund um Raclette und Doppeldecker
(**0420**-6) Von J. W. Hochscheid, 72 S., 8 Farbtafeln, kart. ●

Schlemmen in geselliger Runde
Fleischfondues
(**0966**-6) Von M. Spötter, 64 S., 62 Farbfotos, Pappband. ●

Fondues und Raclettes
(**4253**-1) Von F. Faist, 160 S., 125 Farbfotos, Pappband. ●●●

Die hier vorgestellten Bücher, Videokassetten und Software sind in folgende Preisgruppen unterteilt:

● Preisgruppe bis DM 10,–/S 79,–/SFr 10,–
●● Preisgruppe über DM 10,– bis DM 20,– S 80,– bis S 160,– SFr 10,– bis SFr 20,–
●●● Preisgruppe über DM 20,– bis DM 30,– S 161,– bis S 240,– SFr 20,– bis SFr 29,–
●●●● Preisgruppe über DM 30,– bis DM 50,– S 241,– bis S 400,– SFr 29,– bis SFr 48,–
●●●●● Preisgruppe über DM 50,–/S 401,–/SFr 48,–
*(unverbindliche Preisempfehlung)

Die Preise entsprechen dem Status beim Druck dieses Verzeichnisses (s. Seite 1) – Änderungen, im besonderen der Preise, vorbehalten –

Falken-Verlag GmbH · Postfach 1120 FALKEN D-6272 Niedernhausen/Ts. · Tel.: 0 61 27/70 20

Schmelzendes Käsevergnügen **Raclette**
(**0881**-3) Von F. Faist, 48 S., 33 Farbfotos, Pappband. ●

Kulinarischer Feuerzauber **Flambieren**
(**4294**-9) Von R. Wesseler, 120 S., 100 Farbfotos, Pappband. ●●●

Das köstliche knackige Schlemmervergnügen **Salate**
(**4165**-9) Von V. Müller, 160 S., 80 Farbfotos, Pappband. ●●●

Gartenfrisch genießen
Feine Salate
(**4450**-X) Von P. Nikolay, 160 S., 122 Farbfotos, Pappband. ●●●

Köstliche Salate
zum Verwöhnen
(**0222**-X) Von Chr. Schönherr, 96 S., 8 Farbtafeln, 30 Zeichnungen, kartoniert. ●

Frisch und leicht als Hauptgericht
Schlemmersalate
(**0934**-8) Von C. Adam, 64 S., 49 Farbfotos, Pappband. ●

Köstlich frisch auf den Tisch
Rohkostsalate
(**0865**-1) Von C. Adam, 48 S., 26 Farbfotos, Pappband. ●

Raffiniert und gesund würzen
Kräuterküche
(**0869**-4) Von A. Görgens, 48 S., 43 Farbfotos, Pappband. ●

Miekes Kräuter- und Gewürzkochbuch
(**0323**-4) Von I. Persy, K. Mieke, 88 S., 4 Farbtafeln, kartoniert. ●

Joghurt, Quark, Käse und Butter
Schmackhaftes aus Milch hausgemacht.
(**0739**-6) Von M. Bustorf-Hirsch, 32 S., 59 Farbabb., Pappband. ●

Gesund und vielseitig **Alles mit Joghurt**
täglich selbstgemacht, mit vielen Rezepten.
(**0382**-6) Von G. Volz, 64 S., 8 Farbtafeln, kartoniert. ●

Locker, flockig, leicht...
Müsli & Co
(**0965**-8) Von C. Adam, 64 S., 42 Farbfotos, Pappband. ●

Bärenstark und kerngesund
Vollwertkost für Kinder
(**0968**-2) Von S. Reiter, 64 S., 44 Farbfotos, Pappband. ●

Gesunde Ernährung für mein Kind
(**0776**-6) Von M. Bustorf-Hirsch, 112 S., 8 Farbtafeln, 5 s/w-Zeichnungen, kart. ●

Das Getreidemühlenkochbuch
(**1017**-6) Von M. Bustorf-Hirsch, 112 S., 8 Farbtafeln, kartoniert. ●

Meine Vollkornküche
Herzhaftes von echtem Schrot und Korn
(**0858**-9) Von S. Walz, 96 S., 8 Farbtafeln, kartoniert. ●

Die verlockende Alternative
Süße Vollwertküche
(**0936**-4) Von A. Roßmeier, 64 S., 50 Farbfotos, Pappband. ●

Die gesunde Art, sich zu verwöhnen
Vollwertküche für Singles
(**0937**-2) Von A. Görgens, 64 S., 43 Farbfotos, Pappband. ●

Dinkel, Hirse, Roggenkorn...
Kerniges aus der Getreideküche
(**0932**-1) Von S. Frank, 64 S., 49 Farbfotos, Pappband. ●

Die feine Vollwertküche
(**4286**-8) Von M. Bustorf-Hirsch, 160 S., 83 Farbfotos, Pappband. ●●●

Mit Lust und Liebe...
Vollwertküche für Genießer
(**4412**-4) Von Prof. Dr. C. Leitzmann, H. Million, 256 S., 329 Farbfotos, Pappband. ●●●●

Die feine Vegetarische Küche
(**4235**-3) Von F. Faist, 160 S., 191 Farbfotos, Pappband. ●●●

Schmackhafte Vollwertkost ohne tierisches Eiweiß
(**0993**-3) Von M. Bustorf-Hirsch, 96 S., 54 Farbfotos, kartoniert. ●●

Cholesterinarm kochen und genießen
(**4442**-9) Von R. Unsorg, 168 S., 132 Farbfotos, kartoniert. ●●●

Die aktuelle **Cholesterintabelle**
(**1088**-5) Von Dr. H. Oberritter, 84 S., 12 zweifarbige Grafiken, kartoniert. ●

Die aktuelle Vitamin- und Mineralstofftabelle
Mit Angaben zu den wichtigsten Vitaminen und Mineralstoffen
(**1110**-5) Von Dr. H. Oberritter, 88 S., 1 zweifarbige Grafik, kart. ●

Vollwertküche für Diabetiker
Köstlich kochen und backen für die ganze Familie
(**4473**-9) Von Prof. Dr. C. Leitzmann, Prof. Dr. H. Laube, H. Million, 168 S., 172 Farbfotos, 8 Zeichnungen, Pappband. ●●●●

Kochen und backen für Diabetiker
Gesund und schmackhaft für die ganze Familie
(**4467**-4) Von Dr. med. M. Toeller, W. Schumacher, A. Groote, Dr. troph. A. Klischan, 176 S., 182 Farbfotos, Pappband. ●●●●

Würzig kochen ohne Salz
(**0922**-4) Von S. Roediger-Streubel, 160 S., 16 Farbtafeln, kart. ●●

Die Sojaküche
Gesund und abwechslungsreich essen
(**0894**-5) Von U. Kolster, 80 S., 8 Farbtafeln, kart. ●

Gesund kochen mit Keimen und Sprossen
(**0794**-9) Von M. Bustorf-Hirsch, 96 S., 4 Farbtafeln, 13 s/w-Zeichnungen, kart. ●

Keime und Sprossen in der Naturküche
(**4299**-X) Von M. Bustorf-Hirsch, 96 S., 144 Farbfotos, Pappband. ●●

Waffeln
Hörnchen, Pfannkuchen und Crèpes.
(**0522**-9) Von C. Stephan, 64 S., 8 Farbtafeln, kart. ●

Mehr Freude und Erfolg beim
Brotbacken
(**4148**-9) Von A. und G. Eckert, 160 S., 177 Farbfotos, Pappband. ●●●

Meine Vollkornbackstube
Brot · Kuchen · Aufläufe. (**0616**-0) Von R. Raffelt, 96 S., 4 Farbtafeln, 12 Zeichnungen, kartoniert. ●

Die feine Vollkornbackstube
(**4474**-7) Von M. Bustorf-Hirsch, 160 S., 128 Farbfotos, Pappband. ●●●

Mit Körnern, Zimt und Mandelkern
Vollkorngebäck
(**0816**-3) Von M. Bustorf-Hirsch, 48 S., 39 Farbfotos, Pappband. ●

Knusprig, kernig, urgesund **Vollkornbrot**
(**0938**-0) Von S. Reiter, 64 S., 46 Farbfotos, Pappband. ●

Weihnachtsbäckerei
Köstliche Plätzchen, Stollen, Honigkuchen und Festtagstorten.
(**0682**-9) Von M. Sauerborn, 32 S., 34 Farbfotos, Pappband. ●

Meine Weihnachtsbackstube
(**5163**-8) Von M. Sauerborn, 32 S., 23 Farbfotos, mit Vorlagebogen in Originalgröße, kart. ●

Süße Verführungen **Desserts**
(**0885**-6) Von M. Bacher, 64 S., 75 Farbfotos, Pappband. ●

Süße Geheimnisse eiskalt gelüftet
Eis und Sorbets
(**0870**-8) Von H. W. Liebheit, 48 S., 38 Farbfotos, Pappband. ●

Raffiniertes mit
Eis
Drinks/Desserts/Eissorten
(**1029**-X) Von F. Hoffmann, 64 S., 74 Farbfotos, Pappband. ●

Zart schmelzende Versuchungen
Schokolade
(**0819**-8) Von J. Schroer, 48 S., 53 Farbfotos, Pappband. ●

Haltbarmachen in der Öko-Küche
Gesunde Konservierungsmethoden für Obst, Gemüse, Kräuter und Pilze. (**0923**-2) Von M. Bustorf-Hirsch, 120 S., 92 Farbabb., kart. ●●

Komm, koch und back mit mir
Kunterbuntes Kochvergnügen für Kinder.
(**4285**-X) Von S. und H. Theilig, illustriert von B. v. Hayek, 112 S., 45 Farbabb., Pappband. ●●

Lirum, larum, Löffelstiel...
Kinder kochen mit Knuddel
(**1094**-X) Von U. Bültjer, 80 S., 27 zweifarbige Zeichnungen, kart. ●

Mit Lust und Liebe **Kalte Platten & Buffets**
Anrichten und Garnieren
(**4427**-5) Von P. Grotz, 176 S., 228 Farbfotos, Pappband. ●●●●

Garnieren und Verzieren
(**4236**-1) Von R. Biller, 160 S., 329 Farbfotos, 57 Zeichnungen, Pappband. ●●●

Köstlichkeiten für Gäste und Feste
Kalte Platten
(**4200**-0) Von I. Pfliegner, 160 S., 130 Farbfotos, Pappband. ●●●

Wenn Gäste kommen...
Kalte Küche
(**1060**-5) Von A. Ilies, 64 S., 49 Farbfotos, Pappband. ●

Raffiniert und vielseitig
Toasts und Sandwiches
(**1109**-1) Von R. und T. Donhauser, 64 S., 52 Farbfotos, Pappband. ●

Fein und raffiniert
Canapés und kleine Köstlichkeiten
(**0963**-1) Von H. Imhof, 64 S., 53 Farbfotos, Pappband. ●

Festlich kochen und backen
für Advent und Weihnachten
(**4443**-7) Von A. Guter, 96 S., 66 Farbfotos, 1 s/w-Foto, Pappband. ●●

Der perfekt gedeckte Tisch
(**1028**-1) Von H. Tapper, 80 S., 161 Farbfotos, 13 Zeichnungen, kartoniert. ●●

Der schön gedeckte Tisch
Vom einfachen Gedeck bis zur Festtafel stimmungsvoll und perfekt arrangiert.
(**4246**-1) Von H. Tapper, 112 S., 206 Farbfotos, 21 s/w-Abbildungen, Pappband. ●●●

Servietten falten
80 Ideen für schön gedeckte Tische
(**1042**-7) Von M. Müller, O. Mikolasek, 80 S., 289 Farbfotos, 50 Zeichnungen, kartoniert. ●●

Phantasievolle Tischdekorationen selber machen
(**0984**-4) Von Y. Thalheim, H. Nadolny, 80 S., 174 Farbfotos, 21 Zeichnungen, kart. ●●

Tischkarten dekorativ gestalten
aus allerlei Material für viele Anlässe
(**0946**-1) Von H. York, 32 S., 108 Farbfotos, Pappband. ●

Servietten dekorativ falten
Geschmackvolle Anregungen aus Stoff und Papier. (**0804**-X) Von H. Tapper, 32 S., 134 Farbfotos, Pappband. ●

Tee für Genießer
Sorten · Riten · Rezepte
(**0356**-0) Von M. Nicolin, 64 S., 4 Farbtafeln, kart. ●

Weine und Säfte, Liköre und Sekt
selbstgemacht.
(**0702**-7) Von P. Arauner, 232 S., 76 Abb., kart. ●●

Fruchtig, spritzig, eisgekühlt
Mixen ohne Alkohol
(**0935**-6) Von S. Späth, 64 S., 44 Farbfotos, Pappband. ●

Mit und ohne Alkohol
Longdrinks
(**1062**-1) Von S. Edelberg, 64 S., 47 Farbfotos, Pappband. ●

Cocktails
(**4267**-1) Von W. R. Hoffmann, W. Hubert, U. Lottring, 160 S., 164 Farbfotos, 1 s/w-Foto, Pappband. ●●●

Cocktails und Mixereien
für häusliche Feste und Feiern. (**0075**-8) Von J. Walker, 96 S., 4 Farbtafeln, kart. ●

Die besten Punsche, Grogs und Bowlen
(**0575**-X) Von F. Dingden, 64 S., 4 Farbt., kart. ●

SLIM
Der neue, individuelle Schlankheitsplan.
(**4277**-9) Von Prof. Dr. E. Menden, W. Aign, 120 S., 440 Farbfotos, Pappband. ●●●

Schlank werden nach Dr. Hay **Trennkost**
Die bewährten Vollwert-Rezepte von Ursula Summ. (**4298**-1) Von U. Summ, 96 S., 54 Farbfotos, 1 Zeichnung, kart. ●●

Gesund leben nach Dr. Hay
Cholesterinarme Trennkost
Neue Vollwert-Rezepte von Ursula Summ
(**4475**-5) Von U. Summ, 96 S., 52 Farbfotos, kart. ●●

Eßlust statt Diätfrust
Die Pfundskur
(**1102**-4) Von Prof. Dr. V. Pudel, 144 S., 8 s/w-Zeichnungen, 4 Vignetten, kartoniert. ●

Schlank nach Maß
mit der Diät-Computerwaage
(**1064**-8) Von K. Alisch, 104 S., 8 Farbtafeln, kart. ●

Gesundes Essen für Berufstätige
Die 4-Wochen-Vollwertkur
(**1065**-6) Von M. Weber, ca. 80 S., 8 Farbtafeln, kart. ●

Hobby und Freizeit

Falken-Handbuch
Zeichnen und Malen
(**4167**-5) Von B. Bagnall, 336 S., 1154 Farbabb., Pappband. ●●●●●

Punkt, Punkt, Komma, Strich
Zeichenstunde für Kinder
(**0564**-4) Von H. Witzig, 144 S., über 250 Zeichnungen, kart. ●

Einmal grad und einmal krumm
Zeichenstunde für Kinder
(**0599**-7) Von H. Witzig, 144 S., 363 Abb., kartoniert. ●

Figürliches Zeichnen
leicht gemacht
(**1010**-9) Von H. Witzig, 112 S., 462 Figuren, kartoniert. ●

Airbrush
Kreatives Gestalten mit dem Luftpinsel
(**1133**-4) Von C. M. Mette, 80 S., 145 Farbfotos, 40 Farbzeichnungen, kartoniert. ●●

Spielend zeichnen lernen mit den Montagsmalern
(**0974**-7) Von G. Lages, Sigi Harreis, 112 S., 326 s/w-Zeichnungen, kartoniert. ●●

Kalligraphie
Die Kunst des schönen Schreibens
(**4263**-9) Von C. Hartmann, 120 S., 44 Farbvorlagen, 29 s/w-Vorlagen, 2 s/w-Zeichnungen, 38 Farbfotos, Pappband. ●●●●

Gestalten mit Schrift
Kalligraphie
(**1044**-3) Von I. Schade, 80 S., 2 Farb- und 1 s/w Foto, 143 Farbzeichnungen, kartoniert. ●●

Aquarellmalerei leicht gelernt
Materialien · Techniken · Motive.
(**0787**-6) Von T. Hinz, R. Braun, B. Zeidler, 32 S., 38 Farbfotos, 1 Zeichn., Pappband. ●

Hobby Aquarellmalen
Landschaft und Stilleben.
(**0876**-7) Von I. Schade, A. Brück, 80 S., 111 Farbabb., kart. ●●

Hobby Ölmalerei
Landschaft und Stilleben.
(**0875**-9) Von H. Kämper, I. Becker, 80 S., 93 Farbabb., kart. ●●

Hobby Bauernmalerei
(**0436**-2) Von S. Ramos und J. Roszak, 80 S., 116 Farbfotos und 28 Motivvorlagen, kart. ●●

Seidenmalerei in Vollendung
(**4414**-3) Hrsg. von R. Smend, 160 S., 227 Farbfotos, 36 s/w-Fotos, geprägter Leineneinband mit Schutzumschlag, im Schuber, **DM 98,–**, S 784,–, SFr 94,10

Seidenmalerei und Modedesign
Modelle · Techniken · Schnittmuster
(**4476**-3) Von B. Hansen, 176 S., 140 Farbfotos, 93 Farb-, 68 s/w-Zeichnungen, Pappband. ●●●●

Seidenmalerei als Kunst und Hobby
(**4264**-7) Von S. Hahn, 136 S., Farbabb., 1 s/w-Foto, Pappband. ●●●●

Neue zauberhafte Seidenmalerei
Motive und Anregungen aus der Natur.
(**0924**-0) Von R. Henge, 80 S., 148 Farbfotos, 27 s/w-Zeichnungen, kart. ●●

Kunstvolle Seidenmalerei
Mit zauberhaften Ideen zum Nachgestalten
(**0783**-3) Von I. Demharter, 32 S., 56 Farbfotos, Pappband. ●

Aquarellieren auf Seide
Materialien · Techniken · Motive
(**0917**-8) Von I. Demharter, 32 S., 41 Farbfotos, Pappband. ●

Seidenmalerei Landschaften
(**5153**-0) Von D. Kosik, 32 S., 50 Farbfotos, 12 Zeichnungen, mit Vorlagebogen in Originalgröße, kart. ●

Seidenmalerei Kissen
(**5151**-4) Von I. Demharter, 32 S., 42 Farbfotos, 2 Zeichnungen, mit Vorlagebogen in Originalgröße, kart. ●

Seidenmalerei Blusen und T-Shirts
(**5184**-0) Von A. Keller, 32 S., 28 Farbfotos, 12 Zeichnungen, mit Vorlagebogen in Originalgröße, kartoniert. ●

Seidenmalerei Tücher und Schals
(**5152**-2) Von R. Henge, 32 S., 36 Farbfotos, 1 Zeichnung, mit Vorlagebogen in Originalgröße, kart. ●

Seidenmalerei Taschen und Gürtel
(**5194**-8) Von S. Tichy-Gibley, 32 S., 30 Farbfotos, 8 Farbzeichnungen, mit Vorlagebogen in Originalgröße, kartoniert. ●

Seidenmalerei Tiermotive
(**5204**-9) Von A. Keller, 32 S., 37 Farbfotos, mit Vorlagebogen in Originalgröße, kart. ●

Serti Designo
Seidenmalerei mit Kreidestiften
(**5208**-1) Von S. Tichy-Gibley, 32 S., 46 Farbfotos, mit Vorlagebogen in Originalgröße, kart. ●

Seidenmalerei Lampenschirme
(**5154**-9) Von I. Walter-Ammon, 32 S., 47 Farbfotos, 1 Zeichnung, mit Vorlagebogen in Originalgröße, kart. ●

Seidenmalerei Blüten, Blätter, Ranken
(**5165**-4) Von D. Kosik, 32 S., 35 Farbfotos, 4 Zeichnungen, mit Vorlagebogen in Originalgröße, kart. ●

Seidenmalerei Schmuckkarten und Miniaturbilder
(**5166**-2) Von I. Walter-Ammon, 32 S., 37 Farbfotos, 2 Zeichnungen, mit Vorlagebogen in Originalgröße, kart. ●

Seidenmalerei Bilder in Konturentechnik
(**5182**-4) Von I. Demharter, 32 S., 28 Farbfotos, 2 Zeichnungen, mit Vorlagebogen in Originalgröße, kartoniert. ●

Seidenmalerei Applikationen
(**5224**-3) Von J. Bressau, 32 S., 50 Farbfotos, mit Vorlagebogen in Originalgröße, kartoniert. ●

Falken-Handbuch
Häkeln
ABC der Häkeltechniken und Häkelmuster in ausführlichen Schritt-für-Schritt-Bildfolgen
(**4194**-2) Von H. Fuchs, M. Natter, 288 S., 597 Farbfotos, 476 Farbzeichnungen, Pappband. ●●●●

Das moderne Standardwerk von der Expertin
Perfekt Stricken
Mit Sonderteil Häkeln.
(**4250**-7) Von H. Jaacks, 256 S., 703 Farbfotos, 169 Farb- und 121 s/w-Zeichnungen, Pappband. ●●●

Hobby Patchwork und Quilten
(**0768**-X) Von B. Staub-Wachsmuth, 80 S., 108 Farbabb., 43 Zeichnungen, kart. ●●

Hobby Spitzencollagen
Bezaubernde Motive aus edlem Material
(**0847**-3) Von H. Westphal, 80 S., 186 Farbfotos, kart. ●●

Marionetten
selbst bauen und führen
(**1043**-5) Von D. Köhnen, 80 S., 150 Farbfotos, mit Schnittmusterbogen, kartoniert. ●●

Charakterpuppen
aus Cernit und Porzellan selbst gestalten
(**1156**-3) Von S. Becker, 64 S., 143 Farbfotos, 30 Zeichnungen, 13 Vignetten, mit Schnittmusterbogen, kartoniert. ●●

Puppen zum Liebhaben
(**5199**-9) Von B. Wehrle, 32 S., 27 Farbfotos, 9 s/w-Zeichnungen, mit Vorlagebogen in Originalgröße, kartoniert. ●

Teddybären
Sechs beliebte Modelle
(**5159**-X) Von Y. Thalheim, H. Nadolny, 32 S., 46 Farbfotos, 9 Zeichnungen, mit Vorlagebogen in Originalgröße, kart. ●

Heißgeliebte Teddybären
Selbermachen · Sammeln · Restaurieren.
(**0900**-3) Von H. Nadolny, Y. Thalheim, 80 S., 119 Farbfotos, 23 s/w-Zeichnungen, 14 S. Schnittmusterbogen, kart. ●●

Neue zauberhafte Salzteig-Ideen
(**0719**-1) Von I. Kiskalt, 80 S., 324 Farbfotos, 12 Zeichnungen, Schablonen, kart. ●●

Salzteig kinderleicht
(**0973**-9) Von I. Kiskalt, 80 S., 224 Farbfotos, 8 Zeichnungen, kart. ●●

Kreatives Gestalten mit Ton
Töpfern ohne Scheibe – Aufbaukeramik
(**0896**-1) Von A. Riedinger, 80 S., 207 Farbfotos, 16 Zeichnungen, 7 Vignetten, kart. ●●

Kreatives Gestalten mit Ton
Töpfern auf der Scheibe
(**0971**-2) Von A. Riedinger, 80 S., 28 Farb- und 3 s/w-Zeichnungen, 178 Farbfotos, kartoniert. ●●

Edles Porzellan
(**4437**-2) Von M. Lutze, Prof. E. Lessing, 160 S., 175 Farbfotos, Leineneinband, mit Schutzumschlag, im Schuber ●●●●●

Hobby Glaskunst in Tiffany-Technik
(**0781**-7) Von N. Köppel, 80 S., 194 Farbfotos, 6 s/w-Abb., kart. ●●

Tiffany-Lampen selbermachen
Arbeitsanleitung · Materialien · Modelle
(**0684**-5) Von I. Spliethoff, 32 S., 60 Farbfotos, 19 Zeichnungen, Pappband. ●

Fensterbilder in Tiffany-Technik
(**5168**-9) Von P. Matz, 32 S., 43 Farbfotos, mit Vorlagebogen in Originalgröße, kart. ●

Tiffany-Technik
und andere kunstvolle Arbeiten in Glas
(**0972**-0) Von D. Köhnen, 80 S., 176 Farbfotos, 5 s/w-Zeichnungen, kart. ●●

Tiffany-Gürtelschnallen
(**5160**-3) Von G. G. Scheib, R. Grella, 32 S., 52 Farbfotos, 1 Zeichnung, mit Vorlagebogen in Originalgröße, kart. ●

Modeschmuck mit Federn und Straß
(**5167**-0) Von J. Niemeier, 32 S., 41 Farbfotos, mit Vorlagebogen in Originalgröße, kart. ●

Modeschmuck selbst modellieren
(**5196**-4) Von K. Eichler, 32 S., 51 Farbfotos, mit Vorlagebogen in Originalgröße, kartoniert. ●

Modeschmuck in vielen Variationen
(**5180**-8) Von A. Hahn, 32 S., 39 Farbfotos, 3 Zeichnungen, mit Vorlagebogen in Originalgröße, kartoniert. ●

Effekt-Color
Phantasievolle Schmuck- und Deko-Ideen
(**5207**-3) Von A. Hahn, 32 S., 55 Farbfotos, mit Vorlagebogen in Originalgröße, kart. ●

Rocailles
Perlenschmuck
(**5209**-X) Von L. und E. Weiler, 32 S., 45 Farbfotos, 2 Zeichnungen, mit Vorlagebogen in Originalgröße, kart. ●

Perlenschmuck
(**5221**-9) Von H. Büderer, 32 S., 50 Farbfotos, mit Vorlagebogen in Originalgröße, kartoniert. ●

Exklusiver Modeschmuck
aus dem eigenen Atelier
(**0925**-9) Von J. Niemeier, J. Klein, 80 S., 141 Farbfotos, 25 Zeichnungen, kart. ●●

Masken
phantasievoll dekorieren
(**5155**-7) Von Chr. Familler, 32 S., 48 Farbfotos, mit Vorlagebogen in Originalgröße, kart. ●

Schwingtiere aus Holz gestalten
(**5222**-7) Von der Arbeitsgem. Werken, 32 S., 50 Farbfotos, mit Vorlagebogen in Originalgröße, kartoniert. ●

Hobby Drachen
bauen und steigen lassen. (**0767**-1) Von W. Schimmelpfennig, 80 S., 1 dreiseitige Ausklapptafel, 55 Farbfotos, 139 Zeichnungen, kart. ●●

Lenkdrachen
bauen und fliegen
(**1011**-7) Von W. Schimmelpfennig, 64 S., 51 Farbfotos und 126 Zeichnungen, kartoniert. ●●

Drachen
Einfache Modelle für Kinder
(**5156**-5) Von W. Schimmelpfennig, 32 S., 11 Farbfotos, 31 Zeichnungen, mit Vorlagebogen, kart. ●

Das große farbige
Bastelbuch für Kinder
(**4254**-X) Von U. Barff, I. Burkhardt, J. Maier, 224 S., 157 Farbfotos, 430 Farb- und 60 s/w-Zeichnungen, mit Schnittmusterbogen, Pappband. ●●●

Hobby Origami
Papierfalten für groß und klein
(**0756**-6) Von Z. Aytüre-Scheele, 80 S., 820 Farbfotos, kart. ●●

Neue zauberhafte Origami-Ideen
Papierfalten für groß und klein
(**0805**-8) Von Z. Aytüre-Scheele, 80 S., 720 Farbfotos, kart. ●●

Zauberwelt Origami
Tierfiguren aus Papier
(**1045**-1) Von Z. Aytüre-Scheele, 80 S., 660 Farbfotos, kartoniert. ●●

Pergamano
Pergamentpapier filigran gestalten
(**5202**-2) Von J. Allmann, 32 S., 51 Farbfotos, 5 Zeichnungen, mit Vorlagebogen in Originalgröße, kart. ●

Heut basteln wir mit Pappe und Papier
(**4413**-5) Von U. Barff, J. Maier, 224 S., 117 Farbfotos, 480 Farbzeichn., 25 s/w-Abb., mit Schnittmusterbogen, Pappband. ●●●

Das große farbige Bastel- und Werkbuch
(**4439**-9) Von D. Rex, 256 S., 999 Farbfotos, 33 Farbzeichnungen, Pappband. ●●●●

Mein liebstes Spiel- und Bastelbuch
Die Welt der Dinosaurier
Tiere und Landschaften zum Selbermachen
Ausbrechen, aufstellen, spielen
(**4478**-X) Von B. Burkart, 8 Blatt mit herauslösbaren Motiven, 280-g-Karton mit Stanzung, 8 S. Bastelanleitung und Sachinformation. ●●

Mein liebstes Spiel- und Bastelbuch
Leben auf dem Bauernhof
Tiere und Motive zum Selbermachen
Ausbrechen, aufstellen, spielen
(**4479**-8) Von K. Lausche, 8 Blatt mit herauslösbaren Motiven, 280-g-Karton mit Stanzung, 8 S. Bastelanleitung und Sachinformation. ●●

Schritt für Schritt zum Scherenschnitt
Materialien · Techniken · Gestaltungsvorschläge. (**0732**-9) Von H. Klingmüller, 32 S., 38 Farbfotos, 34 Vorlagen, Pappband. ●

Fensterbilder in Scherenschnitt
(**5169**-7) Von A. Hahn, 32 S., 52 Farbfotos, 3 s/w-Fotos, mit Vorlagebogen in Originalgröße, kart. ●

Fensterbilder
Meine Lieblingstiere
(**5197**-2) Von Y. Thalheim, H. Nadolny, 32 S., 38 Farbfotos, mit Vorlagebogen in Originalgröße, kartoniert. ●

Fensterbilder Lustige Tiere
(**5210**-3) Von F. Michalski, 32 S., 47 Farbfotos, mit Vorlagebogen in Originalgröße, kart. ●

Die schönsten Fensterbilder
(**1066**-4) Von C. Kimmerle, 64 S., 100 Farbfotos, 7 Zeichnungen, kartoniert. ●●

Perfekte Fensterbilder
(**4470**-4) Von S. Haenitsch-Weiß, A. Weiß, 8 vierfarbige Bogen 280-g-Karton mit Stanzung + 16 S. zweifarbige Ein/Anleitung. ●●

Märchenhafte Fensterbilder
(**5185**-9) Von J. Maier, 32 S., 37 Farbfotos, mit Vorlagebogen in Originalgröße, kart. ●

Fensterbilder Blumen und Tiere
(**5186**-7) Von M. Twachtmann, 32 S., 41 Farbfotos, 3 Zeichnungen, mit Vorlagebogen in Originalgröße, kartoniert. ●

Papierflieger
(**5157**-3) Von T. Gött, 32 S., 73 Farbfotos, 19 Zeichnungen, mit Vorlagebogen in Originalgröße, kart. ●

Laternen und Lampions
(**5206**-5) Von C. Hüfner, 32 S., 60 Farbfotos, mit Vorlagebogen in Originalgröße, kart. ●

Mobiles aus Papier
(**5183**-2) Von J. Maier, 32 S., 17 Farbfotos, 35 Farbzeichnungen, mit Vorlagebogen in Originalgröße, kartoniert. ●

Schachteln basteln und dekorieren
(**5170**-0) Von Chr. Adjano, 32 S., 55 Farbfotos, mit Vorlagebogen in Originalgröße, kart. ●

Die große Schachtelparade
(**4438**-0) Von Present Team, 16 vierfarbige Bogen 250-g-Karton mit Schachtelstanzung mit 4 S. Einleitung. ●●●

Deco Art
Die Kunst, Geschenke zu verpacken
(**0949**-6) Von B. Niermann, 80 S., 78 Farbfotos, 191 Zeichnungen, kart. ●●

Geschenke wunderschön verpacken
(**1113**-X) Von P. Jansen, 80 S., 79 Farbfotos, 166 Farbzeichnungen, kart. ●●

Geldgeschenke · Gutscheine · Geschenkanhänger
originell gestalten und verpacken
(**1115**-6) Von S. Haenitsch-Weiß, A. Weiß, 80 S., 176 Farbfotos, kart. ●●

Geschenke verpacken für Kinderfeste
(**5195**-6) Von C. Netolitzky, 32 S., 43 Farbfotos, mit Vorlagebogen in Originalgröße, kartoniert. ●

Bunte Dekorationen für den Kindergeburtstag
Mit Spielanleitung zum Fest der Tiere
(**4471**-2) Von S. Haenitsch-Weiß, A. Weiß, 8 vierfarbige Bogen 280-g-Karton mit Stanzung + 16 S. zweifarbige Ein/Anleitung. ●●

Originelles Ambiente für Gäste
Festdekorationen
(**1049**-4) Von B. Niermann, 80 S., 125 Farbfotos, 59 Farbzeichn., kartoniert. ●●

Dekorative Schleifen
aus Bändern und Papier
(**5205**-7) Von M. Schorege, 32 S., 28 Farbfotos, 31 Farbzeichnungen, mit Vorlagebogen in Originalgröße, kart. ●●

Dekorieren und Arrangieren mit
Seidenblumen
(**5200**-6) Von M. L. Spang, 32 S., 37 Farbfotos, 14 Farbzeichnungen, mit Vorlagebogen in Originalgröße, kartoniert. ●

Glückwunschkarten
(**5179**-4) Von A. Kolb, B. Michel, 32 S., 54 Farbfotos, mit Vorlagebogen in Originalgröße, kartoniert. ●

Schmuck- und Glückwunschkarten
Papierarchitektur · Collagen · Faltschnittkarten
(**1114**-8) Von C. Sanladerer, 64 S., 55 Farbfotos, 31 Zeichnungen, kart. ●●

Altes Brauchtum neu entdeckt
Schmuck-Eier
Kunstvoll gestalten und verzieren.
(**0919**-4) Von I. Kiskalt, 32 S., 45 Farbfotos, 3 s/w-Zeichnungen, Pappband. ●

Ostereier originell dekorieren
(**5219**-7) Von W. Velte, 32 S., 44 Farbfotos, mit Vorlagebogen in Originalgröße, kartoniert. ●

Dekorationen für Ostern
(**5198**-0) Von Y. Thalheim, H. Nadolny, 32 S., 48 Farbfotos, mit Vorlagebogen in Originalgröße, kartoniert. ●

Basteln für Ostern
(**5164**-6) Von Chr. Adjano, 32 S., 47 Farbfotos, mit Vorlagebogen in Originalgröße, kartoniert. ●

Tischdekorationen für Ostern
(**5220**-0) Von Chr. Adjano, 32 S., 49 Farbfotos, mit Vorlagebogen in Originalgröße, kartoniert. ●

Weihnachtsgeschenke schön verpacken
Schachteln · Dekorationen · Geschenkpapiere (**4469**-0) Von Present Team, 10 vierfarbige Bogen 250-g-Karton mit Stanzung, 4 Bogen Geschenkpapier + 4 S. Einleitung. ●●●

Basteln und dekorieren für
Advent und Weihnachten
(**4446**-1) Von G. Teusen, C. Netolitzky, 176 S., 285 Farbfotos, mit Bastelvorlagebogen, Pappband. ●●●

Basteln für Weihnachten
(**5162**-X) Von Chr. Adjano, 32 S., 44 Farbfotos, mit Vorlagebogen in Originalgröße, kartoniert. ●

Fensterdekorationen für die Weihnachtszeit
(**5181**-6) Von Y. Thalheim, H. Nadolny, 32 S., 33 Farbfotos, mit Vorlagebogen in Originalgröße, kartoniert. ●

Fensterbilder für Advent und Weihnachten
(**5211**-1) Von M. Schorege, 32 S., 24 Farbfotos, 15 Zeichnungen, mit Vorlagebogen in Originalgröße, kartoniert. ●

Adventskränze und weihnachtliche Gestecke
(**5203**-0) Von Y. Thalheim, H. Nadolny, 32 S., 43 Farbfotos, mit Vorlagebogen in Originalgröße, kartoniert. ●

Adventskalender
(**5178**-6) Von Y. Thalheim, H. Nadolny, 32 S., 35 Farbfotos, mit Vorlagebogen in Originalgröße, kartoniert. ●

Weihnachtsbasteleien
Advents- und Weihnachtsschmuck für groß und klein
(**0667**-5) Von M. Kühnle und S. Beck, 32 S., 56 Farbfotos, 6 Zeichnungen, Pappband. ●

Trockenblumenideen
Gewürzsträuße, Gestecke, Kränze, Buketts (**0643**-8) Von R. Strobel-Schulze, 88 S., 170 Farbfotos, kartoniert. ●●

Neue zauberhafte Trockenblumen-Ideen
(**0821**-X) Von R. Strobel-Schulze, 80 S., 163 Farbfotos, kart. ●●

Phantasievolles Schminken
Verzauberte Gesichter für Maskeraden, Laienspiele und Kinderfeste
(**0907**-0) Hrsg.: H. u. Y. Nadolny, 64 S., 227 Farbfotos, kartoniert. ●●

Schminken für Kinder
(**5177**-8) Von Y. Thalheim, H. Nadolny, 32 S., 68 Farbfotos, mit Vorlagebogen in Originalgröße, kartoniert. ●

Moderne Fotopraxis
(**4401**-1) Von G. Koshofer, Prof. H. Wedewardt, 224 S., 363 Farbfotos, 106 s/w-Fotos, 5 Farb- und 24 s/w-Zeichnungen, Pappband. ●●●

Mach dir ein Bild
Praxistips für Foto, Film und Video
(**4410**-0) Von G. Staab, 208 S., 202 Farbfotos, 175 s/w-Fotos, 1 Zeichnung, Pappband. ●●●

So macht man bessere Fotos
(**1158**-X) Von G. Koshofer, 144 S., 259 Farbfotos, 25 s/w-Fotos, kartoniert. ●●

Aktfotografie
Interpretationen zu einem unerschöpflichen Thema. Gestaltung · Technik · Spezialeffekte. (**0737**-X) Von H. Wedewardt, 88 S., 144 Farb- und 6 s/w-Fotos, 6 Zeichnungen, kart. ●●

Videografieren
Filmen mit Video 8. Technik – Bildgestaltung – Schnitt – Vertonung.
(**0843**-0) Von M. Wild, K. Möller, 120 S., 101 Farbfotos, 22 s/w-Fotos, 52 Zeichnungen, kart. ●●●

Videografieren perfekt
Profitricks für Aufnahmetechnik und Nachbearbeitung
(**0969**-0) Von W. Schild, 120 S., 144 Farbabb., 5 s/w-Zeichnungen, kart. ●●●

Do it yourself und Technik

Do it yourself
Kleinmöbel aus Holz
(**0905**-4) Von O. Maier, 128 S., 210 Farbfotos, 80 Zeichnungen, kart. ●●

Do it yourself
Sanitärinstallationen
(**1118**-0) Von W. Kawlath, 96 S., 214 Farbabbildungen, kartoniert. ●●

Do it yourself
Metall bearbeiten
(**1119**-9) Von O. Maier, 96 S., 230 Farbfotos, 6 s/w-Zeichnungen, kartoniert. ●●

Do it yourself
Elektroarbeiten
(**0975**-5) Von K. H. Schubert, 120 S., 193 Farbfotos, 40 Zeichnungen, kartoniert. ●●

Do it yourself
Fahrrad-Reparaturen
(**0796**-5) Von R. van der Plas, 112 S., 140 Farbfotos, 113 farbige Zeichnungen, kartoniert. ●●

Möbel
aufarbeiten, reparieren, pflegen
(**0386**-2) Von E. Schnaus-Lorey, 96 S., 28 Fotos, 101 Zeichnungen, kartoniert. ●

Restaurieren von Möbeln
Stilkunde, Materialien, Techniken, Arbeitsanleitungen in Bildfolgen.
(**4120**-9) Von E. Schnaus-Lorey, 152 S., 37 Farbfotos, 75 s/w-Fotos, 352 Zeichnungen, Pappband. ●●●●

FALKEN-Heimwerker-Praxis
Mofa- und Moped-Reparaturen
(**1008**-7) Von T. Kohlmey, 128 S., 280 Farbabbildg. und Zeichnungen, kartoniert. ●●

Elektronik als Hobby
Von der Grundlagenschaltung zum integrierten Schaltkreis
Mit 8 wichtigen Universalplatinen
(**4293**-0) Von W. Priesterath, 264 S., 80 s/w-Fotos, 128 Zeichnungen, Pappband. ●●●

Anlagenbau in Modultechnik
für Modelleisenbahnen und Dioramen.
(**0845**-7) Von J. Thal, 104 S., 68 Farbfotos, 28 Zeichnungen, kartoniert. ●●●

Kleine Welt auf Rädern
Das faszinierende Spiel mit **Modelleisenbahnen** (**4175**-6) Von F. Eisen, 256 S., 72 Farb- und 180 s/w-Fotos, 25 Zeichnungen, Pappband. ●●●

Die Super-Sportwagen der Welt
(**4423**-2) Von H. G. Isenberg, 194 S., 184 Farbfotos, 4 farbige Ausklapptafeln, 32 s/w-Fotos, Pappband. ●●●●

Die Super-Oldtimer der Welt
(**4465**-8) Von H. G. Isenberg, 194 S., 161 Farb- und 36 s/w-Fotos, 4 Ausklapptafeln, Pappband. ●●●●

Die Super-Trucks der Welt
(**4257**-4) Von H. G. Isenberg, 194 S., 205 Farbfotos, 87 s/w-Fotos, 7 Farbzeichnungen, 4 farb. Ausklapptafeln, Pappband. ●●●●

Die Super-Motorräder der Welt
(**4193**-4) Von H. G. Isenberg, 192 S., 170 Farb- und 100 s/w-Fotos, 8 Zeichnungen, Pappband. ●●●●

Die Super-Eisenbahnen der Welt
(**4287**-6) Von W. Kosak, H. G. Isenberg, 224 S., 269 Farbfotos, 79 s/w-Fotos, 8 Vignetten, 5 farb. Ausklapptafeln, Pappband. ●●●●

Die Super-Dampfloks der Welt
(**4480**-1) Von H. Faust, H. G. Isenberg, 194 S., 193 Farbfotos, mit vier Ausklapptafeln, Pappband. ●●●●

Plastikmodellbau
Autos, Schiffe, Flugzeuge in vollendeter Technik.
(**1116**-4) Von W. Kawlath, 96 S., 272 Farbabbildungen, kartoniert. ●●

Sport und Fitneß

Neue Lehrmethoden der Judo-Praxis
(**0424**-9) Von P. Herrmann, 223 S., 475 Abb., kartoniert. ●●

Fit mit Judo
(**2319**-7) Von K. Fuchs, 112 S., 193 Farbfotos, kartoniert. ●●

Fußwürfe
für Judo, Karate und Selbstverteidigung.
(**0439**-7) Von H. Nishioka, übers. von H. J. Heese, 96 S., 260 Abb., kart. ●●

Modernes Karate
Das große Standardwerk mit 2279 Abbildungen.
(**4280**-9) Von T. Okazaki, Dr. med. M.V. Stricevic, übers. von M. Pabst, 376 S., 2279 s/w-Abb., Pappband. ●●●●●

Nakayamas Karate perfekt 1
Einführung.
(**0487**-7) Von M. Nakayama, 136 S., 605 s/w-Fotos, kart. ●●

Nakayamas Karate perfekt 2
Grundtechniken.
(**0512**-1) Von M. Nakayama, 136 S., 354 s/w-Fotos, 53 Zeichnungen, kart. ●●

Nakayamas Karate perfekt 3
Kumite 1: Kampfübungen.
(**0538**-5) Von M. Nakayama, 128 S., 424 s/w-Fotos, kart. ●●

Nakayamas Karate perfekt 4
Kumite 2: Kampfübungen.
(**0547**-4) Von M. Nakayama, 128 S., 394 s/w-Fotos, kart. ●●

Nakayamas Karate perfekt 5
Kata 1: Heian, Tekki.
(**0571**-7) Von M. Nakayama, 144 S., 1229 s/w-Fotos, kart. ●●

Nakayamas Karate perfekt 6
Kata 2: Bassai-Dai, Kanku-Dai.
(**0600**-4) Von M. Nakayama, 144 S., 1300 s/w-Fotos, 107 Zeichnungen, kart. ●●

Nakayamas Karate perfekt 7
Kata 3: Jitte, Hangetsu, Empi.
(**0618**-7) Von M. Nakayama, 144 S., 1988 s/w-Fotos, 105 Zeichnungen, kart. ●●

Nakayamas Karate perfekt 8
Gankaku, Jion. (**0650**-0) Von M. Nakayama, 144 S., 1174 s/w-Fotos, 99 Zeichnungen, kart. ●●

Fit mit Karate
(**2308**-1) Von A. Pflüger, 96 S., 134 Farbfotos, 4 s/w-Zeichnungen, kart. ●●

25 Shotokan-Katas
Auf einen Blick: Karate-Katas für Prüfungen und Wettkämpfe.
(**0859**-7) Von A. Pflüger, 88 S., 185 s/w-Abb., 24 ganzseitige Tafeln mit über 1.600 Einzelschritten, kart. ●●

Bo-Karate
Habo-Jitsu – die Techniken des Stockkampfes.
(**0447**-8) Von G. Stiebler, 176 S., 424 s/w-Fotos, 38 Zeichnungen, kart. ●●

Karate 1
Einführung · Grundtechniken.
(**0227**-0) Von A. Pflüger, 144 S., 195 s/w-Fotos, 120 Zeichnungen, kart. ●

Karate 2
Kombinationstechniken · Katas.
(**0239**-4) Von A. Pflüger, 176 S., 452 s/w-Fotos und Zeichnungen, kart. ●

Karate Kata 1
Heian 1–5, Tekki 1, Bassai Dai.
(**0683**-7) Von W.-D. Wichmann, 164 S., 703 s/w-Fotos, kart. ●●

Karate Kata 2
Jion, Empi, Kanku-Dai, Hangetsu.
(**0723**-X) Von W.-D. Wichmann, 140 S., 661 s/w-Fotos, 4 Zeichnungen, kart. ●●

Karate Kata 3
Bassai Sho, Kanku Sho, Nijushiho, Sochin
(**1120**-2) Von W.-D. Wichmann, 144 S., 598 s/w-Fotos, 4 Grafiken, kart. ●●

Der König des Kung Fu
Bruce Lee
Sein Leben und Kampf
Von seiner Frau Linda
(**0392**-7) Von Linda Lee, 136 S., 104 s/w-Fotos, kartoniert. ●●

Bruce Lees Kampfstil 1
Grundtechniken.
(**0473**-7) Von B. Lee, M. Uyehara, 109 S., 220 Abb., kart. ●

Bruce Lees Kampfstil 2
Selbstverteidigungs-Techniken.
(**0486**-9) Von B. Lee, M. Uyehara, 128 S., 310 Abb., kart. ●

Bruce Lees Kampfstil 3
Trainingslehre.
(**0503**-2) Von B. Lee, M. Uyehara, 112 S., 246 Abb., kart. ●

Bruce Lees Kampfstil 4
Kampftechniken.
(**0523**-7) Von B. Lee, M. Uyehara, 104 S., 211 Abb., kart. ●

Kung-Fu 1
Legende · Philosophie · Grundtechniken
(**0891**-0) Von Chr. Yim, 152 S., 401 s/w-Fotos, 2 s/w-Zeichnungen, kart. ●●

Kung-Fu und Tai-Chi
Grundlagen und Bewegungsabläufe
(**0367**-6) Von B. Tegner, 182 S., 370 s/w-Fotos, kart. ●●

Kung Fu
Theorie und Praxis klassischer und moderner Stile
(**0376**-5) Von M. Pabst, 160 S., 330 Abbildungen, kartoniert. ●●

Bruce Lees Jeet Kune Do
(**0440**-0) Von B. Lee, 192 S., mit 105 eigenhändigen Zeichnungen von B. Lee, kart. ●●

Shaolin-Kempo – Kung-Fu
Chinesisches Karate im Drachenstil.
(**0395**-1) Von R. Czerni, K. Konrad, 246 S., 723 Abb., kart. ●●

Kickboxen
Fitneßtraining und Wettkampfsport.
(**0795**-7) Von G. Lemmens, 96 S., 208 s/w-Fotos, 23 Zeichnungen, kart. ●●

Ninja 1
Die Lehre der Schattenkämpfer.
(**0758**-2) Von S. K. Hayes, übers. von J. Schmit, 144 S., 137 s/w-Fotos, kart. ●●

Ninja 2
Die Wege zum Shoshin.
(**0763**-9) Von S. K. Hayes, übers. von J. Schmit, 160 S., 309 s/w-Fotos, 2 Zeichnungen, kart. ●●

Ninja 3
Der Pfad des Togakure-Kämpfers.
(**0764**-7) Von S. K. Hayes, übers. von J. Schmit, 144 S., 197 s/w-Fotos, 2 Zeichnungen, kart. ●●

Ninja 4
Das Vermächtnis der Schattenkämpfer.
(**0807**-4) Von S. K. Hayes, übers. von J. Schmit, 196 S., 466 s/w-Fotos, kart. ●●

Taekwondo perfekt 1
Die Formenschule bis zum Blaugurt.
(**0890**-2) Von K. Gil, Kim Chul-Hwan, 176 S., 439 s/w-Fotos, 107 Zeichnungen, kart. ●●

Taekwondo perfekt 2
Die Formenschule vom Blau- bis zum Schwarzgurt
(**0976**-3) Von K. Gil, K. Chul-Hwan, 192 S., 461 s/w-Fotos, 112 Zeichnungen, kart. ●●

Taekwondo perfekt 3
(**1068**-0) Von K. Gil, K. Chul-Hwan, 200 S., 429 s/w-Fotos, kartoniert. ●●

Taekwondo
Koreanischer Kampfsport
(**0347**-1) Von K. Gil, 152 S., 408 Abbildungen, kartoniert. ●●

Ju-Jutsu als Wettkampf
(**0826**-0) Von G. Kulot, 168 S., 418 s/w-Fotos, 2 Zeichnungen, kart. ●●

Ju-Jutsu 1
Grundtechniken · Moderne Selbstverteidigung.
(**0276**-9) Von W. Heim, F. J. Gresch, 164 S., 450 s/w-Fotos, 8 Zeichn., kart. ●

Ju-Jutsu 2
für Fortgeschrittene und Meister.
(**0378**-1) Von W. Heim, F. J. Gresch, 160 S., 798 s/w-Fotos, kart. ●●

Ju-Jutsu 3
Spezial-, Gegen- und Weiterführungs-Techniken · Stockkampfkunst.
(**0485**-0) Von W. Heim, F. J. Gresch, 200 S., über 600 s/w-Fotos, kart. ●●

Aikido
Lehren und Techniken des harmonischen Weges.
(**0537**-7) Von R. Brand, 280 S., 697 Abb., kart. ●●

Hap Ki Do
Koreanische Selbstverteidigung nach dem Lehrsystem des Großmeisters.
(**0379**-X) Von Kim Sou Bong, 112 S., 152 Abb., kart. ●●

Dynamische Tritte
Grundlagen für den Zweikampf. (**0438**-9) Von C. Lee, 96 S., 398 s/w-Fotos, 10 Zeichnungen, kart. ●●

Selbstverteidigung
Abwehrtechniken für Sie und Ihn.
(**0853**-8) Von E. Deser, 96 S., 259 s/w-Fotos, kart. ●

Die Faszination athletischer Körper
Bodybuilding
mit Weltmeister Ralf Möller.
(**4281**-7) Von R. Möller, 128 S., 169 Farbfotos, 14 s/w-Fotos, 1 Farbzeichnung, Pappband. ●●●●

Ladyfitneß
Das neue Körperbewußtsein der Frau
Bodyshaping · Körperpflege · Ernährung · Entspannung
(**4433**-X) Von Prof. Dr. S. Starischka, B. Grabis, D. von Cramm, G. W. Kienitz, 128 S., 227 Farbfotos, Pappband. ●●●

Bodybuilding für Frauen
Wege zu Ihrer Idealfigur
(**0661**-6) Von H. Schulz, 112 S., 84 s/w-Fotos, 4 Zeichnungen, kart. ●

Fit mit Bodybuilding
(**2314**-6) Von L. Spitz, 112 S., 203 Farbabbildungen, 10 Tabellen. ●●

Bodybuilding
Anleitung zum Muskel- und Konditionstraining für sie und ihn
(**0604**-7) Von R. Smolana, 160 S., 171 s/w-Fotos, kartoniert. ●●

Leistungsfähiger durch Krafttraining
Eine Anleitung für Fitness-Sportler, Trainer und Athleten.
(**0617**-9) Von W. Kieser, 96 S., 20 s/w-Fotos, 62 Zeichnungen, kart. ●

Hanteltraining zu Hause
(**0800**-7) Von W. Kieser, 80 S., 71 s/w-Fotos, 4 Zeichnungen, kartoniert. ●

Fit und gesund
Fitneßtraining und Bodybuilding zu Hause. Trainingsprogramme für Ihr Wohlbefinden.
(**0782**-5) Von Prof. Dr. S. Starischka, 80 S., 100 Farbfotos, 3 Zeichnungen, kart. ●●

Optimale Ernährung
für Krafttraining und Bodybuilding.
(**0912**-7) Von B. Dahmen, 88 S., 8 Farbtafeln, 8 Zeichnungen, kart. ●

Fit mit Bio-Training
für Kraft, Ausdauer und Schnelligkeit.
(**2310**-3) Von L. Spitz, 112 S., 197 Farbfotos, 11 Farb- und 4 s/w-Zeichnungen, kart. ●●

Gesund und fit durch **Konditionstraining und Wirbelsäulengymnastik**
(**0844**-9) Von R. Milser und K. Grafe, 104 S., 99 Farbfotos, 12 Farbzeichnungen, 5 s/w-Zeichnungen, kart. ●●

Fit mit Tai Chi
als sanfte Körpererfahrung
(**2305**-7) Von B. u. K. Moegling, 112 S., 121 Farbfotos, 6 Farb-u. 4 s/w-Zeichnungen, kart. ●●

Isometrisches Training
Übungen für Muskelkraft und Entspannung.
(**0529**-6) Von L. M. Kirsch, 104 S., 150 s/w-Fotos, kart. ●●

Stretching
Mit Dehnungsgymnastik zu Entspannung, Geschmeidigkeit und Wohlbefinden.
(**0717**-5) Von H. Schulz, 80 S., 90 s/w-Fotos, kart. ●

Fit mit Stretching
(**2304**-9) Von B. Kurz, 96 S., 255 Farbfotos, kart. ●●

Gesund und fit durch Gymnastik
(**0366**-8) Von H. Pilss-Samek, 88 S., 130 Abb., kart. ●

Fit und frisch
Gymnastik für die ganze Familie
(**6501**-9) Von G. Sieber, 104 S., 306 Farbfotos, 5 Farbzeichnungen, kart., mit Audiokassette, Laufzeit 30 Min. ●●●

Fit mit Laufen
(**2315**-4) Von W. Sonntag, 96 S., 60 Farbfotos, 8 Farbzeichnungen, kart. ●●

Spaß am Laufen
Jogging für die Gesundheit
(**0470**-2) Von W. Sonntag, 140 S., 41 s/w-Fotos, 1 Zeichnung, kartoniert. ●

ZDF Sportjahrbuch 90
Rekorde · Siege · Schicksale · Ergebnisse
Die Höhepunkte der Fußball-WM
(**4481**-X) Hrsg. von Bernd Heller, 208 S., 245 Farbfotos und Tabellen, kart. ●●●

Skateboard
Material · Technik · Fahrpraxis
(**1104**-0) Von F. Böhm, M. Rieger, 96 S., 321 Farbabbildungen, kartoniert. ●●●

Fit mit Sportschießen
(**2312**-X) Von H. Gabelmann, 96 S., 44 Farbabbildungen, 3 s/w-Fotos, 19 s/w-Zeichnungen, kart. ●●

Fechten
Florett · Degen · Säbel.
(**0449**-4) Von E. Beck, 88 S., 185 Fotos, 10 Zeichnungen, kart. ●●

Fit mit Sportabzeichen
(**2307**-3) Von G. Hennige, 104 S., 107 Farbfotos, kart. ●●

Volleyball
Technik · Taktik · Regeln.
(**0351**-X) Von H. Huhle. 104 S., 330 Abb., kart. ●

Fit mit Volleyball
(**2302**-2) Von Dr. A. Scherer, 104 S., 27 Farb- und 1 s/w-Foto, 12 Farb- und 29 s/w-Zeichnungen, kart. ●●

Fit mit Fußball
(**2309**-X) Von H. Obermann, P. Walz, 112 S., 47 Farbfotos, 18 Farb- und 25 s/w-Zeichnungen, kart. ●●

Sepp Maier
Super-Torwart-Training
(**4451**-8) Von S. Maier, 168 S., 30 Farb- und 34 s/w-Fotos, 236 zweifarbige Zeichnungen, Pappband. ●●●

Fußball-Jahrbuch 90
Mit großem Sonderteil Fußball-WM
(**4489**-5) Hrsg. von H. Faßbender, 208 S., 310 Farbfotos und Tabellen, kart. ●●●

SportRegeln Fußball
Die offiziellen Regeln
Wissenswertes von A bis Z
(**1096**-6) 104 S., 36 s/w-Fotos, 27 Zeichnungen, kart. ●

Handball
Technik · Taktik · Regeln.
(**0426**-5) Von F. und P. Hattig, 128 S., 91 s/w-Fotos, 121 Zeichnungen, kart. ●●

Handball
Grundlagen für Training und Spiel
(**2321**-9) Von H.-P. Oppermann, 120 S., 39 Farbtafeln, 12 s/w-Fotos, 108 Farbzeichnungen, kartoniert. ●●

SportRegeln Handball
Die offiziellen Regeln
Wissenswertes von A bis Z
(**1099**-6) 88 S., 32 s/w-Fotos, 14 Zeichnungen, kart. ●

Tennis
Technik · Taktik · Regeln.
(**0375**-7) Von W. u. S. Taferner, 112 S., 81 Abb., kart. ●

SportRegeln Tennis
Die offiziellen Regeln
Wissenswertes von A bis Z
(**1097**-4) 88 S., 24 s/w-Fotos, 6 Zeichnungen, kart. ●

Tischtennis-Technik
Der individuelle Weg zu erfolgreichem Spiel.
(**0775**-2) Von M. Perger, 144 S., 296 Abb., kart. ●●

Badminton
Technik · Taktik · Training.
(**0699**-3) Von K. Fuchs, L. Sologub, 168 S., 51 Abb., kart. ●●

Fit mit Squash
(**2311**-1) Von P. Langhammer, R. Michna, 96 S., 86 Farbfotos, 13 Farbzeichn., kart. ●●

Squash
Ausrüstung · Technik · Regeln
(**0539**-3) Von D. von Horn, H.-D. Stünitz, 96 S., 55 s/w-Fotos, 25 Zeichnungen, kart. ●

SportRegeln Squash
Die offiziellen Regeln
Wissenswertes von A bis Z
(**1100**-8) 64 S., 11 s/w-Fotos, 23 Zeichnungen, kart. ●

Golf
Ausrüstung und Technik.
(**0343**-9) Von J. C. Jessop, übersetzt von H. Biemer, mit einem Vorwort von H. Krings, Präsident des Deutschen Golf-Verbandes, 96 S., 57 Abb., Anhang Golfregeln des DGV, kart. ●●

Eishockey
Lauf- und Stocktechnik, Körperspiel, Taktik, Ausrüstung und Regeln. (**0414**-1) Von J. Capla, 264 S., 548 s/w-Fotos, 163 Zeichnungen, kart. ●●

Pool-Billard
(**0484**-2) Herausgegeben vom Deutschen Pool-Billard-Bund. Von M. Bach, K.-W. Kühn, 104 S., 64 Abb., kart. ●

Tanzstunde
Das Welttanzprogramm leicht gelernt
(**4409**-2) Von G. Hädrich, 164 S., 489 s/w-Fotos, 63 Zeichnungen, Pappband. ●●●

Tanzen
(**2303**-0) Von K. Richter, H. Kleinow, 96 S., 102 Farbfotos, kart. ●●

Wir lernen Tanzen
(**0200**-9) Von E. Fern, 152 S., 119 s/w-Fotos, 47 Zeichnungen, kartoniert. ●●

Dancing
Moderne Discotänze: mit Mambo und Salsa
(**0977**-1) Von B. und F. Weber, 96 S., 207 s/w-Fotos, kart. ●●

Dirty Dancing
Step by Step leicht gelernt
(**0992**-5) Von D. Glück, G. Teusen, 80 S., 140 Farbfotos, kart. ●●

Anmutig und fit durch
Bauchtanz
(**0911**-9) Von Marta, 120 S., 229 Farbfotos, 6 s/w-Zeichnungen, kart. ●●

Sporttauchen
Theorie und Praxis des Gerätetauchens
(**0647**-0) Von S. Müßig, 144 S., 8 Farbtafeln, 35 s/w-Fotos, 89 Zeichnungen, kart. ●●

Fit mit Sporttauchen
(**2320**-0) Von Dr. F. Naglschmid, 112 S., 71 Farbfotos, 21 Zeichnungen, kart. ●●

Angelfischerei von Aal bis Zander
Fische · Geräte · Technik.
(**0324**-2) Von H. Oppel, 72 S., 16 Farbtafeln, 49 s/w-Abb., kart., ●●

Angeln
Kleine Fibel für den Sportfischer.
(**0198**-3) Von E. Bondick, 80 S., 4 Farbtafeln, 116 Abb., kart. ●

Fit mit
Surfen
(**2317**-3) Von H. Mönster, K.-H. Eden, B. Bohr, 104 S., 110 Farbfotos, 23 s/w-Zeichnungen, kartoniert. ●●

TELESKI
Skigymnastik perfekt
(**1037**-0) Von M. Vorderwülbecke, G. Kern, 120 S., 220 Farbfotos, 16 farbige Grafiken, 19 Farbzeichnungen, kartoniert. ●●

Fibel für Kegelfreunde
Sport- und Freizeitkegeln · Bowling
(**0191**-6) Von G. Bocsai, 72 S., 62 Abb., kart. ●

Fit mit Kegeln
(**2301**-4) Von G. Gromann, 96 S., 51 Farbfotos, 50 Farb- und 4 s/w-Zeichnungen, kart. ●●

111 spannende Kegelspiele
(**2031**-7) Von H. Regulski, 80 S., 53 Zeichnungen, kart. ●

Beliebte und neue
Kegelspiele
(**0271**-8) Von H. Regulski, 92 S., 62 Abbildungen, kartoniert. ●

Schach

Einführung in das Schachspiel
(**0104**-5) Von W. Wollenschläger und K. Colditz, 112 S., 116 Diagramme, kart. ●

Schach, das königliche Spiel
Von den Grundzügen zum strategischen Spiel.
(**1105**-9) Von T. Schuster, 192 S., 302 Diagramme, kart. ●●

Spielend Schach lernen
(**2002**-3) Von T. Schuster, 96 S., kartoniert. ●

Kinder- und Jugendschach
Offizielles Lehrbuch des Deutschen Schachbundes zur Erringung der Bauern-, Turm- und Königsdiplome.
(**0561**-X) Von B. J. Withuis, H. Pfleger, 144 S., 220 Zeichnungen und Diagramme, kart. ●●

Zug um Zug
Schach für jedermann 1
Offizielles Lehrbuch des Deutschen Schachbundes zur Erringung des Bauerndiploms.
(**0648**-9) Von H. Pfleger, E. Kurz, 80 S., 24 s/w-Fotos, 8 Zeichn., 60 Diagramme, kart. ●

Zug um Zug
Schach für jedermann 2
Offizielles Lehrbuch des Deutschen Schachbundes zur Erringung des Turmdiploms.
(**0659**-4) Von H. Pfleger, E. Kurz, 128 S., 7 s/w-Fotos, 13 Zeichnungen, 78 Diagramme, kart. ●

Zug um Zug
Schach für jedermann 3
Offizielles Lehrbuch des Deutschen Schachbundes zur Erringung des Königdiploms.
(**0728**-0) Von H. Pfleger, G. Treppner, 128 S., 4 s/w-Fotos, 84 Diagramme, 10 Zeichnungen, kart. ●●

Schach für Fortgeschrittene
Taktik und Probleme des Schachspiels
(**0219**-X) Von R. Teschner, 88 S., 85 Diagramme, kart. ●

Neue Schacheröffnungen
(**0478**-8) Von T. Schuster, 104 S., 100 Diagramme, kart. ●

Klassische Schacheröffnungen
(**1086**-9) Von T. Schuster, 144 S., zahlr. Diagramme, kart. ●●

Najdorf für Turnierspieler
Theorie und Praxis eines komplexen Eröffnungssystems. (**1121**-0) Von Dr. J. Nunn, 304 S., 202 Diagramme, kart. ●●●

Lehr-, Übungs- und Testbuch der
Schachkombinationen
(**0649**-7) Von K. Colditz, 184 S., 227 Diagramme, kartoniert. ●●

Erfolgreiche Schachlehre
Eröffnungs- und Mittelspielstrategie
(**0991**-7) Von D. Bronstein, 254 S., 201 Diagramme, Pappband. ●

Spaß am Kombinieren
(**1057**-5) Von A. Pötzsch, 192 S., 365 Diagramme, Pappband. ●●

Erfolgreich angreifen
Der Königsflügel im Visier
(**1058**-3) Von J. Neistadt, 192 S., 183 Diagramme, Pappband. ●●

Erfolgreich angreifen
Der Damenflügel und das Zentrum im Visier
(**1123**-7) Von J. Neistadt, 172 S., 163 Diagramme, Pappband. ●●

Sizilianisch siegen
durch die Kunst der Verteidigung
(**0990**-2) Von M. Taimanow, 160 S., 124 Diagramme, Pappband. ●●

Schach dem König
333 Kurzpartien unter 30 Zügen
(**1124**-5) Von A. Roismann, 272 S., 222 Diagramme, Pappband. ●●

Schnelle Schachsiege
Das meisterliche Gambitspiel
(**1038**-9) Von S. Samarian, 28 S., 125 Diagramme, kartoniert. ●●

Offizielles Lehrbuch des Deutschen Schachbundes
Das systematische Schachtraining
Trainingsmethoden, Strategien und Kombinationen.
(**0857**-0) Von Sergiu Samarian, 152 S., 159 Diagramme, 1 Zeichnung, kartoniert. ●●

Taktische Schachendspiele
(**0752**-3) Von J. Nunn, 208 S., 152 Diagramme, kart. ●●

Schachstrategie
Ein Intensivkurs mit Übungen und ausführlichen Lösungen.
(**0584**-9) Von A. Koblenz, dt. Bearb. von K. Colditz, 212 S., 240 Diagramme, kart. ●●

Schachtraining mit den Großmeistern
(**0670**-5) Von H. Bouwmeester, 128 S., 90 Diagramme, kart. ●●

So denkt ein Schachmeister
Strategische und taktische Analysen.
(**0915**-1) Von H. Pfleger, G. Treppner, 120 S., 75 Diagramme, kart. ●●

Schach als Kampf
Meine Spiele und mein Weg.
(**0729**-9) Von G. Kasparow, 144 S., 95 Diagramme, 9 s/w-Fotos, kart. ●●

Kasparows Schacheröffnungen
(**1021**-4) Von O. Borik, 136 S., 16 s/w-Fotos, kartoniert. ●●

Schach-WM 1990
Kasparow-Karpow
(**1122**-9) Von O. Borik, Dr. H. Pfleger, 136 S., zahlreiche Diagramme, kartoniert. ●●

Mensch und Gesundheit

Der moderne Ratgeber
Wir werden Eltern
Schwangerschaft · Geburt · Erziehung des Kleinkindes.
(**4269**-8) Von B. Nees-Delaval, 376 S., 335 2-farbige Abb., Pappband. ●●●●

Wenn Sie ein Kind bekommen
(**4003**-2) Von U. Klamroth, Dr. med. H. Oster, 240 S., 86 s/w-Fotos, 30 Zeichnungen, kartoniert. ●●●

Wenn der Mensch zum Vater wird
Ein heiter-besinnlicher Ratgeber
(**4259**-0) Von D. Zimmer, 160 S., 20 Zeichnungen, Pappband. ●●●

Vorbereitung auf die Geburt und
Schwangerschaftsgymnastik
Atmung, Rückbildungsgymnastik.
(**0251**-3) Von S. Buchholz, 112 S., 98 s/w-Fotos, kartoniert. ●

Die Kunst des Stillens
nach neuesten Erkenntnissen (**0701**-9) Von Prof. Dr. med. E. Schmidt, S. Brunn, 112 S., 20 Fotos und Zeichnungen, kart. ●

Das Babybuch
Pflege · Ernährung · Entwicklung
(**0531**-8) Von A. Burkert, 96 S., 76 zweifbg. Zeichnungen, 22 s/w-Zeichnungen, kart. ●●

Babyfitneß
Massage, Spiele, Gymnastik und Schwimmen für Kinder im 1. Lebensjahr
(**1034**-6) Von G. Zeiß, 112 S., 179 zweifarbige Illustrationen, kartoniert. ●●

Wenn Kinder krank werden
Medizinischer Ratgeber für Eltern
(**4240**-X) Von Dr. med. I. J. Chasnoff, B. Nees-Delaval, 232 S., 163 Zeichnungen, Pappband. ●●●

Keinen Mann um jeden Preis
Das neue Selbstverständnis der Frau in der Partnerbeziehung
(**4440**-2) Von Shere Hite, Kate Colleran, 208 S., Pappband. ●●●

Total verknallt ... und keine Ahnung?
Alles über Liebe, Sex und Zärtlichkeit
(**1024**-9) Von H. Bruckner, R. Rathgeber, 104 S., 38 Abbildungen, kartoniert. ●●

Sinnliche Liebe
Sex und Partnerschaft
(**4436**-4) Von Dr. A. Stanway, 160 S., 60 vierfarbige Illustrationen, Pappband. ●●●●

Streicheleinheiten für Körper und Seele
Partnermassage
(**4444**-5) Von Chr. Unseld-Baumanns, 136 S., 145 Farbfotos, Pappband. ●●●●

Bildatlas des menschlichen Körpers
(**4177**-2) Von G. Pogliani, V. Vannini, 112 S., 402 Farbabb., 28 s/w-Fotos, Pappband. ●●●

Nahrungsmittelallergien
So ernähren Sie sich richtig!
(**0913**-5) Von Priv.-Doz. Dr. med. Dr. med. habil. J. von Mayenburg, Prof. Dr. med. Dr. phil. S. Borelli, E. Polster, 136 S., kart. ●●

Arteriosklerose
Risikofaktoren/Vorbeugung/Therapie
Richtige Ernährung bei erhöhtem Cholesterinspiegel.
(**1020**-6) Von Prof. Dr. med. G. Assmann, Dr. troph. U. Wahrburg, 192 S., 84 farb. Abb., 4 s/w-Zeichnungen, kartoniert. ●●●

Asthma
Pseudokrupp, Bronchitis und Lungenemphysem
Krankheitsbilder · Diagnose · Therapie
(**1126**-1) Von Prof. Dr. med. W. Schmidt, S. Ertelt, 152 Seiten, 110 zweifarbige Zeichnungen, kartoniert. ●●●

Asthma
Pseudokrupp, Bronchitis und Lungenemphysem. (**0778**-7) Von Prof. Dr. med. W. Schmidt, 120 S., 56 Zeichnungen, kart. ●

Gallenleiden
Krankheitsbilder, Behandlung, Therapieverfahren, Selbstbehandlung. Richtige Lebensführung und Ernährung.
(**0673**-X) Von Dr. med. K. Steffens, 104 S., 34 Zeichnungen, kartoniert. ●

Diabetes
Krankheitsbild, Therapie, Kontrollen, Schwangerschaft, Sport, Urlaub, Alltagsprobleme. Neueste Erkenntnisse der Diabetesforschung. (**0895**-3) Von Dr. med. H. J. Krönke, 120 S., 4 Farbtafeln, 14 s/w-Fotos, 13 s/w-Zeichnungen, kartoniert. ●

Krampfadern
Ursachen, Vorbeugung, Selbstbehandlung, Therapieverfahren. (**0727**-2) Von Dr. med. K. Steffens, 112 S., 38 Abb., kartoniert. ●

Das moderne Hausbuch der Naturheilkunde
Neueste Erkenntnisse der Ganzheitsmedizin von Akupressur bis Zelltherapie.
(**4403**-8) Von G. Leibold, 448 S., 263 Farbzeichn., 15 s/w-Fotos, Pappband. ●●●●●

Naturkosmetik
Die Grundlagen gesunder und natürlicher Hautpflege.
(**1080**-X) Von N. E. Haas, 120 S., 63 Farbabb., kartoniert. ●●

Die sanfte Art des Heilens
Homöopathie
Praktische Anwendung und Arzneimittellehre
(**4418**-X) Von J. H. P. Kreuter, 216 S., 49 Zeichnungen, Pappband. ●●●

Aromatherapie
Gesundheit und Entspannung durch ätherische Öle.
(**1131**-8) Von K. Schutt, 96 S., 40 zweifarbige Abbildungen, kartoniert. ●●

Heilatmen
Ein Weg zu Lebenskraft und innerer Harmonie
(**1047**-8) Von K. Schutt, 112 S., 57 zweifarbige Abb., kartoniert. ●●●

Wetterfühligkeit
Vorbeugen und behandeln
Der Einfluß von Wetter und Klima auf Körper und Psyche.
(**0998**-4) Von Dipl.-Met. H. Trenkle, fachl. Beratung Prof. Dr. V. Faust, 120 S., 8 Farbtafeln, 31 zweifarbige Abbildungen und Tabellen, kartoniert. ●●

Bewährte Naturheilverfahren bei
Herz-Kreislauf-Erkrankungen
(**1084**-2) Von Dr. med. O. Wolff, G. Leibold, 104 S., kartoniert. ●

Krebsangst und Krebs behandeln
Mit einem Vorwort von Prof. Dr. med. Friedrich Douwes.
(**0839**-2) Von G. Leibold, 104 S., kartoniert. ●

Bewährte Naturheilverfahren bei
Krebs
(**1082**-6) Hrsg. H.-R. Heiligtag, 88 S., kartoniert. ●

Heilen mit Blütenenergien
nach Dr. Bach
(**1141**-5) Von J. Wenzel, ca. 96 S., kart. ●

Bewährte Naturheilverfahren bei
Migräne und Schlafstörungen
(**1081**-8) Von G. Leibold, Dr. med. H. Chr. Scheiner, 112 S., kartoniert. ●

Gesunder Schlaf
Schlafstörungen ohne Medikamente erfolgreich behandeln.
(**1036**-2) Von D. H. Alke, 88 S., 22 s/w-Abb., mit Audiokassette, kartoniert. ●●●

Natürliche Behandlungsmethoden bei
Rückenschmerzen
Massage · Gymnastik · Entspannung
(**4447**-X) Von Prof. Dr. med. H. Hess, K. Eder, H.-J. Montag, K. Schutt, 152 S., 168 Farbabbildungen, Pappband. ●●●

Bewährte Naturheilverfahren bei
Rückenschmerzen
mit Spezialthema Alta-Major-Methode
(**1140**-7) Von G. Leibold, ca. 96 S., kart. ●

Rheuma behandeln und lindern
Mit einem Vorwort von Dr. med. Max-Otto Bruker.
(**0836**-8) Von G. Leibold, 96 S., kartoniert. ●

Besser sehen durch Augentraining
Ein Gesundheitsprogramm zur Verbesserung des Sehvermögens.
(**0914**-3) Von K. Schutt, B. Rumpler, 96 S., 32 s/w-Zeichnungen, kartoniert. ●

Allergien behandeln und lindern
Mit einem Vorwort von Prof. Dr. med. Axel Stemmann.
(**0840**-6) Von G. Leibold, 96 S., 4 Zeichnungen, kartoniert. ●

Enzyme
Vitalstoffe für die Gesundheit
(**0677**-2) Von G. Leibold, 96 S., kartoniert. ●

Kneippkuren zu Hause
(**0779**-5) Von G. Leibold, 112 S., 25 Zeichnungen, kartoniert. ●

Besser leben durch Fasten
(**0841**-4) Von G. Leibold, 96 S., kartoniert. ●

Die echte Schroth-Kur
(**0797**-3) Von Dr. med. R. Schroth, 88 S., 2 s/w-Fotos, kartoniert. ●

Massagetechniken und Heilanzeigen
Reflexzonentherapie
(**4404**-6) Von G. Leibold, 128 S., 53 Farbzeichnungen, Pappband. ●●●

Akupressur zur Eigenbehandlung
(**0417**-6) Von G. Leibold, 112 S., 78 Abb., kartoniert. ●

Chinesische Punktmassage
Akupressur
(**4419**-4) Von F.T. Lie, 192 S., 332 zweifarbige Abb., Pappband. ●●●●

Shiatsu-Massage
Harmonisierung der Energieströme im Körper
(**0615**-2) Von G. Leibold, 196 S., 180 Abb., kartoniert. ●●●

Fußsohlenmassage
Heilanzeigen · Technik · Selbsthilfe
(**0714**-0) Von G. Leibold, 96 S., 38 Zeichnungen, kartoniert. ●

Entspannung und Schmerzlinderung durch
Massage
(**0750**-7) Von B. Rumpler, K. Schutt, 112 S., 116 zweifarbige Zeichnungen, kart. ●

Entspannung
(**0834**-1) Von Dr. med. Chr. Schenk, 88 S., 29 Zeichnungen, kart. ●

Erfolg und Lebensfreude durch
Autogenes Training und Psychokybernetik
(**1035**-4) Von D. H. Alke, 80 S., 2 s/w-Zeichnungen, mit Audiokassette, kartoniert. ●●●

Hypnose und Autosuggestion
Methoden · Heilwirkungen · praktische Beispiele. (**0483**-4) Von G. Leibold, 120 S., 9 Illustrationen, kart. ●

Chinesisches Schattenboxen
Tai-Ji-Quan
für geistige und körperliche Harmonie
(**0850**-3) Von F.T. Lie, 120 S., 221 s/w-Fotos, 9 s/w-Zeichnungen, Beilage: 1 s/w-Poster mit zahlreichen Abbildungen, kart. ●●

Yoga
Weg zur Harmonie
(**4417**-8) Von A. Harf, W. von Rohr, 176 S., 171 Farbfotos, 12 s/w-Zeichnungen, Pappband. ●●●●

Yoga gegen Haltungsschäden und Rückenschmerzen
(**0394**-3) Von A. Raab, 104 S., 215 Abb., kartoniert. ●

Neue Rezepte für **Diabetiker-Diät**
Vollwertig · abwechslungsreich · kalorienarm.
(**0418**-4) Von M. Oehlrich, 96 S., 8 Farbtafeln, kartoniert. ●

Diät bei Herzkrankheiten und Bluthochdruck
Rezeptteil von B. Zöllner.
(**3202**-1) Von Prof. Dr. med. H. Rottka, 92 S., 4 Farbtafeln, kartoniert. ●●

Diät bei Erkrankungen der Nieren, Harnwege und bei Dialysebehandlung
Rezeptteil von B. Zöllner.
(**3203**-X) Von Prof. Dr. med. Dr. h. c. H. J. Sarre und Prof. Dr. med. R. Kluthe, 96 S., 33 Farbfotos, 1 s/w-Zeichnung, kartoniert. ●●

Richtige Ernährung wenn man älter wird
Rezeptteil von B. Zöllner.
(**3204**-8) Von Prof. Dr. med. H.-J. Pusch, 96 S., 36 Farbfotos und 3 s/w-Zeichnungen, kartoniert. ●●

Diät bei Darmkrankheiten
Durchfall · Divertikulose, Reizdarm und Darmträgheit · einheimische Sprue (Zöllakie) · Disaccharidasemangel · Dünndarmresektion · Dumping Syndrom, Rezeptteil von B. Zöllner. (**3211**-0) Von Prof. Dr. med. G. Strohmeyer, 88 S., 4 Farbtafeln, kartoniert. ●●

Diät bei Gicht und Harnsäuresteinen
Rezeptteil von B. Zöllner.
(**3205**-6) Von Prof. Dr. med. N. Zöllner, 112 S., 35 Farbtafeln, kartoniert. ●●

Diät bei Zuckerkrankheit
Rezeptteil von B. Zöllner. (**3206**-4) Von Prof. Dr. med. P. Dieterle, 112 S., 42 Farbfotos, 4 vierfarbige Vignetten, 1 s/w-Zeichnung, kartoniert. ●●

Diät bei Störungen des Fettstoffwechsels und zur Vorbeugung der Arteriosklerose
Rezeptteil von B. Zöllner.
(**3208**-0) Von Prof. Dr. med. G. Wolfram, 104 S., 32 Farbfotos, kartoniert. ●●

Ballaststoffreiche Kost bei Funktionsstörungen des Darms
Rezeptteil von B. Zöllner.
(**3212**-9) Von Prof. Dr. med. H. Kasper, 96 S., 34 Farbfotos, 1 s/w-Foto, kart. ●●

Diät bei Krankheiten des Magens und Zwölffingerdarms
Rezeptteil von B. Zöllner.
(**3201**-3) Von Prof. Dr. med. H. Kaess, 96 S., 35 Farbfotos, 1 s/w-Zeichnung, kartoniert. ●●

Diät bei Krankheiten der Gallenblase, Leber und Bauchspeicheldrüse
Rezeptteil von B. Zöllner.
(**3207**-2) Von Prof. Dr. med. H. Kasper, 88 S., 35 Farbfotos, 1 s/w-Zeichnung, kart. ●●

Diät bei Übergewicht
Rezeptteil von B. Zöllner.
(**3209**-9) Von Prof. Dr. med. Ch. Keller, 104 S., 42 Farbfotos, 3 s/w-Zeichnungen, kart. ●●

Garten und Tiere

Garten heute
Der moderne Ratgeber · Über 1000 Farbbilder. (**4283**-3) Von H. Jantra, 384 S., über 1000 Farbabb., Pappband. ●●●●

Helmut Jantras Gartenbuch
Obst · Gemüse · Blumen
(**4522**-0) Von H. Jantra, 200 S., 395 Farbfotos, 123 Farbzeichnungen, 25 Tabellen, Pappband. ●●

1000 ganz bewährte Garten-Tips
(**4453**-4) Von H. Jantra, 320 S., 288 zweifarbige und 62 s/w-Zeichnungen, Pappband. ●●●

Obst, Gemüse, Blumen, Gras
Gärtnern macht den Kindern Spaß
(**4517**-4) Von U. Krüger, 96 S., 85 Farbfotos, 180 Farbzeichnungen, Pappband. ●●

Rosen
Auswahl · Pflege · Gestaltung
(**1183**-0) Von H. Jantra, 120 S., 200 Farbfotos, 20 Farbzeichnungen, 8 Bepflanzungspläne, kartoniert. ●●

Erfolgstips für den Obstgarten
Gesunde Früchte durch richtige Sortenwahl und Pflege.
(**0827**-9) Von F. Mühl, 184 S., 16 Farbtafeln, 33 Zeichnungen, kartoniert. ●●

Erfolgstips für den Gemüsegarten
Mit naturgemäßem Anbau zu höherem Ertrag. (**0674**-8) Von F. Mühl, 80 S., 30 s/w-Fotos, 4 Zeichnungen, kartoniert. ●

Mischkultur im Nutzgarten
Mit Jahreskalender und Anbauplänen.
(**0651**-9) Von H. Oppel, 112 S., 8 Farbtafeln, 23 s/w-Fotos, 29 Zeichnungen, kart. ●

Obstgehölze sachgemäß schneiden
(**1127**-X) Von P. G. Wilhelm, ca. 128 S., ca. 50 zweifarbige und 200 s/w-Zeichnungen, kartoniert. ●●

Erfolgstips für den Ziergarten
Schmuckpflanzen und Rasen richtig pflegen.
(**0930**-5) Von F. Mühl, 156 S., 12 Farbtafeln, 26 s/w-Zeichnungen, kartoniert. ●●

Erfolgreich gärtnern mit
Frühbeet und Folie
(**0828**-7) Von Dr. Gustav Schoser, 88 S., 8 Farbtafeln, 46 s/w-Fotos, kartoniert. ●

Gesunde Zierpflanzen im Garten
Krankheiten erkennen und behandeln.
Mit neuem Diagnose-System.
(**4429**-1) Von Prof. Dr. G. Stelzer, 208 S., 456 Farbfotos, 5 s/w- und 5 Farbzeichnungen, Pappband. ●●●●

Erfolgreich gärtnern
durch naturgemäßen Anbau
(**4252**-3) Von I. Gabriel, 416 S., 176 Farbfotos, 212 Farbzeichnungen, Pappband. ●●●

Aktion Garten ohne Gift
Gesunde Umwelt durch natürlichen Pflanzenschutz.
Ein Praxis-Handbuch von E. Hoplitschek u. B. M. Tegethoff. (**4425**-9) 176 S., 250 Farbfotos, 35 Farb- und 29 s/w-Zeichn., Pappband. ●●●●

Neuanlage eines Biogartens
Planung, Bodenvorbereitung, Gestaltung
(**0721**-3) Von I. Gabriel, 128 S., 73 Farbfotos, 39 Zeichnungen, kartoniert. ●●

Gesunde Pflanzen im Biogarten
Biologische Maßnahmen bei Schädlingsbefall und Pflanzenkrankheiten.
(**0707**-8) Von I. Gabriel, 128 S., 126 Farbfotos, kartoniert. ●●

Obst und Beeren im Biogarten
Gesunde und schmackhafte Früchte durch natürlichen Anbau. (**0780**-9) Von I. Gabriel, 128 S., 109 Farbabb., kartoniert. ●●

Gemüse im Biogarten
Gesunde Ernte durch natürlichen Anbau
(**0830**-9) Von I. Gabriel, 128 S., 26 Farbfotos, 86 Farbzeichnungen, kartoniert. ●●

Kräuter und Heilpflanzen im Biogarten
Gesunde Ernte durch natürlichen Anbau
(**0929**-1) Von I. Gabriel, 112 S., 63 Farbfotos, 19 Farbzeichnungen, kartoniert. ●●

Der biologische Zier- und Wohngarten
Planen, Vorbereiten, Bepflanzen und Pflegen
(**0748**-5) Von I. Gabriel, 128 S., 72 Farbfotos, 46 Farbzeichnungen, kartoniert. ●●

Kosmische Einflüsse auf unsere Gartenpflanzen
Sterne beeinflussen Wachstum und Gesundheit der Pflanzen. (**0708**-6) Von I. Gabriel, 112 S., 100 Farbabb., kartoniert. ●●

Natürlich gärtnern unter Glas und Folie
Anbauen und ernten rund ums Jahr
(**0722**-1) Von I. Gabriel, 128 S., 62 Farbfotos, 45 Farbzeichnungen, kartoniert. ●●

Dekorative Kübelpflanzen
Auswahl und Pflege
(**1074**-5) Von H. Jantra, 112 S., 180 Farbfotos, 35 Farbzeichnungen, kartoniert. ●●

Blütenpracht auf Balkon und Terrasse
(**0928**-3) Von M. Haberer, 88 S., 139 Farbfotos, kartoniert. ●●

Gemüse, Kräuter, Obst aus dem Balkongarten
Erfolgreich ernten auf kleinstem Raum
(**0694**-2) Von S. Stein, 32 S., 34 Farbfotos, 6 Zeichnungen, Spiralbindung, kart. ●

Gestaltungsideen für
Schöne Gärten
(**4482**-8) Von H. Jantra, 168 S., 309 Farbfotos, 3 s/w-Fotos, Pappband. ●●●●●

Kleingärten
Planen · Anlegen · Pflegen
(**1015**-X) Von H. Jantra, 88 S., 123 Farbfotos, 1 s/w-Foto, 14 Farbzeichnungen, kart. ●●

Reihenhausgärten
Planen · Anlegen · Pflegen
(**1016**-8) Von H. Jantra, 104 S., 134 Farbfotos, 45 Farbzeichnungen, kart. ●●

Steingärten Wirkungsvoll gestalten und sachgerecht pflegen
(**4452**-6) Von A. Throll-Keller, 128 S., 203 Farbfotos, 56 Farbzeichnungen, Pappband. ●●●●

Gartenteiche, Tümpel und Weiher
naturnah anlegen und pflegen
(**1073**-7) Von Dr. F. Liedl, H. Goos, 80 S., 87 Farbfotos, 39 Farbzeichnungen, kart. ●●

Wasser im Garten
Von der Vogeltränke zum Naturteich · Natürliche Lebensräume selbst gestalten.
(**4230**-2) Von H. Hendel, P. Keßeler, 240 S., 315 Farbabb., 11 s/w-Fotos, Pappband. ●●●●●

Mein kleiner Gartenteich
planen – anlegen – pflegen
(**0851**-1) Von I. Polascheck, 144 S., 108 Farbabb., 6 s/w-Zeichnungen, kart. ●●

Pflanzen und Tiere für den Gartenteich
(**1171**-7) Von W. Costa, 128 S., 169 Farbfotos, 40 Farbzeichnungen, 8 Bepflanzungspläne, kartoniert. ●●

Häuser in lebendigem Grün
Fassaden und Dächer mit Pflanzen gestalten
(**0846**-5) Von U. Mehl, K. Werk, 88 S., 116 Farbfotos, 4 Farb- und 17 s/w-Zeichnungen, kartoniert. ●●

Wintergärten
Das Erlebnis, mit der Natur zu wohnen. Planen, Bauen und Gestalten.
(**4256**-6) Von LOG ID, 136 S., 130 Farbfotos, 107 Zeichnungen, Pappband. ●●●●

Rund ums Jahr erfolgreich gärtnern
Gewächshäuser
planen · bauen · einrichten · nutzen
(**4408**-9) Von Dr. G. Schoser, J. Wolff, 232 S., 368 Farbabb., 5 s/w-Fotos, Pappband. ●●●●●

Ziergräser
Über 100 Arten erfolgreich kultivieren
(**0829**-5) Von H. Jantra, 104 S., 73 Farbfotos, 6 Farbzeichnungen, kartoniert. ●●

Das moderne Handbuch **Zimmerpflanzen**
(**4416**-X) Von H. Jantra, 304 S., 766 Farbfotos, 64 Farb- und 19 s/w-Zeichnungen, Pappband. ●●●●

365 Erfolgstips für schöne Zimmerpflanzen
(**0893**-7) Von H. Jantra, 144 S., 215 Farbfotos, kartoniert. ●●

Dekorative Blattpflanzen
Auswahl und Pflege
(**1128**-8) Von H. Jantra, 128 S., 198 Farbfotos, 20 Farbzeichnungen, kartoniert. ●●

Prof. Stelzers grüne Sprechstunde
Gesunde Zimmerpflanzen
Krankheiten erkennen und behandeln. Mit neuem Diagnosesystem.
(**4274**-4) Von Prof. Dr. G. Stelzer, 192 S., 410 Farbfotos, 10 s/w-Zeichnungen, Pappband. ●●●●

Hydrokultur
Pflanzen ohne Erde – mühelos gepflegt.
(**0944**-5) Von H.-A. Rotter, 144 S., 167 Farbfotos, 13 Farbzeichnungen, kart. ●●

Bonsai Japanische Miniaturbäume und Miniaturlandschaften. Anzucht, Gestaltung und Pflege.
(**4091**-1) Von B. Lesniewicz, 160 S., 106 Farbfotos, 46 s/w-Fotos, 115 Zeichnungen, gebunden. ●●●●●

Fibel für Kakteenfreunde
(**0199**-1) Von H. Herold, 102 S., 23 Farbfotos, 37 s/w-Abb., kartoniert. ●

Grzimek Juniors **BUNTE TIERWELT**
(**4295**-7) Von Chr. Grzimek, 208 S., 308 Farbfotos, Pappband. ●●●

Hunde
Rassen · Ausbildung · Pflege · Zucht
(**4118**-7) Von H. Bielfeld, 192 S., 222 Farb- und 73 s/w-Abb., Pappband. ●●●●

Das neue Hundebuch
Rassen · Aufzucht · Pflege
(**0009**-X) Von W. Busack, überarbeitet von Dr. med. vet. A. H. Hacker und H. Bielfeld, 112 S., 8 Farbtafeln, 27 s/w-Fotos, 6 Zeichnungen, kartoniert. ●

Alles über Dackel, Teckel und Dachshunde
(**1079**-6) Von M. Wein-Gysae, 80 S., 46 Farbfotos, 2 zweifarbige Zeichnungen, kart. ●●

Hundeausbildung
Verhalten · Gehorsam · Ausbildung
(**0346**-3) Von R. Menzel, 88 S., 26 Fotos, kartoniert. ●

Grundausbildung für Gebrauchshunde
Schäferhund, Boxer, Rottweiler, Dobermann, Riesenschnauzer, Airedaleterrier, Hovawart und Bouvier.
(**0801**-5) Von M. Schmidt und W. Koch. 104 S., 8 Farbtafeln, 51 s/w-Fotos, 5 s/w-Zeichnungen, kartoniert. ●

Der Hund in der Familie
(**1014**-1) Von J. Werner, 128 S., 106 Farbfotos, kartoniert. ●●

Der Deutsche Schäferhund
(**1091**-5) Von U. Förster, 112 S., 47 Farbzeichnungen, 2 s/w-Fotos, kartoniert. ●●

Der Deutsche Schäferhund
Aufzucht, Pflege und Ausbildung
(**0073**-1) Von A. Hacker, 104 S., 56 Abbildungen, kartoniert. ●

Alles über junge Hunde
(**0863**-5) Von Dr. med. vet. E. M. Bartenschlager, 64 S., 49 Farbfotos, 6 Zeichnungen, kartoniert. ●

Richtige Hundeernährung
(**0811**-2) Von Dr. med. vet. E. M. Bartenschlager, 80 S., 51 Farbfotos, 4 Farbzeichn., kartoniert. ●

Hundekrankheiten
(**1077**-X) Von Dr. med. vet. R. Spangenberg, 96 S., 44 Farb- und 1 s/w-Foto, 22 Farbzeichnungen, kartoniert. ●●

Von Ajax bis Zamperl
Die beliebtesten Hunde-Namen
(**1174**-1) Von H.-J. Schließke, ca. 80 S., kartoniert. ●

Katzen
Rassen · Verhalten · Pflege · Zucht
(**4158**-6) Von B. Gerber, 176 S., 294 Farb- und 88 s/w-Fotos, Pappband. ●●●●

Das neue Katzenbuch
Rassen · Aufzucht · Pflege.
(**0427**-3) Von B. Eilert-Overbeck, 120 S., 14 Farbfotos, 26 s/w-Fotos, kartoniert. ●

Katzenkrankheiten
erkennen und behandeln
(**1078**-8) Von Dr. med. vet. R. Spangenberg, 104 S., 40 Farbfotos und 11 Farbzeichnungen, kartoniert. ●●

Junge Katzen
(**0862**-7) Von Dr. med. vet. E. M. Bartenschlager, 72 S., 40 Farbfotos, 4 Farbzeichnungen, kartoniert. ●

Pferde
(**4186**-1) Von H. Werner, 176 S., 196 Farb- und 50 s/w-Fotos, 100 Zeichnungen, Pappband. ●●●●

Reiten im Bild
(**0415**-X) Von H. Werner, 128 S., 142 Farbfotos, 107 Farbzeichnungen, kartoniert. ●●

Der Hobby-Imker
(**0978**-X) Von Dr. R. F. A. Moritz, 144 S., 106 zweifarbige Zeichnungen, kartoniert. ●●

Geflügelhaltung als Hobby
(**0749**-3) Von M. Baumeister, H. Meyer, 184 S., 8 Farbtafeln, 47 s/w-Fotos, 15 zweifarbige Zeichnungen, kartoniert. ●●

Sittiche und kleine Papageien
(**0864**-3) Von Dr. med. vet. E. M. Bartenschlager, 88 S., 84 Farbfotos, 9 Zeichnungen, kartoniert. ●

Alles über Wellensittiche
(**1129**-6) Von H. Bielfeld, 64 S., 53 Farbfotos, 3 Zeichnungen, kartoniert. ●●

Alles über Kanarienvögel
(**0901**-1) Von H. Schnoor, 64 S., 58 Farbfotos und Zeichnungen, kartoniert. ●

Die Tiersprechstunde
Artgerechte Vogelfütterung im Winter
(**0908**-9) Von Dr. W. Keil, 64 S., 51 Farbfotos und Zeichnungen, kartoniert. ●

Süßwasser-Aquarium
(**4191**-8) Von H. J. Mayland, 288 S., 564 Farbfotos, 75 Zeichnungen, Pappband. ●●●●●

Die Tiersprechstunde
Gesunde Fische im Süßwasseraquarium
(**1013**-3) Von H. J. Mayland, 96 S., 73 Farbfotos, 10 Zeichnungen, kartoniert. ●

Tiere im Wassergarten
(**0808**-2) Von Dr. med. vet. E. M. Bartenschlager, 96 S., 84 Farbfotos, 7 Zeichnungen, kartoniert. ●●

Die Tiersprechstunde
Alles über Zwerg- und Goldhamster
(**1012**-5) Von M. Mettler, 96 S., 96 Farbfotos, kartoniert. ●

Alles über Chinchillas und Degus
(**1130**-X) Von M. Mettler, 96 S., 80 Farbfotos, 3 Zeichnungen, kartoniert. ●●

Alles über Meerschweinchen
(**0809**-0) Von Dr. med. vet. E. M. Bartenschlager, 72 S., 43 Farbfotos, 11 Farbzeichnungen, kartoniert. ●

Alles über Igel in Natur und Haus
(**0810**-4) Von Dr. med. vet. E. M. Bartenschlager, 68 S., 51 Farbfotos, kartoniert. ●

Alles über Zwergkaninchen
(**1075**-3) Von M. Mettler, 64 S., 52 Farbfotos, kartoniert. ●

Reise

Vom Morgenland ins Reich der Sonnengöttin
Lebensbilder aus dem Nahen und Fernen Osten. (**4449**-6) Von J. Schneider, H. Schoen, 160 S., 266 Farbfotos, 1 farbige Karte, Pappband. ●●●●

Traumreisen
Unterwegs auf den schönsten Straßen der Welt. (**4468**-2) Von T. Pehle, 192 S., 288 Farbfotos, 12 Zeichnungen, Pappband. ●●●●

Streifzüge durch die deutsche Kulturgeschichte
(**4490**-9) Von L. von Saalfeld, Dr. D. Kreidt, U. Stöckel, A. Hürmer, 208 S., über 100 Farbfotos, 52 Lagepläne, Pappband. ●●●

Der Metternich 90/91
Die besten Adressen für Feinschmecker in Deutschland. (**4488**-7) Hrsg. von P. A. Fürst von Metternich-Winneburg, bearbeitet von C. Arius, 464 S., 366 Farbfotos, 5 Übersichtskarten, Pappband. ●●●●

Berlin
Die neue Metropole
(**1145**-8) Von R. Mader, 96 S., 116 Farbfotos, 15 hist. Landschafts- und Städteabbildungen, 1 Stadtplan, kartoniert. ●●

An der Ostseeküste in Mecklenburg
(**1137**-7) Von R. Mader, 96 S., 94 Farbfotos, 18 hist. Städte- und Landschaftsabbildungen, kartoniert. ●●

Der Thüringer Wald und die Dichterstädte
(**1135**-0) Von R. Mader, 96 S., 95 Farbfotos, 17 hist. Landschafts- und Städteabbildungen, kartoniert. ●●

Der Harz
(**1144**-X) Von R. Mader, 96 S., 100 Farbfotos, 17 hist. Städte- und Landschaftsabbildungen, kartoniert. ●●

Dresden
Barockperle an der Elbe
(**1134**-2) Von R. Mader, 96 S., 97 Farbfotos, 13 hist. Landschafts- und Städteabbildungen, 1 s/w-Foto, 1 aufklappbarer Stadtplan, kart. ●●

Vom Spreewald zur Lausitz
(**1136**-9) Von R. Mader, 96 S., 95 Farbfotos, 11 hist. Landschafts- und Städteabbildungen, 1 Panoramakarte, kartoniert. ●●

FALKEN Video
Reiseziel DDR
(**6061**-0) VHS, ca. 60 Minuten, in Farbe, Kompaktreiseführer mit Panoramakarte im Taschenformat. ●●●●•

FALKEN Video
Reiseziel Berlin
(**6067**-X) VHS, ca. 60 Minuten, in Farbe, Kompaktreiseführer mit Panoramakarte im Taschenformat. ●●●●●•

FALKEN Video
Reiseziel Ostseeküste DDR
(**6062**-9) VHS, ca. 60 Minuten, in Farbe, Kompaktreiseführer mit Panoramakarte im Taschenformat. ●●●●●•

FALKEN Video
Reiseziel USA
Der Südwesten mit LAS VEGAS und den schönsten Sehenswürdigkeiten in den ROCKY MOUNTAINS.
(**6055**-6) VHS, ca. 60 Minuten, in Farbe, Kompaktreiseführer mit Panoramakarte im Taschenformat. ●●●●●•

FALKEN Video
Info-Tour USA
Die Highlights aus dem FALKEN Reiseprogramm New York, Kalifornien, Florida und USA Süd-West.
(**6060**-2) VHS, ca. 30 Minuten, in Farbe. ●•

FALKEN Video
Reiseziel New York
(**6048**-3) VHS, ca. 60 Minuten, in Farbe, mit Begleitbroschüre. ●●●●●•

FALKEN Video
Reiseziel Florida
(**6054**-8) VHS, ca. 60 Minuten, in Farbe, Kompaktreiseführer mit Panoramakarte im Taschenformat. ●●●●●•

FALKEN Video
Reiseziel Kalifornien
San Francisco und die schönsten Ziele in Kalifornien.
(**6049**-1) VHS, ca. 60 Minuten, in Farbe, mit Begleitbroschüre. ●●●●●•

FALKEN Video
Reiseziel Hawaii
(**6063**-7) VHS, ca. 60 Minuten, in Farbe, Kompaktreiseführer mit Panoramakarte im Taschenformat. ●●●●●•

FALKEN Video
Reiseziel Thailand
Exotisches Bangkok, traumhafte Strände, berühmte Tempel und Paläste.
(**6065**-3) VHS, ca. 60 Minuten, in Farbe, Kompaktreiseführer mit Panoramakarte im Taschenformat. ●●●●●•

FALKEN Video
Reiseziel Kanarische Inseln
Schöne Strände, interessante Exkursionen.
(**6065**-5) VHS, ca. 60 Minuten, in Farbe, Kompaktreiseführer mit Panoramakarte im Taschenformat. ●●●●●•

FALKEN Video
Reiseziel Irland
Entdeckungsreise mit Boot und Planwagen, präzise Informationen, praktische Tips.
(**6059**-9) VHS, ca. 60 Minuten, in Farbe, Kompaktreiseführer mit Panoramakarte im Taschenformat. ●●●●●•

FALKEN Video
Reiseziel Norwegen
Rundreise zu den schönsten Fjorden, präzise Informationen, praktische Tips.
(**6058**-0) VHS, ca. 60 Minuten, in Farbe, Kompaktreiseführer mit Panoramakarte im Taschenformat. ●●●●●•

Rat und Wissen

Der gute Ton
in Gesellschaft und Beruf.
(**0063**-4) Von I. Wolter, 80 S., 42 s/w-Fotos, 7 Zeichnungen, kartoniert. ●

Der gute Ton
im Privatleben.
(**1111**-3) Von I. Wolter, bearbeitet von Wolf Stenzel, 104 S., 42 s/w-Abbildungen, kartoniert. ●

Umgangsformen heute
Die Empfehlungen des Fachausschusses für Umgangsformen.
(**4015**-6) 252 S., 108 s/w-Fotos, 17 Zeichnungen, Pappband. ●●●

Benehmen bei Tisch
(**0988**-7) Von I. Cording, 80 S., 90 Farbfotos, 5 s/w-Zeichnungen, kartoniert. ●●

Krawatten
Fliegen, Schals und Tücher gekonnt binden
(**1072**-9) Von Y. Thalheim, H. Nadolny, 48 S., 129 Farbfotos, 1 s/w-Foto, Pappband. ●

Wir heiraten
Ratgeber zur Vorbereitung und Festgestaltung der Verlobung und Hochzeit.
(**4188**-8) Von C. Poensgen, 216 S., 8 s/w-Fotos, 30 s/w-Zeichnungen, 8 Farbtafeln, Pappband. ●●●

Von der Verlobung zur Goldenen Hochzeit
(**0393**-5) Von E. Runge, 112 S., kartoniert. ●

Hochzeits- und Bierzeitungen
Muster, Tips und Anregungen.
(**0288**-2) Von H.-J. Winkler, mit vielen Text- und Gestaltungsanregungen, 116 S., 15 Abb., 1 Musterzeitung, kartoniert. ●

Die Silberhochzeit
Vorbereitung · Einladung · Geschenkvorschläge · Dekoration · Festablauf · Menüs · Reden · Glückwünsche. (**0542**-3) Von K. F. Merkle, 112 S., 41 Zeichnungen, kart. ●

Wie soll es heißen?
(**0211**-4) Von D. Köhr, 136 S., kartoniert. ●

Unsere beliebtesten Vornamen
(**1023**-0) Von A. F. W. Weigel, 160 S., 75 s/w-Fotos, Pappband. ●●

Kindergedichte, Lieder und Sketche für Hochzeitsfeiern
(**1112**-1) Von B. Lins, 72 S., 26 farbige Abbildungen, 15 Lieder, kartoniert. ●

Kindergedichte zur grünen, silbernen und goldenen Hochzeit
(**0318**-8) Von H.-J. Winkler, 104 S., 20 Abb., kartoniert. ●

Kindergedichte für Familienfeste
(**0860**-0) Von B. H. Bull, 96 S., 20 Zeichnungen, kartoniert. ●

Kindergedichte rund ums Jahr
(**1040**-0) Von A. Schweiggert, 80 S., 49 Zeichnungen, 6 Vignetten, kartoniert. ●

Ins Gästebuch geschrieben
(**0576**-8) Von K. H. Trabeck, 96 S., 24 Zeichnungen, kartoniert. ●

Der Verseschmied
Kleiner Leitfaden für Hobbydichter. Mit Reimlexikon.
(**0597**-0) Von T. Parisius, 96 S., 28 Zeichnungen, kartoniert. ●

Die schönsten Volkslieder
(**0432**-X) Hrsg. D. Walther, 128 S., mit Noten und Zeichnungen, kartoniert. ●

Wo man singt...
Lieder aus Deutschland
(**4507**-7) Hrsg. von R. Werion, Prof. H. Rauhe, H. R. Beierlein, 288 S., 217 Farbzeichnungen, Pappband. ●●●

Neue Glückwunschfibel
für groß und klein. (**0156**-8) Von R. Christian-Hildebrandt, 96 S., 13 Vignetten, kartoniert. ●

Großes Buch der Glückwünsche
(**0255**-6) Hrsg. von O. Fuhrmann, 176 S., 77 Zeichnungen und viele Gestaltungsvorschläge, kartoniert. ●●

Verse fürs Poesiealbum
(**0241**-6) Von I. Wolter, 96 S., 20 Abb., kartoniert. ●

Heiter und besinnliche
Verse fürs Poesiealbum
(**1069**-9) Von B. H. Bull, 160 S., 70 zweifarbige Illustrationen, Pappband. ●●

Reden und Ansprachen
für jeden Anlaß. (**4009**-1) Hrsg. von F. Sicker, 454 S., gebunden. ●●●●

Die Kunst der freien Rede
Ein Intensivkurs mit vielen Übungen, Beispielen und Lösungen.
(**4189**-6) Von G. Hirsch, 232 S., 11 Zeichnungen, Pappband. ●●●

Festreden und Vereinsreden
Muster für alle Gelegenheiten
(**0069**-3) Von K. Lehnhoff, E. Ruge, 96 S., kartoniert. ●

Trinksprüche, Gästebuchverse, Richtsprüche
(**0224**-6) Von D. Kellermann, 96 S., kartoniert. ●

Glückwünsche, Toasts und Festreden zur Hochzeit
(**0264**-5) Von I. Wolter, 112 S., 18 Zeichnungen, kartoniert. ●

Reden zur Taufe, Kommunion und Konfirmation
(**0751**-5) Von G. Georg, 96 S., kartoniert. ●

Reden zu Familienfesten
Musteransprachen für viele Gelegenheiten
(**0675**-6) Von G. Georg, 112 S., kartoniert. ●

Reden im Verein
Musteransprachen für viele Gelegenheiten
(**0703**-5) Von G. Georg, 112 S., kartoniert. ●

Reden zum Jubiläum
Musteransprachen für viele Gelegenheiten
(**0595**-4) Von G. Georg, 112 S., kartoniert. ●

Reden und Sprüche zu Grundsteinlegung, Richtfest und Einzug
(**0598**-0) Von A. Bruder, G. Georg, 96 S., kartoniert. ●

Die überzeugende Rede
Mehr Erfolg durch bessere Rhetorik
(**0076**-6) Von K. Wolter, G. Kunz, 96 S., kartoniert. ●

Moderne Korrespondenz
Handbuch für erfolgreiche Briefe
(**4014**-8) Von H. Kirst und W. Manekeller, 544 S., Pappband. ●●●●

Musterbriefe
für alle Gelegenheiten.
(**0231**-9) Hrsg. von O. Fuhrmann, 240 S., kartoniert. ●●

FALKEN-Software
Musterkorrespondenz in Deutsch, Englisch, Französisch, Italienisch, Spanisch
(**7041**-1) Diskette 5 1/4" für IBM-PC + Kompatible, mit Begleitbroschüre. ●●●●●•

(**7051**-9) Diskette 3 1/2" für IBM-PC + Kompatible, mit Begleitbroschüre. ●●●●●•

FALKEN-Software
TEXAD
Das komfortable Korrespondenzprogramm für den privaten und geschäftlichen Bereich (**7017**-9) 2 Disketten für IBM-PC + Kompatible, 5 1/4", mit Begleitheft, **DM 198,–***, S 1980,-*, SFr 198,–*.
(**7048**-9) Diskette 3 1/2", mit Handbuch. ●●●●●*

(**7049**-7) Demo-Version 5 1/4", o. Handbuch. ●●*

(**7050**-0) Demo-Version 3 1/2", o. Handbuch. ●●*

Privatbriefe
Muster für alle Gelegenheiten. (**0114**-2) Von I. Wolter-Rosendorf, 112 S., kart.●

Erfolgstips für den Schriftverkehr
Briefgestaltung · Rechtschreibung · Zeichensetzung · Stil. (**0678**-0) Von U. Schoenwald, 112 S., kart.●

Geschäftliche Briefe
des Privatmanns, Handwerkers, Kaufmanns (**0041**-3) Von A. Römer, 124 S., kart. ●

Behördenkorrespondenz
Musterbriefe · Anträge · Einsprüche (**0412**-5) Von E.Ruge, 112 S., kart.●

Worte und Briefe der Anteilnahme
(**0464**-8) Von E. Ruge, 96 S., mit vielen Abb., kart. ●

Briefe zu Geburt und Taufe
Glückwünsche und Danksagungen. (**0802**-3) Von H. Beitz, 96 S., 12 Zeichnungen, kart. ●

Briefe zum Geburtstag
Glückwünsche und Danksagungen. (**0822**-8) Von H. Beitz, 104 S., 22 Zeichnungen, kart. ●

Briefe der Liebe
Anregungen für gefühlvolle und zärtliche Worte. (**0903**-8) Hrsg. von H. Beitz, 96 S., 4 Zeichnungen, kart. ●

Erziehungsgeld, Mutterschutz, Erziehungsurlaub
Das neue Recht für Eltern
(**0835**-X) Von J. Grönert, 144 S., kart. ●

Liebe ja – Ehe nein
Die nichteheliche Lebensgemeinschaft (**1071**-0) Von T. Drewes, 104 S., 8 s/w-Zeichnungen, kartoniert. ●

Scheidung und Unterhalt
nach dem neuen Eherecht.
(**0403**-6) Von T.Drewes, 112 S., mit Kosten und Unterhaltstabellen, kart. ●

Testament und Erbschaft
Erbfolge, Rechte und Pflichten der Erben, Erbschafts- und Schenkungssteuer, Mustertestamente. (**4139**-X) Von T. Drewes, R. Hollender, 304 S., Pappband. ●●●

Der letzte Wille
Ratgeber für Erblasser, Erben und Hinterbliebene in Rechts-, Versorgungs- und Steuerfragen (**0939**-9) Von T. Drewes, 136 S., 9 s/w-Zeichnungen, kart. ●●

Mietrecht
Leitfaden für Mieter und Vermieter
(**0479**-6) Von J. Beuthner, 196 S., kart. ●●

Präzise Ratschläge für **Ihre optimale Rente**
Vorbereitung · Berechnungsgrundlagen · Gesetzesänderungen · Individuelle Rechenbeispiele. (**0806**-6) Von K. Möcks, 96 S., 24 Formulare, 1 Graphik, kart. ●

Haushaltstips praktisch und umweltfreundlich
(**1046**-X) Von K. Winkell, 96 S., 36 Zeichnungen, kartoniert. ●

Haushaltstips von A – Z
(**0759**-0) Von A. Eder, 80 S., 30 Zeichnungen, kartoniert. ●

Der Umweltfahrplan
Ein praktischer Ratgeber für Haushalt und Familie
(**1103**-2) Von K. Riedesser, hrsg. von der Aktionsgemeinschaft Umwelt, Gesundheit, Ernährung e. V., Hamburg, 144 S., 34 s/w-Zeichnungen, kart. ●

Wege zum Börsenerfolg
Aktien · Anleihen · Optionen
(**4275**-2) Von H. Krause, 252 S., 4 s/w-Fotos, 86 Zeichnungen, Pappband. ●●●●

FALKEN-Software
Börsenfieber
Spielend spekulieren mit Geld und Aktien (**7016**-0) IBM-PC und Kompatible, Diskette 5 1/4", mit Begleitheft, ●●●●●*

(**7026**-8) für C 64/C 128 PC, mit Begleitheft
(**7027**-6) für Atarai ST 520/1040, mit Begleitheft
(**7028**-4) für Amiga, mit Begleitheft
(**7044**-6) für IBM PC + Kompatible, Diskette 3 1/2", mit Begleitheft.

FALKEN-Software
Börsenfieber
Über 100 neue Ereignisse
(**7066**-7) Diskette 5 1/4" für IBM-PC + Kompatible, mit Begleitbroschüre. ●●●*
(**7067**-5) Diskette 3 1/2" für IBM-PC + Kompatible, mit Begleitheft. ●●●*

FALKEN-Software
Broker King
Cash und crash an der Terminbörse. Mit Warentermingeschäft und Optionshandel (**7057**-8) Diskette 5 1/4" für IBM-PC + Kompatible, mit Begleitbroschüre. ●●●●● *

(**7058**-6) Diskette 3 1/2" für IBM-PC + Kompatible, mit Begleitbroschüre. ●●●●●*

Richtige Groß- und Kleinschreibung
durch neue, vereinfachte Regeln. Erläuterungen der Zweifelsfragen anhand vieler Beispiele.
(**0897**-X) Von Prof. Dr. Ch. Stetter, 96 S., kart. ●

Gutes Deutsch schreiben und sprechen
(**4432**-1) Von W. Manekeller, Dr. G. Reinert-Schneider, 416 S., durchgehend zweifarbig, Pappband. ●●●●

Mehr Erfolg in der Schule
Deutsche Rechtschreibung und Grammatik
Übungen und Beispiele für die Klassen 5-10. (**4407**-0) Von K. Schreiner, 256 S., durchgehend zweifarbig, Pappband. ●●●●

Richtiges Deutsch Rechtschreibung · Zeichensetzung · Grammatik · Stilkunde. (**0551**- 2) Von K. Schreiner, 128 S., 7 Zeichnungen, kart. ●

Besseres Deutsch
Mit Übungen und Beispielen für Rechtschreibung, Diktate, Zeichensetzung, Aufsätze, Grammatik, Literaturbetrachtung, Stil, Briefe, Fremdwörter, Reden.
(**4115**-2) Von K. Schreiner, 444 S., 7 s/w-Fotos, 27 Zeichnungen, Pappband. ●●●

Richtige Zeichensetzung
durch neue, vereinfachte Regeln. Erläuterungen der Zweifelsfragen anhand vieler Beispiele.
(**0744**-4) Von Prof. Dr. Ch. Stetter, 160 S., kart. ●

Diktate besser schreiben
Übungen zur Rechtschreibung für die Klassen 4 bis 8
(**0469**-9) Von K. Schreiner, 152 S., 31 Zeichnungen, kartoniert. ●●

Deutsche Grammatik
Ein Lern- und Übungsbuch
(**0704**-3) Von K. Schreiner, 122 S., kart. ●

Aufsätze besser schreiben
Förderkurs für die Klassen 4 – 10
(**0429**-X) Von K. Schreiner, 144 S., 31 Abb., kartoniert. ●●

Mehr Erfolg in der Schule
Der Deutschaufsatz
Übungen und Beipiele für die Klassen 5-10. (**4271**-X) Von K. Schreiner, 240 S., 4 s/w-Fotos, 51 Zeichnungen, Pappband. ●●●

Mehr Erfolg in der Schule
Deutsch
Textinterpretation, Literaturgeschichte und Stilkunde
(**4483**-6) Von K. Schreiner, 272 S., 43 zweifarbige Zeichnungen, Pappband. ●●●●

Mehr Erfolg in der Schule **Mathematik 1**
Arithmetik und Algebra. Übungen, Beispiele und Lösungen für die Klassen 5 bis 10. (**4420**-8) Von R. Müller-Fonfara, 256 S., 193 Zeichn., 2 s/w-Fotos, Pappband. ●●●

Mehr Erfolg in der Schule
Mathematik 2
Geometrie, Statistik, Wahrscheinlichkeitsrechnung und kaufmännisches Rechnen (**4456**-9) Von R. Müller-Fonfara, W. Scholl, 256 S., 6 s/w-Fotos, 304 Zeichnungen, Pappband. ●●●

Mathematische Formeln für Schule und Beruf
Mit Beispielen und Erklärungen.
(**0499**-0) Von R. Müller-Fonfara, 156 S., 210 Zeichnungen, kart. ●

Schülerlexikon der Mathematik
Formeln, Übungen und Begriffserklärungen für die Klassen 5 – 10
(**0430**-3) Von R. Müller-Fonfara, 176 S., 96 Zeichnungen, kart. ●

Mathematik-Textaufgaben leicht gelöst
Aufgaben · Lösungsstrategien · Anwendungsbeispiele
(**1022**-2) Von R. Müller-Fonfara, 128 S., 4 Zeichnungen, kartoniert. ●●

Rechnen aufgefrischt für Schule und Beruf. (**0100**-2) Von H. Rausch, 144 S., kart. ●

FALKEN-Software
Wirtschaftsrechnen in Beruf und Alltag
(**7037**-3) Diskette für IBM-PC und Kompatible, mit Begleitheft. ●●●●●*

Mehr Erfolg in der Schule
Physik
Mechanik · Wärmelehre · Optik · Elektrizität · Atomphysik
(**4448**-8) Von Dr. T. Neubert, 240 S., 219 Zeichnungen, Pappband. ●●●●

Physik verständlich
Förderkurs für die Klassen 7 bis 10
(**0926**-7) Von Dr. Th. Neubert, 136 S., 146 s/w-Zeichnungen, 166 Aufgaben, kart. ●●

Besseres Englisch
Grammatik und Übungen für die Klassen 5 bis 10.
(**0745**-0) Von E. Henrichs, 144 S., kart. ●●

Mehr Erfolg in der Schule
Englische Grammatik
Regeln und Übungen für die Klassen 5 bis 13 (**4431**-3) Von E. Henrichs-Kleinen, 256 S., durchgehend zweifarbig, Pappband. ●●●

FALKEN-Software
Business English for Secretaries
Lernen und üben in berufsbezogenen Situationen (**7035**-7) Diskette 5 1/4" für IBM-PC + Kompatible, mit Begleitbroschüre. ●●●●●*

(**7059**-4) Diskette 3 1/2" für IBM-PC + Kompatible, mit Begleitbroschüre. ●●●●●*

FALKEN-Software
The Grammar-Master
Englische Grammatik üben und beherrschen (**7002**-0) Diskette für den C 64/C 128 PC ●●●●*

(**7030**-6) Diskette für IBM-PC + Kompatible, mit Begleitheft. ●●●●● *

(**7031**-4) Diskette für Atari ST 520/1040, mit Begleitheft. ●●●●● *

(**7032**-2) Diskette für Amiga, mit Begleitheft. ●●●●●*

FALKEN-Software
Vokabeltrainer Englisch
Von B. Hoppius. (**7001**-2) 2 Disketten für C 64/C 128 PC mit Begleitheft. ●●●●●*

(**7007**-1) Wendediskette für Atari ST 520/1040, mit Begleitheft. ●●●●●*

(**7034**-9) Diskette 5 1/4" für IBM-PC + Kompatible, mit Begleitheft. ●●●●●*

(**7084**-5) Diskette 3 1/2" für IBM-PC + Kompatible, mit Begleitheft. ●●●●●*

FALKEN-Software
Vokabeltrainer Französisch
Über 2000 Vokabeln und Redewendungen frei erweiterbar
(**7018**-7) Systemdiskette u. Wendediskette für C 64/C 128 PC, mit Begleitheft, (**7019**-5) Diskette 5 1/4" für IBM-PC und Komp., mit Begleitheft. ●●●●●*

FALKEN-Software
Je finis, tu finis...
maitrisez la grammaire française
Französische Grammatik lernen und beherrschen
(**7053**-5) Diskette 5 1/4" für IBM-PC + Kompatible, mit Begleitbroschüre. ●●●●●*

(**7069**-1) Diskette 3 1/2" für IBM-PC + Kompatible, mit Begleitbroschüre. ●●●●●*

FALKEN-Software
Le monde des affaires en français
Wirtschaftsfranzösisch leicht gelernt
(**7064**-3) Diskette 5 1/4" für IBM-PC + Kompatible, mit Begleitbroschüre. ●●●●●*

(**7068**-3) Diskette 3 1/2" für IBM-PC + Kompatible, mit Begleitbroschüre. ●●●●●*

Besseres Französisch
Grammatik und Übungen für die Klassen 9 bis 11
(**1039**-7) Von R. Lübke, 114 S., durchgehend zweifarbig, kartoniert. ●●

FALKEN-Software
Vokabeltrainer Italienisch
Über 2000 Vokabeln und Redewendungen frei erweiterbar.
(**7065**-9) Diskette 5 1/4" für IBM-PC + Kompatible, mit Begleitbroschüre. ●●●●●*

(**7064**-0) Diskette 3 1/2" für IBM-PC + Kompatible, mit Begleitbroschüre. ●●●●●*

FALKEN-Software
Vokabel Trainer Latein
Über 2000 Vokabeln und Redewendungen frei erweiterbar
(**7022**-5) Von B. Hoppius, Wendediskette für C 64/C 128 PC, mit Begleitheft. ●●●●●*

(**7033**-0) Diskette 5 1/4" für IBM-PC + Kompatible, mit Begleitheft. ●●●●●*

(**7085**-3) Diskette 3 1/2" für IBM-PC + Kompatible, mit Begleitheft. ●●●●●*

Schnell und sicher zum Führerschein
Tips und Tricks aus 30jähriger-Fahrschul-Praxis.
(**0921**-6) Von O. Einert, 152 S., 156 Farbfotos, 161 z. T. farb. Zeichnungen, kart. ●●

FALKEN-Software
Schnell und sicher zum Führerschein
Intensivtraining mit dem amtlichen Fragenkatalog
(**7024**-1) Diskette für Atari ST 520/1040, mit Begleitheft. ●●●●● *
(**7029**-2) Diskette für Amiga, mit Begleitheft. ●●●●●*

Erfolgreiche Bewerbung um einen Ausbildungsplatz
(**0715**-9) Von H. Friedrich, 128 S., kart. ●

Bewerbungsstrategien
Erfolgreiche Konzepte für Karrierebewußte
(**1027**-3) Von Dr. W. Reichel, 128 S., kartoniert. ●●

Karriereplanung mit System
Bewerbungsstrategien für erfolgsorientierte Frauen
(**4455**-0) Von R. Ibelgaufts, 144 S., 20 Cartoons, Pappband. ●●

Die Bewerbung
Der moderne Ratgeber für Bewerbungsbriefe, Lebenslauf und Vorstellungsgespräche.
(**4138**-1) Von W. Manekeller, 264 S., Pappband. ●●●

Die erfolgreiche Bewerbung
Bewerbung und Vorstellung
(**0173**-8) Von W. Manekeller, U. Schoenwald, 144 S., kartoniert. ●●

Lebenslauf und Bewerbung
Beispiele für Inhalt, Form und Aufbau
(**0428**-1) Von H. Friedrich, 112 S., kart. ●

Erfolgreiche Bewerbungsbriefe und Bewerbungsformen
(**0138**-X) Von W. Manekeller, U. Schoenwald, 88 S., kart. ●

Vorstellungsgespräche
sicher und erfolgreich führen.
(**0636**-5) Von H. Friedrich, 144 S., kart. ●

Keine Angst vor Einstellungstests
Ein Ratgeber für Bewerber.
(**0793**-6) Von Ch. Titze. 120 S., 67 Zeichnungen, kart. ●

FALKEN-Software
Einstellungstests
(**7013**-6) Von B. Hoppius, Wendediskette für C 64/C 128 PC, mit Begleitheft. ●●●● *

Die ersten Tage am neuen Arbeitsplatz
Ratschläge für den richtigen Umgang mit Kollegen und Vorgesetzten
(**0855**-4) Von H. Friedrich, 104 S., kart. ●

Zeugnisse im Beruf
richtig schreiben, richtig verstehen
(**0544**-X) Von H. Friedrich, 112 S., kart. ●

So lernt man leicht und schnell
Maschinenschreiben
Lehrbuch für Schulen, Lehrgänge und Selbstunterricht. (**0568**-7) Von M. Kempkes, 112 S., 48 Zeichnungen, kart. ●●

FALKEN-Software
Maschinenschreiben und Tastaturtraining für Computer
(**7009**-8) Von B. Hoppius, Diskette 5 1/4" u. 3 1/2" für IBM-PC + Kompatible, mit Begleitheft. ●●●●●*

Maschinenschreiben im Selbstunterricht
(**0170**-3) Von A. Fonfara, 88 S., kart. ●

Buchführung leicht gemacht
Ein methodischer Grundkurs für den Selbstunterricht. (**4238**-8) Von D. Machenheimer, R. Kersten, 252 S., Pappband. ●●●●

Buchführung leicht gefaßt
Für Handwerker, Gewerbetreibende und freiberuflich Tätige. (**0127**-4) Von R. Pohl, 104 S., kart. ●

Stenografie leicht gelernt
im Kursus oder Selbstunterricht
(**0266**-1) Von H. Kaus, 64 S., kart. ●

Gitarre spielen
Ein Grundkurs für den Selbstunterricht
(**0534**-2) Von A. Roßmann, 96 S., 1 Schallfolie, 150 Zeichnungen, kart. ●●●

Das große Buch der
Antworten auf Kinderfragen
(**4477**-1) Von H. Hofmann, U. Kopp, G. Jankovics u. a., 192 S., 308 Farbzeichnungen, Pappband. ●●●

Das neue, farbige
Jugendlexikon
(**4472**-0) Von J. Frey, D. Rex, 304 Seiten, 269 Farb- u. 52 s/w-Fotos, 6 Farbzeichn., Pappband. ●●●

Das große farbige Kinderlexikon
(**4195**-0) Von U. Kopp, 320 S., 493 Farbabb. 17 s/w-Fotos, Pappband. ●●●

Die Faszination der Philatelie
Briefmarken sammeln
(**4273**-6) Von D. Stein, 212 S., 124 s/w-Fotos, 24 Farbtafeln, Pappband. ●●●

Briefmarken sammeln
(**0481**-8) Von D. Stein, 120 S., 4 Farbtafeln, 98 s/w-Abbildungen, kartoniert. ●

Pfeiferauchen leicht gemacht
Die richtige Art, Tabak zu genießen
(**1026**-5) Von O. Pollner, 112 S., 125 Farbfotos, 5 zweifarbige-Abb., kart. ●●

Umweltschutz
Das Öko-Testbuch zur Eigeninitiative
(**4160**-8) Von M. Häfner, 352 S., 411 Farbfotos, 152 Farbzeichnungen, Pappband. ●●●●

Münzen
Ein Brevier für Sammler.
(**0353**-6) Von E. Dehnke, 128 S., 4 Farbtafeln, 17 s/w-Abb., kart. ●●

Astronomie im Bild
Unser Sternenhimmel rund ums Jahr
(**0849**-X) Von Dr. E. Übelacker, 88 S., 48 Farbfotos, 1 s/w-Foto, 68 Farbzeichn, kart. ●●

Astronomie als Hobby
Sternbilder und Planeten erkennen und benennen.
(**0572**-5) Von D. Block, 176 S., 16 Farbtafeln, 49 s/w-Fotos, 93 Zeichnungen, kart. ●●

Die Handschrift als Spiegel des Charakters
Graphologie
(**1025**-7) Von Dr. W. Busch, 104 S., 87 Schriftproben, kartoniert. ●

Familienforschung · Ahnentafel · Wappenkunde
Wege zur eigenen Familienchronik
(**0744**-2) Von P. Bahn, 128 S., 8 Farbtafeln. 30 Abbildungen, kart. ●●

Familienforschung und Wappenkunde
(**4485**-2) Von P. Bahn, 224 S., 114 zweifarbige Abbildungen, Pappband. ●●●●

Wie Sie im Schlaf das Leben meistern
Schöpferisch träumen
Der Klartraum als Lebenshilfe
(**4258**-2) Von Prof. D. P. Tholey, K. Utecht. 280 S., 1 s/w-Foto, 20 Zeichn., Pappband. ●●●

Traumdeutung
Die Bildersprache unserer Traumwelt entschlüsseln
(**4486**-0) Von G. Fink, 384 S., 74 zweifarbige Fotos, Pappband. ●●●●

Wahrsagen mit Tarot-Karten
(**0482**-6) Von E. J. Nigg, 112 S., 52 s/w-Abb., Pappband. ●

Die 12 Tierzeichen
Chinesisches Horoskop
(**0423**-0) Von G. Haddenbach, 88 S., kartoniert. ●

Die 12 Sternzeichen
Charakter, Liebe und Schicksal.
(**0385**-4) Von G. Haddenbach, 136 S., kart. ●●

Partnerschaftshoroskop
Glück und Harmonie mit Ihrem Traumpartner.
(**0507**-3) Von G. Haddenbach, 112 S., 11 Zeichnungen, kart. ●

Im Zeichen der Sterne
(**0951**-8) Der feurige Widder
(**0952**-6) Der willensstarke Stier
(**0953**-4) Die vielseitigen Zwillinge
(**0954**-2) Der feinfühlige Krebs
(**0955**-0) Der königliche Löwe
(**0956**-9) Die zuverlässige Jungfrau
(**0957**-7) Die charmante Waage
(**0958**-5) Der leidenschaftliche Skorpion
(**0959**-3) Der temperamentvolle Schütze
(**0960**-7) Der treue Steinbock
(**0961**-5) Der selbstbewußte Wassermann
(**0962**-3) Die romantischen Fische
Von G. Haddenbach, 64 S., 35 Farbfotos, Pappband. ●

Humor und Unterhaltung

Heitere Vorträge
(**0528**-8) Von E. Müller, 128 S., 14 Zeichnungen, kart. ●

So feiert man Feste fröhlicher
Heitere Vorträge und Gedichte
(**0098**-7) Von Dr. Allos, 96 S., 15 Abb., kart. ●

Heitere Vorträge und witzige Reden
Lachen, Witz und gute Laune
(**0149**-5) Von E. Müller, 104 S., 44 Abb., kart. ●

Da lacht das Publikum
Neue lustige Vorträge für viele Gelegenheiten.
(**0716**-7) Von H. Schmalenbach, 96 S., kart. ●

Gereimte Vorträge
für Bühne und Bütt.
(**0567**-9) Von G. Wagner, 96 S., kart. ●

Narren in der Bütt
Leckerbissen aus dem rheinischen Karneval.
(**0216**-5) Zusammengestellt von T. Lücker, 112 S., kart. ●

Damen in der Bütt
Scherze, Büttenreden, Sketche
(**0354**-4) Von T. Müller, 136 S., kart. ●

Wir feiern Karneval
Festgestaltung und Reden für die närrische Zeit.
(**0904**-6) Von M. Zweigler, 120 S., 7 Zeichnungen, kart. ●

Helau und Alaaf 1 Närrisches aus der Bütt.
(**0304**-8) Von E. Müller, 112 S., 4 Zeichnungen, kart. ●

Helau und Alaaf 2
Neue Büttenreden für Sie und Ihn
(**0477**-X) Von E. Luft, 96 S., kart. ●

Helau und Alaaf 3
Neue Reden für die Bütt.
(**0832**-5) Von H. Fauser, 112 S., 13 Zeichnungen, kart. ●

Helau und Alaaf 4
Neue Büttenreden für Sie und Ihn
(**0983**-6) Hrsg. H. Fauser, 96 S., 15 s/w-Zeichn., zahlreiche Vignetten, kart. ●

Sketche und Blackouts zum Nachspielen
(**0941**-0) Von E. Cohrs, 112 S., 12 Zeichnungen, kart. ●

Vorhang auf!
Neue Sketche für jung und alt.
(**0898**-8) Von H. Pillau, 96 S., 22 Zeichnungen, kart. ●

Witzige Sketche zum Nachspielen
(**0511**-3) Von D. Hallervorden, 112 S., kart. ●●

Tolle Sketche
mit zündenden Pointen – zum Nachspielen.
(**0656**-X) Von E. Cohrs, 112 S., kart. ●

Vergnügliche Sketche
(**0476**-1) Von H. Pillau, 96 S., 7 Zeichn., kart. ●

Lustige Sketche
Kurze Theaterstücke für Jungen und Mädchen
(**0669**-1) Von U. Lietz, U. Lange, 96 S., kart. ●

Spielbare Witze für Kinder
(**0824**-4) Von H. Schmalenbach, 112 S., 30 Zeichnungen, kart. ●

Die besten Beamtenwitze
(**0574**-1) Von W. Pröve, 80 S., 39 Zeichnungen, kart. ●

Witzig, witzig
(**0507**-5) Von E. Müller, 128 S., 16 Zeichnungen kart. ●

Die besten Kinderwitze
(**0757**-4) Von K. Rank, 112 S., 28 Zeichnungen, kart. ●

Lach mit!
Witze für Kinder, gesammelt von Kindern.
(**0468**-0) Von W. Pröve, 96 S., 17 Zeichnungen, kart. ●

Spiele und Denksport

Neues Buch der siebzehn und vier Kartenspiele
(**0095**-2) Von K. Lichtwitz, 96 S., kart. ●

Alles über Pokern
Regeln und Tricks.
(**2024**-4) Von C. D. Grupp, 112 S., 29 Kartenbilder, kart. ●

Romme' und Canasta
in allen Variationen.
(**2025**-2) Von C. D. Grupp, 88 S., 24 Zeichnungen, kart. ●

Doppelkopf, Schafkopf, Binokel, Cego, Tarock und andere Stammtischspiele.
(**2015**-5) Von C. D. Grupp, 112 S., kart. ●

Black Jack
Regeln und Strategien des Kasinospiels.
(**2032**-3) Von K. Kelbratowski, 88 S., kart. ●

Spielend Skat lernen
unter freundlicher Mitarbeit des Deutschen Skatverbandes.
(**2005**-8) Von Th. Krüger, 120 S., 181 s/w-Fotos, 22 Zeichn., kart. ●

Patiencen
In Wort und Bild. (**2003**-1) Von I. Wolter-Rosendorf, 120 S., kart. ●

Neue Patiencen
(**2036**-8) Von H. Sosna, 160 S., 43 Farbtafeln, kart. ●●

Falken-Handbuch **Bridge**
Von den Grundregeln zum Turnierspiel.
(**4092**-X) Von W. Voigt und K. Ritz, 280 S., 792 Zeichnungen, gebunden. ●●●●

Spielend Bridge lernen
(**2012**-0) Von J. Weiss, 96 S., 58 Zeichnungen, kart. ●

Präzisions-Treff im Bridge
(**2037**-6) Von E. Jannersten, 152 S. kart. ●●

Spieltechnik im Bridge
(**2004**-X) Von V. Mollo und N. Gardener, deutsche Adaption von D. Schröder, 152 S., kart. ●●●

Neue Kartentricks
(2027-9) Von K. Pankow, 104 S., 20 Abb., kart. ●

Das japanische Brettspiel Go
(**2020**-1) Von W. Dörholt, 104 S., 182 Diagramme, kart. ●

Mah-Jongg
Das chinesische Glücks-, Kombinations- und Gesellschaftsspiel. (**2030**-9) Von U. Eschenbach, 80 S., 30 s/w-Fotos, 5 Zeichn., kart. ●

Backgammon
für Anfänger und Könner. (**2008**-2) Von G. W. Fink und G. Fuchs, 104 S., 41 Abb., kart. ●

Das Backgammon-Handbuch
(**4422**-4) Von E. Heyken, M. B. Fischer, 232 S., 400 Abbildungen, Pappband. ●●●●

Würfelspiele
für jung und alt. (**2007**-4) Von F. Pruss, 112 S., 21 s/w-Zeichnungen, kart. ●

Roulette richig gespielt
Systemspiele, die Vermögen brachten.
(**0121**-5) Von M. Jung, 96 S., zahlreiche Tabellen, kart. ●

Spiele für Party und Familie
(**2014**-7) Von Rudi Carrell, 80 S., 22 Zeichnungen, kart. ●

Neue Spiele für Ihre Party
(**2022**-8) Von G. Blechner, 120 S., 54 Zeichnungen, kartoniert. ●

Lustige Tanzspiele und Scherztänze
für Partys und Feste.
(**0165**-7) Von E. Bäulke, 80 S., 53 Abb., kart. ●

Das Spiel mit der Schwerkraft
Jonglieren
Mit Bällen, Keulen, Ringen und Diabolo.
(**1009**-5) Von S. Peter, 80 S., 149 Farbfotos, kartoniert. ●●

Magische Zaubereien
(**0672**-1) Von W. Widenmann, 64 S., 31 Zeichnungen, kart. ●

Zaubern
einfach – aber verblüffend.
(**2018**-X) Von D. Bouch, 84 S., 41 Zeichnungen, kart. ●

Scherzfragen, Drudel und Blödeleien
gesammelt von Kindern.
(**0506**-7) Hrsg. von W. Pröve, 80 S., 57 Zeichnungen, kart. ●

Kinderspiele
die Spaß machen.
(**2009**-0) Von H. Müller-Stein, 104 S., 28 Abb., kart. ●

Kinderspiele mit Buchstaben und Wörtern
(**1041**-9) Von Dr. U. Vohland, 96 S., 53 Zeichnungen, kartoniert. ●

Spiel und Spaß am Krankenbett
für Kinder und die ganze Familie.
(**2035**-X) Von H. Bücken, 96 S., 97 Zeichnungen, kart. ●

Spiele im Freien
(**2038**-4) Von G. Wagner, 88 S., 20 zweif. Zeichnungen, kartoniert. ●

Spiel und Spaß zu Hause
(**2039**-2) Von U. Geißler, 80 S., 90 zweifarbige Abbildungen, kart. ●

Spiel und Spaß auf Reisen
Für Kinder und die ganze Familie
(**1085**-0) Von U. Geißler, 80 S., 107 zweifarbige Zeichnungen, kart. ●

Guten Tag, Kinder!
Neue Texte mit Spielanleitungen fürs Kasperletheater. (**0861**-9) Von U. Lietz, 96 S., 18 s/w-Zeichnungen, kart. ●

Kasperletheater
Spieltexte und Spielanleitungen · Basteltips für Theater und Puppen.
(**0641**-1) Von U. Lietz, 114 S., 4 Farbtafeln, 12 s/w-Fotos, 39 Zeichnungen, kart. ●

Kindergeburtstage, die keiner vergißt
Planung, Gestaltung, Spielvorschläge.
(**0698**-5) Von G. und G. Zimmermann, 104 S., 80 Vignetten, kart. ●

Kindergeburtstag
Vorbereitung, Spiel und Spaß.
(**0287**-4) Von Dr. I. Obrig, 136 S., 40 Abb., 11 Zeichnungen, 9 Lieder mit Noten, kart. ●

Unvergeßliche Kinderfeste
Tolle Dekorationen, Spiele, Sketche für drinnen und draußen
(**4457**-7) Von Dr. G. Hennekemper, 192 S., 111 Farbfotos, 214 Farb- und 14 s/w-Zeichnungen, 4 Seiten Schnittmuster, Pappband. ●●●

Knobeleien und Denksport
(**2019**-8) Von K. Rechberger, 142 S., 105 Zeichnungen, kart. ●

Das Super-Kreuzwort-Rätsel-Lexikon
Über 150.000 Begriffe.
(**4279**-5) Von H. Schiefelbein, 688 S., Pappband. ●●

Computerbücher und Software

FALKEN Computer Lexikon
(**4185**-3) 312 S., 173 s/w-Fotos, Pappband. ●●●

Computer-Grundwissen
Eine Einführung in Funktion und Einsatzmöglichkeiten. (**4359**-7) Von Chr. T. Wolff, 176 S., 193 Farb- und 12 s/w-Fotos, 37 Computergrafiken, kartoniert. ●●● (**4358**-9) Pappband. ●●●●

Daten-Fernübertragung
Vom Akustikkoppler bis zum lokalen Netzwerk
(**4325**-2) Von P. C. den Heijer, R. Tolsma, 272 S., zahlreiche Abb., kartoniert. ●●●●●

Microsoft Excel
Tabellenkalkulationen, Geschäftsgrafik und Datenbank im Selbststudium für alle Versionen bis 2.1. Mit Tutor-Diskette.
(**4333**-3) Von P. Vogel, M. Hofmann, 176 S., 112 zweifarbige Abb., kartoniert. ●●●●●

Desktop Publishing: Typografie und Layout
Seiten gestalten am PC · für Einsteiger und Profis
(**4330**-9) Von Dr. H. D. Baumann, M. Klein, 320 S., zahlreiche zweifarbige Abb., Pappband. ●●●●●

Einführung in Pascal
Garantiert Pascal lernen durch schrittweise Erarbeitung
(**4329**-5) Von R. Röder, 270 S., durchgehend zweifarbig, Pappband. ●●●●●

Einführung in C
(**4336**-8) Von A. Janka, P. Welzig, 270 S., zahlreiche Abbildungen, mit Begleitdiskette 5 1/4", Pappband. ●●●●●

PC HELP!
CONFIG.SYS und AUTOEXEC. BAT
Optimale Systemkonfiguration
(**4338**-4) Von A. Görgens, 64 S., ca. 50 s/w-Abbildungen und Grafiken, kartoniert. ●●

PC HELP!
DOS-Kommandos richtig nutzen
(**4339**-2) Von A. Görgens, 64 S., ca. 50 s/w-Abbildungen und Grafiken, kartoniert. ●●

PC HELP!
Dateien retten mit Norton Utilities und PC-Tools
(**4340**-6) Von A. Görgens, 64 S., ca. 50 s/w-Abbildungen und Grafiken, kartoniert. ●●

PC HELP!
Batch-Dateien – DOS-Abläufe selber festlegen
(**4341**-4) Von A. Görgens, 64 S., ca. 50 s/w-Abbildungen und Grafiken, kartoniert. ●●

PC HELP!
Word – Serienbriefe
(**4342**-2) Von P. Vogel, 64 S., ca. 50 s/w-Abbildungen und Grafiken, kartoniert. ●●

PC HELP!
Geschäftsgrafiken mit Lotus 1-2-3
(**4343**-0) Von P. Vogel, 64 S., ca. 50 s/w-Abbildungen und Grafiken, kartoniert. ●●

PC HELP!
Die ersten Schritte mit dem PC
(**4344**-9) Von P. Vogel, H. Ebsen, 64 S., ca. 50 s/w-Abbildungen und Grafiken, kart. ●●

PC HELP!
Mehr Speicher unter DOS nutzen
(**4345**-7) Von K. O. Kuhl, 64 S., ca. 50 s/w-Abbildungen und Grafiken, kartoniert. ●●

PC HELP!
Viren erkennen und beseitigen
(**4346**-5) Von M. Hofmann, 64 S., ca. 50 s/w-Abbildungen und Grafiken, kartoniert. ●●

PC HELP!
dBASE-Relationen richtig nutzen
(**4347**-3) Von M. Hofmann, 64 S., ca. 50 s/w-Abbildungen und Grafiken, kartoniert. ●●

PC HELP!
Termine steuern mit FRAMEWORK III
(**4348**-1) Von M. Hofmann, 64 S., ca. 50 s/w-Abbildungen und Grafiken, kartoniert. ●●

PC HELP!
Listendruck mit dBASE und kompatiblen Programmen
(**4349**-X) Von M. Hofmann, 64 S., ca. 50 s/w-Abbildungen und Grafiken, kartoniert. ●●

FALKEN Software
Einstellungstests
Die optimale Vorbereitung für Bewerber
(**7013**-6) Wendediskette für C 64/C 128 PC, mit Begleitheft. ●●●●•

FALKEN Software
Schnell und sicher zum
Führerschein
Intensivtraining mit dem amtlichen Fragenkatalog
(**7024**-1) für Atari ST 520/1040, mit Begleitheft. ●●●●●•

(**7029**-2) f. Amiga, mit Begleitheft. ●●●●●•

FALKEN Software
Maschinenschreiben und Tastaturtraining für Computer
(**7009**-8) Von B. Hoppius, Diskette 5 1/4" u. 3 1/2" für IBM PC + Kompatible, mit Begleitheft. ●●●●●•

FALKEN Software
Musterkorrespondenz in Deutsch, Englisch, Französisch, Italienisch, Spanisch
(**7041**-1) Diskette 5 1/4" für IBM-PC + Kompatible, mit Begleitbroschüre. ●●●●●•
(**7051**-9) Diskette 3 1/2" für IBM-PC + Kompatible, mit Begleitbroschüre. ●●●●●•

FALKEN Software
TEXAD
Text- und Adressenverwaltung
Mit Musterbriefen und Formularen für den privaten und geschäftlichen Bereich
(**7017**-9) für IBM-PC und Kompatible, Disk, 5 1/4", mit Begleitheft. ●●●●●•

(**7048**-9) Diskette 3 1/2", mit Handbuch. ●●●●●•
(**7049**-7) Demo-Version 5 1/4", ohne Handbuch. ●●•
(**7050**-0) Demo-Version 3 1/2", ohne Handbuch. ●●•

FALKEN Software
DOS-Tutor
DOS lernen, üben und beherrschen
(**7020**-9) Diskette 5 1/4" für IBM PC + Kompatible, mit Begleitheft. ●●●●●•
(**7021**-7) Diskette 3 1/2" für IBM PC + Kompatible, mit Begleitheft. ●●●●●•

FALKEN Software
Wirtschaftsrechnen in Beruf und Alltag.
(**7037**-3) Diskette für IBM PC + Kompatible, mit Begleitheft. ●●●●●•

FALKEN Software
Vokabeltrainer Englisch
Über 2000 Vokabeln und Redewendungen
(**7001**-2) Disk. für C 64/C 128 PC, mit Begleitheft ●●●●●•

(**7007**-1) Disk. für Atari ST 520/1040, mit Begleitheft. ●●●●●•

FALKEN Software
Take a Trip to Britain
Spielend Englisch lernen mit dem Computer
(**7004**-7) Diskette für C 64/C 128 PC, mit Begleitheft. ●●●●•
(**7039**-X) Diskette 5 1/4" für IBM-PC + Kompatible, mit Begleitheft. ●●●●●•

FALKEN Software
The Grammar Master
(**7002**-0) Diskette für C 64/C 128 PC, mit Begleitheft. ●●●●•
(**7030**-6) für IBM PC + Kompatible, mit Begleitheft. ●●●●●•
(**7031**-4) für Atari ST 520/1040, mit Begleitheft. ●●●●●•
(**7032**-2) für Amiga, mit Begleitheft. ●●●●●•

FALKEN Software
From Coast to Coast
Travelling through the USA
(**7040**-3) Diskette 5 1/4" für IBM-PC + Kompatible, mit Begleitbroschüre. ●●●●●•
(**7061**-6) Diskette 3 1/2" für IBM-PC + Kompatible, mit Begleitbroschüre. ●●●●●•

FALKEN Software
Vokabeltrainer Französisch
Über 2000 Vokabeln und Redewendungen frei erweiterbar.
(**7018**-7) Systemdisk. + Wendedisk. für C 64/C 128 PC, mit Begleitheft. (**7019**-5) Disk. für IBM-PC + Kompatible, mit Begleitheft. ●●●●●•

FALKEN Software
Je finis, tu finis… maîtrisez la grammaire française
Französische Grammatik lernen und beherrschen
(**7053**-5) Diskette 5 1/4" für IBM-PC + Kompatible, mit Begleitbroschüre. ●●●●●•
(**7069**-1) Diskette 3 1/2" für IBM-PC + Kompatible, mit Begleitbroschüre. ●●●●●•

FALKEN Software
Le monde des affaires en français
Wirtschaftsfranzösisch leicht gelernt
(**7054**-3) Diskette 5 1/4" für IBM-PC + Kompatible, mit Begleitbroschüre. ●●●●●•
(**7068**-3) Diskette 3 1/2" für IBM-PC + Kompatible, mit Begleitbroschüre. ●●●●●•

FALKEN Software
Vokabeltrainer Italienisch
Über 2000 Vokabeln und Redewendungen frei erweiterbar.
(**7065**-9) Diskette 5 1/4" für IBM-PC + Kompatible, mit Begleitbroschüre. ●●●●●•
(**7064**-0) Diskette 3 1/2" für IBM-PC + Kompatible, mit Begleitbroschüre. ●●●●●•

FALKEN Software
Vokabeltrainer Latein
Über 2000 Vokabeln und Redewendungen frei erweiterbar.
(**7022**-5) Von B. Hoppius, 2 Wendedisketten für C 64/C 128 PC, mit Begleitheft.
(**7033**-0) Diskette für IBM-PC + Kompatible, mit Begleitheft. ●●●●●•

FALKEN Software
Börsenfieber
Spielend spekulieren mit Geld und Aktien
(**7016**-0) für IBM PC + Kompatible, Diskette 5 1/4", mit Begleitheft. ●●●●●•

(**7026**-8) für C 64/C 128 PC mit Begleitheft,
(**7027**-6) für Atari ST 520/1040, mit Begleitheft, ●●●●●•

(**7028**-4) für Amiga, mit Begleitheft. ●●●●●•

(**7044**-6) für IBM PC + Kompatible, Diskette 3 1/2", mit Begleitheft. ●●●●●•

(**7038**-1) für C 64/128 C Kassette, mit Begleitheft, ●●●●•

FALKEN Software
Börsenfieber
Über 100 neue Ereignisse
(**7066**-7) Diskette 5 1/4" für IBM-PC + Kompatible, mit Begleitbroschüre. ●●●•
(**7067**-5) Diskette 3 1/2" für IBM-PC + Kompatible, mit Begleitbroschüre. ●●●•

FALKEN Software
Broker King
Cash und crash an der Terminbörse
(**7057**-8) Diskette 5 1/4" für IBM-PC + Kompatible, mit Begleitbroschüre. ●●●●●•
(**7058**-6) Diskette 3 1/2" für IBM-PC + Kompatible, mit Begleitbroschüre. ●●●●●•

Video

Hobby Aquarellmalen
Landschaft und Stilleben
(**6022**-X) VHS, 40 Min., in Farbe, mit Begleitheft. ●●●●*

Hobby Ölmalerei
Landschaft und Stilleben
(**6025**-4) VHS, 40 Min., in Farbe, mit Begleitheft. ●●●●*

Basteln mit Kindern
(**6041**-6) VHS, 60 Min., in Farbe, mit Vorlagen in Originalgröße, mit Begleitheft. ●●●*

Die Modelleisenbahn
Anlagenbau in Modultechnik
(**6028**-9) VHS, 30 Min., in Farbe. ●●●●*

Fit und Gesund
Körpertraining und Bodybuilding zu Hause
(**6013**-0) VHS, 30 Min., in Farbe, mit Begleitheft. ●●●●*

Golf
(**6053**-X) VHS, 60 Min., in Farbe, mit Begleitheft. ●●●●●*

Pflanzenjournal
Blumen- und Pflanzenpflege im Jahreslauf
(**6036**-X) VHS, 30 Min., mit Begleitheft. ●●●●*

Schnitt und Pflege von Bäumen und Sträuchern
(**6050**-5) VHS, 45 Min., in Farbe, mit Begleitheft. ●●●●*

Aktfotografie
Gestaltung/Technik/Spezialeffekte
Interpretationen zu einem unerschöpflichen Thema
(**6001**-7) VHS, 60 Min., in Farbe, mit Begleitheft. ●●●●●*

Videografieren
Technik/Bildgestaltung/Schnitt/Vertonung, Filmen mit Video 8
(**6031**-9) VHS, 60 Min., in Farbe, mit Begleitheft. ●●●●●*

Videografieren perfekt
Profitricks für Aufnahmetechnik und Nachbearbeitung
(**6042**-4) VHS, (**6043**-2) Beta, (**6044**-4) Video 8, 60 Min., in Farbe, mit Begleitheft. ●●●●●*

Streicheleinheiten für Körper und Seele
Partnermassage
(**6051**-3) VHS, 45 Min., in Farbe, mit Begleitheft. ●●●●●*

Reiseziel **New York**
Die schönsten Sehenswürdigkeiten, präzise Informationen, praktische Tips
(**6048**-3) VHS, 60 Min., in Farbe, mit Begleitheft. ●●●●●*

Reiseziel **Kalifornien**
San Franzisko und die schönsten Ziele in Kalifornien.
Präzise Informationen und praktische Tips
(**6049**-1) VHS, 60 Min., in Farbe, mit Begleitbroschüre. ●●●●●*

Reiseziel **Florida**
(**6054**-8) VHS, 60 Min., in Farbe, mit Begleitheft. ●●●●●*

Reiseziel **Hawaii**
Das Paradies im Stillen Ozean
(**6063**-7) VHS, ca. 60 Min., in Farbe, Timecode, Kompaktreiseführer mit Panoramakarte im Taschenformat. ●●●●●*

Info-Tour USA
Die Highlights aus dem FALKEN Reiseprogramm.
(**6060**-2) VHS, 30 Min., in Farbe, mit Begleitheft. ●*

Reiseziel **USA**
(**6055**-6) VHS, 60 Min., in Farbe, mit Begleitheft. ●●●●●*

Reiseziel **Irland**
(**6059**-9) VHS, 60 Min., in Farbe, mit Begleitheft. ●●●●●*

Reiseziel **Norwegen**
Rundreise zu den schönsten Fjorden, präzise Informationen, praktische Tips.
(**6058**-0) VHS, ca. 60 Min., in Farbe, Timecode, Kompaktreiseführer mit Panoramakarte im Taschenformat. ●●●●●*

Reiseziel **Kanarische Inseln**
Schöne Strände, interessante Exkursionen
(**6064**-5) VHS, ca. 60 Min., in Farbe, Timecode, Kompaktreiseführer mit Panoramakarte im Taschenformat. ●●●●●*

Reiseziel **Thailand**
(**6065**-3) VHS, ca. 60 Min., in Farbe, Timecode, Kompaktreiseführer mit Panoramakarte im Taschenformat. ●●●●●*

Reiseziel **Berlin**
Kultur, Shopping, Erlebnis
(**6067**-X) VHS, ca. 60 Min., in Farbe, Timecode, Kompaktreiseführer mit Panoramakarte im Taschenformat. ●●●●●*

Körpersprache
verstehen und deuten
(**6046**-7) VHS, 60 Min., in Farbe, mit Begleitheft. ●●●●●*

Das erfolgreiche Vorstellungsgespräch
(**6047**-5) VHS, 60 Min., in Farbe, mit Begleitheft. ●●●●●*

Bestellschein

Erfüllungsort und Gerichtsstand für Vollkaufleute ist der jeweilige Sitz der Lieferfirma. Für alle übrigen Kunden gilt dieser Gerichtsstand für das Mahnverfahren. Falls durch besondere Umstände Preisänderungen notwendig werden, erfolgt Auftragserledigung zu dem bei der Lieferung gültigen Preis.

Ich bestelle hiermit aus dem Falken-Verlag GmbH, Postfach 11 20, D-6272 Niedernhausen/Ts., durch die Buchhandlung:

Ex.

Ex.

Ex.

Ex.

Name: Datum:

Straße:

Ort: Unterschrift:

Die hier vorgestellten Bücher, Videokassetten und Software sind in folgende Preisgruppen unterteilt:

● Preisgruppe bis DM 10,–/S 79,–/SFr 10,–
●● Preisgruppe über DM 10,– bis DM 20,–, S 80,– bis S 160,–, SFr 10,– bis SFr 20,–
●●● Preisgruppe über DM 20,– bis DM 30,–, S 161,– bis S 240,–, SFr 20,– bis SFr 29,–
●●●● Preisgruppe über DM 30,– bis DM 50,–, S 241,– bis S 400,–, SFr 29,– bis SFr 48,–
●●●●● Preisgruppe über DM 50,–/S 401,–/SFr 48,–
*(unverbindliche Preisempfehlung)

Die Preise entsprechen dem Status beim Druck dieses Verzeichnisses (s. Seite 1) – Änderungen, im besonderen der Preise, vorbehalten –

Falken-Verlag GmbH · Postfach 1120 FALKEN **D-6272 Niedernhausen/Ts. · Tel.: 0 61 27/70 20**